T. ROWLAND HUGHES

T. ROWLAND HUGHES

Copi o'r darlun gan David Bell sy'n awr yn Amgueddfa Genedlaethol Cymru

T. Rowland Hughes

COFIANT

gan

EDWARD REES

GWASG GOMER
1968

Argraffiad Cyntaf - Tachwedd 1968

ARGRAFFWYD GAN J. D. LEWIS A'I FEIBION CYF.
GWASG GOMER - LLANDYSUL

NODYN GAN YR AWDUR

DEUTHUM i adnabod T. Rowland Hughes gyntaf yn fuan ar ôl inni ein dau fynd yn fyfyrwyr i Goleg y Brifysgol, Bangor, ac efe oedd fy nghyfaill pennaf yn ystod yr amser y buom yno. Wedi hynny, byddem yn cyfarfod yn achlysurol tra bu ef byw, a pharhaodd y cyfeillgarwch hyd y diwedd. Teyrnged i gyfaill yw'r cofiant hwn, felly, ond ceisiais ei ysgrifennu fel y carai Rowland Hughes imi ei wneud—mor onest a diffuant ag y medrwn, gan gofio nad yw'r un dyn yn rhinweddau i gyd.

Dymunaf gydnabod fy niolch i lawer o gyfeillion am y cymorth a gefais wrth baratoi'r cofiant.

Y mae fy nyled yn arbennig i Eirene, gweddw T. Rowland Hughes. Fel y ceisir dangos yn y cofiant, hebddi hi prin y buasai Cymru wedi cael yr un o nofelau Rowland Hughes ; ac ni ellid bod wedi ysgrifennu'r cofiant hwn ychwaith heb ei chymorth parod. Cefais ganddi doreth o ysgrifau a llythyrau, ac atebodd yn ddi-oed lu o gwestiynau. Ar yr un pryd, teg yw nodi nad yw hi, mewn unrhyw fodd, yn gyfrifol am yr hyn a ddywedir yn y gyfrol. Myfi fy hunan sy'n atebol am hynny, ac ni welodd hi'r MS cyn cyhoeddi'r cofiant.

Dymunaf ddiolch i'r B.B.C. am ganiatâd i ddyfynnu o amryw sgriptiau radio ; i Mrs. Prysor Williams am gael defnyddio rhan o sgwrs-radio ei diweddar briod ; ac i olygyddion a chyhoeddwyr y cyfnodolion a'r cylchgronau, ac awduron yr ysgrifau, y dyfynnwyd ohonynt.

Diolchaf yn gynnes hefyd i'r Parch. Glynne Davies Jones, Rowland Wyn Jones, W. Jones Henry, Emlyn Jones, John Roberts, Miss Mat Pritchard, Dr. Kate Roberts, Mrs. Elisabeth Owen, Mrs. Dilys Baylis, teulu'r diweddar William John Hughes, Robert Hugh Jones, y Parch. M. J. Williams, R. Wallis Evans, W. H. Naylor,R. Pardoe, y Parch. J. E. Meredith, y Prifathro G. P. Ambrose, Dr. Sam Jones, Ceiriog Williams, J. O. Williams, O. R. Williams, Syr Ben Bowen Thomas, Dr. Alun Oldfield-Davies, Arthur Phillips, Philip Phillips, Aneirin Talfan Davies, Gwilym Evans, T. Emrys Parry, G. B. Owen, J. Meirion Davies, Derwyn Jones, a T. Elwyn Griffiths am bob cymorth a gefais ganddynt—swm sylweddol o atgofion a llythyrau pwysig gan amryw ohonynt, a goleuni gwerthfawr ar bwyntiau neilltuol gan eraill. Dymunaf gydnabod fy nyled hefyd i'r Parch. W. Llewelyn Jones am gymorth gyda rhai o'r darluniau.

Yr wyf yn ddiolchgar iawn i berchenogion Gwasg Gomer, nid yn unig am eu gofal manwl wrth gyhoeddi'r gyfrol, ond hefyd am y trafferth mawr a gymerasant i ddod o hyd i rai o lythyrau T. Rowland Hughes.

Y mae arnaf ddiolch neilltuol hefyd i D. Machreth Ellis am fwrw llygad craff dros y MS, ac am lawer iawn o awgrymiadau gwerthfawr, ac i J. Tysul Jones am ei gymorth caredig gyda'r proflenni.

E.R.

CYNNWYS

		Tudalen
RHAGAIR	.. ..	11
I. LLANBERIS	.. ..	15
II. BANGOR	.. ..	35
III. ABERDÂR	.. ..	62
IV. RHYDYCHEN	.. .. ..	73
V. HARLECH	.. ..	83
VI. LLUNDAIN	.. .. ..	99
VII. Y B.B.C.	.. ..	104
VIII. Y NOFELYDD	.. .. ..	134

DARLUNIAU

	Yn wynebu tudalen
T. Rowland Hughes .. .. (wyneb-ddarlun)	
' Angorfa ', Llanberis	32
William a Mary Hughes	32
T. Rowland Hughes yn fachgen bach	33
Yn Llywydd y Myfyrwyr, Coleg y Brifysgol, Bangor ..	48
Miss Eirene Williams	49
Staff a Myfyrwyr Coleg Harlech, 1931	96
Llawysgrifen T. Rowland Hughes, 1929	112
Wrth eglwys yn Llydaw gyda hen grwydryn, 1939 ..	113
Gyda phanel y B.B.C., a Rhys Hopkin Morris yn gwylio ..	128
Rihyrsal ar gyfer darlleniad, Awst 1940	128
Rhys Hopkin Morris yn ei longyfarch ar ennill y Gadair yn Eisteddfod Genedlaethol 1940	129

Y MAE'n anodd i neb nad yw'n cofio'r achlysur sylweddoli'n llawn yr effaith a gafodd *O Law i Law*, nofel gyntaf T. Rowland Hughes, pan gyhoeddwyd hi ychydig cyn y Nadolig yn 1943.

Yr oedd y rhyfel yn ei bumed flwyddyn, ac er yr holi ymhobman ai hwn a fyddai gaeaf olaf yr ymladd, yr oedd yr awdurdodau eisoes wedi rhybuddio'r wlad i baratoi am flwyddyn arall o frwydro. Yr oedd nwyddau o bob math yn brin. Hyd yn oed yn 1947, bron bedair blynedd ar ôl hyn, gwelir T. Rowland Hughes, mewn llythyr at ei gyhoeddwyr, yn gofyn a allent anfon papur ysgrifennu iddo gan ei fod yn cael anhawster i brynu peth yng Nghaerdydd.

Gyda'r blacowt a ddaeth ym mis Medi 1939, yr oedd mwgwd wedi disgyn hefyd dros lawer o'r gweithgareddau Cymreig. Ceir un o arwyddion yr amserau mewn sylw yn *Y Cymro* : ' Ymhobman bron y modd mwyaf poblogaidd o godi arian tuag at achosion da yw'r ymrysonfa chwist, oherwydd, mae'n debyg, ei fod yn adloniant i'r hen a'r ifanc, a hefyd yn galw am ond ychydig o baratoi a chynllunio o'i gymharu â chyngerdd neu rywbeth tebyg '. Yr oedd gwrando mawr ar y radio, ond ychydig iawn o raglenni Cymraeg a geid ; diflannodd y rheini, ac eithrio ychydig funudau bob dydd, ers dechrau'r rhyfel.

Yn yr amgylchiadau hyn, pan oedd papur yn brin a chyhoeddi llyfrau yn anodd, yn gwbl annisgwyl, ymddangosodd *O Law i Law*. Prynodd llawer un y llyfr yn anrheg Nadolig am mai ychydig o anrhegion oedd ar gael i ddewis rhyngddynt. Prynodd eraill ef am y gwyddent am enw T. Rowland Hughes, yn eu mysg nifer a'i had-waenai cyn ei daro'n wael. Ond teg yw dweud na ddisgwyliodd neb ohonynt lyfr a fyddai'n gafael fel y gwnaeth *O Law i Law* y dyddiau hynny.

Yr oedd enw Rowland Hughes yn bur hysbys. 'Roedd wedi ennill Cadair yr Eisteddfod Genedlaethol ddwywaith. Fel a ddigwydd ar achlysur felly, yr oedd papurau Cymru wedi cyhoeddi braslun o'i hanes—ei fod yn fab i chwarelwr o Lanberis, iddo fod yn fyfyriwr yng Ngholeg y Brifysgol, Bangor, ac yn Rhydychen, yn athro ysgol yn Aberdâr, yn ddarlithydd yng Ngholeg Harlech, ac er 1935, yn gyn-hyrchydd rhaglenni radio gyda'r B.B.C. Cyn y rhyfel, daethai'n amlwg fel un o arloeswyr rhaglenni nodwedd Cymraeg. Wedi

Medi 1939, yn Saesneg y bu'r rhan fwyaf o'i waith gyda'r B.B.C., a chynhyrchwyd ganddo nifer fawr o raglenni o safon uchel a enillasai glod drwy Brydain i'r darllediadau o Gaerdydd. Gwyddai rhai, hefyd, fod afiechyd creulon wedi gafael ynddo, a bod y rhagolwg yn dywyll.

Dechreuodd llawer ddarllen y llyfr gan ddisgwyl llyfr diddorol, darllenadwy, hwyrach braidd yn ysgolheigaidd. Ond yr hyn a ddigwyddodd i lawer iawn ydoedd iddynt gael mwy o flas arno nag a gawsant ond odid ar unrhyw lyfr Cymraeg o'r blaen. Yr un ydoedd yr hanes ymhobman. Un aelod o deulu yn dechrau ei ddarllen, rhai eraill yn y tŷ yn cael gafael ynddo, ac yntau'n methu â'i gael yn ôl. Llu mawr, yn hen ac ifanc, wedi ei ddechrau yn mynnu ei orffen ar un eisteddiad cyn mynd i'r gwely. Gŵr sydd heddiw yn Athro yn un o Golegau Prifysgol Cymru yn dweud iddo gael ei anfon adref o'r fyddin yn wael yr adeg honno, ac na all byth anghofio'r wefr a gafodd wrth ei ddarllen. Tystia llawer i'r mwynhad a gawsant wrth ei ddarllen tra oeddynt yn y fyddin, a chafodd eraill y profiad a ddisgrifiwyd gan Hugh Bevan yn Y Llenor yn 1950 : ' Nid fesul un ac un, o Nadolig i Nadolig, y darllenais nofelau T. Rowland Hughes y waith gyntaf, ond cael tair o'r pump yn fy aros gyda'i gilydd yn fyd normal dewr ar derfyn blynyddoedd dieithr y rhyfel. Mor fuan, ac mor ddidrafferth y gellid ymgartrefu ynddynt !'

Erioed ni chafodd yr un nofel Gymraeg y fath lwyddiant ebrwydd. Gwerthwyd miloedd o gopïau mewn ychydig wythnosau. Wedi hynny, bob blwyddyn, ychydig cyn y Nadolig, cyhoeddwyd nofel newydd gan Rowland Hughes, *William Jones* yn 1944, *Yr Ogof* yn 1945, *Chwalfa* yn 1946, a *Y Cychwyn* yn 1947. Yr oedd disgwyl mawr amdanynt, a darllenid hwy, a'u trafod, trwy Gymru Gymraeg gyfan. Cyfeirid at Rowland Hughes yn gyson fel olynydd Daniel Owen. Ni fu neb o'i flaen, yn sicr, er dyddiau Daniel Owen, a ddenodd y miloedd i ddarllen nofelau Cymraeg fel y gwnaeth ef.

Cyflawnodd hyn tra oedd yn dioddef o afiechyd enbyd, a oedd yn cyson waethygu. ' Y dewraf o'n hawduron ' y galwodd R. Williams Parry ef mewn englyn adnabyddus. Ni chafwyd nofel ganddo ar gyfer Nadolig 1948 ; yr oedd y llaw wan a fu mor ddiwyd wedi gwaethygu fel na allai ysgrifennu. Y Nadolig hwnnw, cyhoeddwyd casgliad o'i farddoniaeth, *Cân Neu Ddwy*. Cyn pen blwyddyn arall, yr oedd yr awdur yn ei fedd, a chenedl yn galaru ar ôl un o'i phrif lenorion.

Yn sydyn y blodeuodd T. Rowland Hughes fel nofelydd, ac wedi ei gyfyngu i'w gornel y dechreuodd ef, fel Daniel Owen, ysgrifennu'r llyfrau y cofir ef amdanynt. Ond mewn ystyr arbennig iawn yr oedd ei holl fywyd yn cyfrannu at yr hyn a geir yn ei nofelau ; ffrwyth ei ddatblygiad o'i ddyddiau cynnar yn Llanberis ydoedd.

Bu farw yn chwech a deugain wedi cyflawni llawer. Pe cawsai iechyd a mwy o ddyddiau, ni ellir ond dyfalu pa beth a fuasai ei gyfraniad i'w genedl. Yn ei waith llenyddol, tynnodd ddarlun o gymdeithas ddewr, gan roddi clod i'r rhinweddau y credai ef mor gadarn ynddynt. Yn ei fywyd ceir stori dygnwch a dewrder na cheir ei thebyg yn aml.

LLANBERIS
1903—1921

GANED Thomas Rowland Hughes ar yr ail ar bymtheg o Ebrill, 1903, yn 20 Goodman Street, Llanberis, tŷ mewn rhes sy'n rhedeg o'r Stryd Fawr, a'r gwaith nwy yn union gyferbyn ag ef. Bu'n byw yn y tŷ hwn am naw mlynedd cyntaf ei fywyd.

Symudodd y teulu i 'Angorfa', Well Street, Llanberis pan ymfudodd perthnasau iddynt, a drigai yno, i America. Yr oedd 'Angorfa' braidd yn fwy ac yn hwylusach tŷ na'r cartref yn Goodman Street; tŷ tair-llofft ar ben rhes ydyw, a ffenest sgwâr yn ymwthio allan un ochr i'r drws. Wrth ei dalcen, yn wynebu'r Stryd Fawr, saif Seion, Capel y Bedyddwyr—y capel lle'r oedd y tad yn flaenor a thrysorydd, a'i deulu yn aelodau. Am 'Angorfa' y meddyliai Rowland Hughes bob amser wrth gofio ei gartref: prin y clywodd yr un o'i gyfeillion ef erioed yn sôn am y tŷ yn Goodman Street. 'Angorfa', hefyd, a enwogwyd fel cartref John Davies yn O Law i Law.

'Tomi' yr arferid ei alw fynychaf yn y cyfnod hwn; 'Tom' ydoedd i'w gyfeillion yn nyddiau'r coleg. Wedi iddo adael y coleg y dechreuwyd, gan gyfeillion newydd, ei alw'n 'Rowland'.

Chwarelwr ydoedd William Rowland Hughes, tad Tom. Torrodd ei goes mewn damwain yn y chwarel, ac oherwydd hynny cafodd am gyfnod waith ysgafnach fel pwyswr. Cyn yr anffawd yr oedd enw iddo fel gweithiwr caled anghyffredin.

Ychydig o addysg a gafodd William Hughes, fel mwyafrif Cymry ei gyfnod, ond ymdrechodd i'w ddiwyllio ei hun, ac ymddengys ei fod yn ŵr o gyneddfau naturiol da. Ysgrifennodd y Parch. A. J. George, ei gyn-weinidog, amdano ar ôl ei farw fel un a oedd yn feddiannol ar feddwl cryf a diwylliedig, gan bwysleisio ei farn aeddfed a'i bwyll.

Nid oes amheuaeth nad am ei dad ei hun y meddyliai Rowland Hughes pan ysgrifennodd am dad John Davies yn O Law i Law, gan briodoli i Mr. Jones, y gweinidog yn y nofel, eiriau amdano sy bron yn hollol yr un â geiriau Mr. George. Ac yna: 'Gwir a ddywedai, nid oes dim dwywaith am hynny, ac eto, ni ddarllenai fy nhad ond ei Feibl a'i esboniadau '. Ychydig linellau ynghynt disgrifia lyfrau ei dad : ' Am fy nhad, wel, dacw nhw—dau Feibl, tri Thestament Newydd, pedwar esboniad, *Taith y Pererin* a *Llyfr Pawb ar Bob Peth* '. Y mae John Davies yn gofyn yn y nofel pam, tybed, yr oedd maes darllen ei dad mor gyfyng. Ai am na chawsai addysg ? Ai am fod oriau'r chwarel mor hir ? Ai am fod arian yn brin ? Ai am nad oedd ysfa i ddarllen yn y byd y magwyd ef ynddo ? Ni wyddai John Davies.

Gwelir yma enghraifft o un nodwedd yng nghymeriad Rowland Hughes—ei realaeth, yr olwg oer, wrthrychol a daflai ar fywyd, hyd yn oed ar bersonau a sefydliadau a garai, gan wrthod derbyn y farn gonfensiynol, sentimental. Hwyrach y dywed rhai nad yw hyn yn gyson â rhai agweddau ar ei nofelau ; y mae'n sicr yn wir amdano fel person. Ceir yn ei hanes lawer enghraifft o'r un nodwedd.

Y capel ydoedd diddordeb pennaf William Hughes. Paratoai'n fanwl, gyda chymorth ei esboniadau, ar gyfer dadleuon yr Ysgol Sul, lle'r oedd yn athro ffyddlon, ac ar gyfer dweud gair yn y Seiat. Siaradwr cyhoeddus gwael ydoedd, serch hynny.

Y casgliad y deuir iddo wrth geisio cyfuno atgofion llawer a'i hadnabu yw mai gŵr hytrach yn llym a sychlyd ydoedd tad Tomi— yn sicr felly a barnu wrth safonau heddiw. Yn *William Jones* ceir disgrifiad awgrymog o'r berthynas a fodolai rhwng William Jones a'i dad. Cyfeiliornus yn aml yw priodoli i awdur feddyliau a theimladau ei gymeriadau dychmygol, ond gyda Rowland Hughes nid oes am-heuaeth nad hunangofiannol ydoedd llawer o gynnwys ei nofelau ; ac y mae hynny'n wir am y disgrifiad o berthynas y tad a'r mab yn *William Jones*.

Ni buasai Wili a'i dad yn gyfeillion mawr ; yn wir, bron nad oeddynt yn ddieithriaid yn byw yn yr un tŷ. Y gŵr a ofalai ei fod yn mynd i'r Cyfarfod Gweddi a'r Seiat oedd Richard Jones i'w fab, y dyn a wgai arno bob tro y rhwygai ei drowsus, ac a'i daliodd un hwyr yn ysmygu papur llwyd yn y tŷ bach . . . Ei dad a ofalai ei fod yn ' hogyn da ', ac ni hoffai Wili fod yn greadur felly.

Yna, pan oedd Wili'n ddeuddeg oed, newidiodd pethau. Arhosai ei dad, a fuasai'n cwyno ers tro, gartref bob dydd, a châi'r bachgen ei gwmni bob pryd bwyd ac yn aml ar y ffordd i'r ysgol.

Yn y nofel, parodd gwaeledd y tad i well dealltwriaeth dyfu rhyngddo ef a'i fab. Daeth gwaeledd a nychdod i ran tad Tomi hefyd, ond yr oedd ef yn tynnu at ei ddeunaw oed pan orfu i'w dad roi'r

gorau i'w waith. Teg yw casglu na ddaeth cyfeillgarwch a deall-
twriaeth rhwng y ddau pan oedd Tomi yn ddeuddeg oed, ond ni
ohiriwyd hynny yn llwyr, ychwaith, nes i'r bachgen fod yn ddeunaw.
' Difeddwl iawn yw hogyn deuddeg oed ' yw'r geiriau a geir yn
William Jones. Yn raddol y daeth Tom a'i dad i ddeall ei gilydd yn well.
' Dyma'r ddau berson gorau yn yr holl fyd ', meddai wrth gyfaill a
aeth adref gydag ef pan oedd ar ei ail flwyddyn yn y coleg, am ei dad,
na allai symud fawr o'i gadair y diwrnod hwnnw, a'i fam, hi'n
brysur gyda gorchwylion y tŷ. Sylw hollol annodweddiadol ohono
ydoedd hwn : casâi sentimentaleiddiwch ac unrhyw ddramaeiddio
ar deimladau personol. Codai ei eiriau y diwrnod hwnnw o ddyfnder
calon bachgen ifanc a oedd yn ymwybodol iawn o'i ddyled i'w rieni
a'u haberth trosto. Dyma ymdeimlad a oedd yn gyson yn ei feddwl
tra oedd yn y coleg, ac yn thema llawer stori a luniodd yn ei ddych-
ymyg—heb fyth eu hysgrifennu.

Credai Tom ei hun mai o ochr ei fam, yn hytrach nag oddi wrth ei
dad, yr etifeddodd unrhyw allu a dychymyg a oedd ganddo. Dyna
hefyd oedd barn rhai o drigolion Llanberis. Pan ddaeth yn enwog fel
nofelydd, synnu a wnâi llawer, ond yr oedd eraill yn dweud nad oedd
hyn yn beth mor rhyfedd, gan sôn am ewythr iddo, brawd i'w fam,
gŵr a gyfrifid braidd yn hoff o'i lasiad, ac atgoffa ei gilydd am ei
wreiddioldeb, a ' bod rhywbeth yn'o fo ', a hynny yn awr yn dod
allan yn ei nai.

Gwraig ddiwyd, ymarferol wrth natur, ydoedd Mary Hughes, mam
Tom. Yr oedd mwy o fywiogrwydd ynddi hi nag yn ei dad, ac
ysbryd llawer mwy gwrol i gyfarfod â gofynion bywyd. Yr oedd
cryn angen hynny arni, a'i gŵr yn fregus ei iechyd, a thuedd gref
ynddo i bruddglwyf a hupocondria ; ac angen gwroldeb mwy fyth
pan fethodd ei phriod â gweithio, yr arian yn brin, a'r mab yn y
coleg.

Ond er holl rinweddau Mary Hughes, a'i gofal manwl am y tŷ a'i
gelfi, rhaid yw dweud nad oedd hi'n ymorol ryw lawer am fwyd.
Mae hyn yn beth syn. Traddodiad ardaloedd y chwareli, megis
Llanberis, Bethesda a Ffestiniog, yw seigiau breision, blasus. Ceir yn
nofelau Rowland Hughes, droeon, ddisgrifiadau o brydau archwaeth-
us : methiant ei wraig i arlwyo'r cyfryw a barodd i William Jones ei
heglu hi am y De. Ond dyna'r union brydau na chafodd Tomi yn ei
ddyddiau cynnar.

Yr oedd cynildeb y teulu ynglŷn â bwyd yn destun siarad yn

Llanberis. Pan nychodd y tad, a methu â gweithio, yr oedd yr esgid yn gwasgu, wrth gwrs—nid oedd cymorth cenedlaethol, dim ond ychydig arian o'r ' Clwb '—ac nid oedd gan chwarelwr fel William Hughes ym mhentref Llanberis y fantais a gâi chwarelwyr Rhosgadfan, er enghraifft, a ddisgrifir gan y Dr. Kate Roberts : er tloted oeddynt hwy, yr oedd ganddynt eu tyddynnod, ac ymenyn, llaeth a wyau hyd yn oed pan na ddeuai ond y nesaf peth i ddim o'r chwarel. Ond nid tlodi ydoedd yr holl eglurhad am brinder bwyd maethlon yn ' Angorfa '.

Y gwir yw mai ychydig o ddiddordeb oedd gan Mary Hughes mewn paratoi bwyd. Pan oedd ei gŵr yn gweithio, dibynnai ei gyflog ar y ' fargen ', y darn o graig a gâi ef a'i bartneriaid i weithio arni. Ceid bargen dda weithiau, un salach dro arall ; pan fyddai bargen dda, a chyflog-pen-mis da, ' dyna pryd fydden ni'n cael dillad newydd erbyn y Sul ', meddai Euronwy, chwaer Tom. Mynd i Gaernarfon i brynu dillad fyddai'r arferiad pan ddeuai arian i'r tŷ, nid byth wario ychwaneg ar fwyd. Clywyd Rowland Hughes ei hun yn dweud, yn ddiweddarach yn ei fywyd, ' 'Tawn i ddim ond wedi cael prydau fel hyn pan o'n i'n hogyn ! '

Yr oedd taid Tom, o ochr ei fam, Thomas Morydd Owen, yn ŵr pur hynod. Chwarelwr ydoedd, yn gofalu am olwyn fawr y chwarel, ac yn bregethwr cynorthwyol cymeradwy. Cerddai'n aml yn ôl a blaen o Lanberis i Sir Fôn, lle ganed ef.

Ymfalchïai Rowland Hughes gryn dipyn yn hanes y taid hwn. Ar ôl iddo briodi y dysgodd ddarllen ; yna, byddai'n cadw rhyw geiniog neu ddwy o'i gyflog bob wythnos, ac ymhen mis neu ddau yn mynd i Gaernarfon i brynu llyfr. Pan oedd y Parchedig E. Cefni Jones (sy'n naw deg chwech mlwydd oed fel yr ysgrifennir y geiriau hyn) yn weinidog ifanc yn Llanberis, sylwai fod Thomas Owen yn edrych ar ryw lyfr pan fyddai'n codi ei destun. Gofynnodd iddo o'r diwedd beth oedd y llyfr, a darganfod mai Testament Groeg ydoedd.

Yr hanes yw fod Thomas Morydd Owen wedi dysgu Groeg trwy gyfrwng y testament a geiriadur. Credai Rowland Hughes yn ffyddiog yn y stori hon, gan fynnu bod prawf ar gael o'i dilysrwydd.

Pa faint bynnag ydoedd cyraeddiadau Thomas Owen mewn Groeg, yr oedd yn sicr yn ŵr blaengar, ac o flaen ei oes mewn llawer cyfeiriad. Er enghraifft, mewn cyfnod pan oedd yn arferiad cau pob man rhag i lwch ddod i'r tŷ, yr oedd ffenestri Thomas Owen i gyd yn agored ;

' roedd hi'n rêl sanatoriwm yn 'i dŷ o ', ydoedd atgof Mrs. Glynne
Davies Jones, chwaer Tom, amdano.

Ar y cyfan, nid rhyfedd i Rowland Hughes ymffrostio tipyn ynddo,
a theimlo'n ddistaw bach, hwyrach, fod athrylith y taid, na chafodd
erioed fawr o gyfle, yn rhedeg o hyd yn y teulu.

Un chwaer oedd gan Tom, Euronwy, y soniwyd amdani eisoes,
Mrs. Glynne Davies Jones wedi hynny. Yr oedd hi bum mlynedd yn
hŷn na'i brawd. Wedi gadael yr ysgol, bu'n fyfyriwr yn y Coleg
Normal, Bangor. Yr oedd yn athrawes pan aeth ei brawd i'r brifysgol,
a bu'n gymorth mawr iddo yn y cyfnod hwnnw.

2

Bachgen swil, tawel, egwan yr olwg, ydoedd Rowland Hughes yn
yr ysgol elfennol yn Llanberis. Dylid dweud yma fod llawer iawn
wedi cyfeirio ato, ymhob cyfnod o'i fywyd, fel un eiddil, ond twyll-
odrus oedd yr ymddangosiad ; nes ei daro gan waeledd yn ei flynydd-
oedd olaf, yr oedd gwyndwch corff ganddo, yn ogystal â'r gwyndwch
a oedd yn rhan mor amlwg o'i gymeriad.

Roedd y Dr. Kate Roberts yn athrawes ifanc yn Llanberis pan
oedd Rowland Hughes yn fachgen ysgol, a'i chof hi amdano yw na
wnaeth ddim i haeddu sylw arbennig ; ac—er bod graen ar y darnau
byrion a ysgrifennai—ni ellid canfod unrhyw addewid o allu
uwchlaw'r cyffredin. Pan oedd y plant eraill a'u dwylo i fyny yn
eiddgar i ateb, nid felly Tomi. Yn yr ysgol, tueddai i fod yn fachgen
' ar ei ben ei hun '. Un o'r plant a ddatblygai'n araf ydoedd.

Ond er mor dawel a diniwed yr ymddangosai yn yr ysgol, y tu
allan llwyddai i fod ynghanol pob drygioni plentynnaidd. Yn ôl ei
chwaer, ni wyddid byth lle i'w gael, a pheth cyffredin oedd ei weld yn
dychwelyd i'r tŷ â'i ddillad yn faw i gyd, ac yn aml wedi eu rhwygo.

Yr oedd yn fywiog iawn ac yn ddigri. Câi ef a'i chwaer eu hanfon i
wneud negeseuau. Pan ofynnid iddo fynd i nôl torth dun, cymerai
arno fethu yn lân a deall sut y ceid torth o'r metel hwnnw, a byddai'n
sefyll a dweud o flaen llond siop o bobl, ' Mae mam isio torth dun—
os oes y fath beth i'w gael '. Yr oedd chwarae ar eiriau, a chael sbort
wrth eu cymryd yn or-lythrennol, yn nodweddiadol o'i hiwmor ymhell
wedi iddo adael dyddiau plentyndod. Gellir meddwl, ymhlith llawer
enghraifft, am :

"Dwad â'r ddau ŵy 'ma i chi, John Davies. Wya' ffres Ella'r ferch 'cw".

Gwyddwn nad oedd dodwy wyau yn un o ragoriaethau Ella, ond bod ganddi, yng nghefn ei thŷ, hanner dwsin o ieir tewion, braf, a cheiliog powld a oedd yn fwrn ar yr ardal, yn enwedig ar fore Sul.[1]

Dywedai ei chwaer, hefyd, hanes amdano, oddeutu'r naw oed, a'i gefnder Johnny, wedi blino'u heinioes ar yr ysgol, yn penderfynu mynd i chwilio am waith. Clywsent fod galw am weithwyr tua Chwm Dyli, ac wedi gofyn gartref am frechdanau a photelaid o lefrith, dyma gerdded yno dros y Bwlch. Wedi teithio milltiroedd, a dod o hyd i'r goruchwyliwr, dywedasant wrtho eu neges.

"Pam ydach chi isio gwaith ?", gofynnodd y gŵr yn ddifrifol.

"Wedi blino yn yr ysgol 'rydan ni".

"Wel, bois bach, ewch adre, a bwyta pwdin 'Dolig neu ddau, a dowch 'n ôl wedyn".

Y digwyddiad hwn yw hedyn yr hanes a geir yn nechrau *Chwalfa*, lle mae Llew a Gwyn yn cerdded pellter mawr i'r gwaith copar.

Yr un cefnder, Johnny—a ymfudodd yn fuan wedi hynny i America gyda'i rieni—ydoedd gwron anffodus stori arall a adroddir am ddireidi Tomi. Yr oedd nifer ohonynt, blant, wrth y llyn yn chwarae â chwch, gan ei wrthio allan hyd y gadwyn a oedd yn rhwym wrtho, a'i dynnu'n ôl. Rhywfodd, daeth y gadwyn yn rhydd, ac aeth y cwch allan o flaen y gwynt, a Johnny ynddo. Rhedodd y plant i gartref Johnny, a hysbysodd Tomi ei fam fod ei fab ynghanol y llyn, heb sôn gair am y cwch a oedd dano.

3

Yn 1915, eisteddodd Tom yr arholiad, y *Scholarship*, fel y'i gelwid, i fynd i Ysgol Sir Brynrefail. Daeth yn wythfed o'r deuddeg a gâi ysgoloriaeth, ac wedi gwyliau'r haf dechreuodd ar ei yrfa yn yr Ysgol Sir.

Un o'r pethau rhyfedd yn ei hanes yw nad oes dystiolaeth iddo weithio'n ddyfal iawn yn y cyfnod hwn. Pan aeth i'r coleg, ac ar hyd ei fywyd wedi hynny, un o'i nodweddion amlycaf ydoedd ei fod yn weithiwr digymar, penderfynol, yn ei yrru ei hun yn ddidostur. Ni

---

[1] *O Law i Law*, tud. 18.

lafuriodd neb erioed yn fwy diwyd. Ond ymddengys nad un felly ydoedd yn yr ysgol.

Nid yw'r dystiolaeth yn hollol gyson. Yr hyn a ddywedai ef ei hun ydoedd iddo roddi llawer mwy o sylw i chwaraeon nag i'w wersi, a bod ei dad ar ei ôl yn barhaus am esgeuluso'i waith. Dyna hefyd oedd barn ei chwaer—credai hi mai'r adeg y dechreuodd Tom ymroi o ddifrif i'w lyfrau oedd pan aeth yn fyfyriwr i Fangor, a chael llety mewn tŷ lle bu Emrys Evans o'i flaen (wedi hynny, Syr Emrys Evans, Prifathro Coleg y Brifysgol, Bangor) ; yn y llety hwn yr un pryd â Tom yr oedd darlithydd mewn Lladin yn y coleg, a thyb ei chwaer ydoedd mai yma y sylweddolodd mor ddyfal yr oedd dynion fel hyn gyda'u hastudiaethau.

O'r ochr arall, dyma bortread Robert Morris, ei athro Saesneg yn Ysgol Brynrefail :[1] 'Tipyn yn swil oedd Tomi ar y dechrau, ond credaf i'r ysgol dynnu hynny ohono . . . Yn wir, dechreuodd ennill mwy o hunan-hyder, a daeth i gael blas ar waith yr ysgol yn ei ddosbarthiadau tu mewn yn ogystal ag ar y cae chwarae tu allan. A dyma ddechrau gweithio'n ddiwyd a chydwybodol. Ni ollyngai ddim o'i law nes rhoi'r graen gorau arno '.

Ond soniodd Robert Morris, hefyd, amdano'n cael y marc isel C— ar ddiwedd un tymor, a'i dad yn bygwth ei dynnu o'r ysgol a'i anfon i'r chwarel ; ac yntau, yn fachgen sensitif, yn barod i dderbyn ei dynged. Yr hyn a'i harbedodd ydoedd nodyn wrth ochr y C— yn dweud fod llygedyn o obaith iddo—petai'n siarad llai a gweithio mwy.

Cyfeiriodd Rowland Hughes at hyn mewn llythyr yn llaw ei wraig at Robert Morris ym mis Mai 1949, ychydig fisoedd cyn ei farwolaeth. Dywedai nad oedd ganddo ddim diddordeb yn 'Inglish' cyn i Mr. Morris ddod i'r ysgol, ac iddo gael y C—ar ddiwedd y tymor blaenorol. 'Yna daeth dyn o'r enw Robert Morris i'r ysgol, a chredaf hyd heddiw y buasai Tommy R. Hughes wedi mynnu cael mynd i'r chwarel neu rywle onibai i hynny ddigwydd. Yr oedd yn bleser wedyn i fynd ati i wneud *précis* neu draethawd, gan wybod y byddai'r inc coch yn rhoi calondid hyd yn oed i'r truenusaf rai. A chwarae teg iddo, yr oedd D.R.G.[2] yn rhoi'r un hwb i'r galon '.

---

[1] Rhaglen Radio : 'Y Dewraf o'n Hawduron ', gan J. O. Williams (Cyfarwyddwr Aneirin Talfan Davies), Mawrth 1, 1950.
[2] D. R. Griffith, Prifathro Ysgol Botwnnog wedi hynny.

Awgrymiadol hefyd yw adwaith John Roberts, un o gyfoedion Tom yn yr ysgol, i stori Robert Morris amdano'n chwarae triwant. Y stori yw iddo dreulio ambell fore ysgol gyda'i gyfaill Aled Hughes yn dysgu marchogaeth beic ' fixed wheel ' ar ucheldir y Clegir uwchben Llanberis; yna bwyta'u cinio ar ochr y mynydd, a chyrraedd yr ysgol erbyn oedfa'r prynhawn, gan edrych yn ddiniwed iawn. Ym marn John Roberts, gallai hyn fod wedi digwydd unwaith, ond tueddai i amau'r stori. ' Yr oedd Tomi yn ormod am ei ddysgu ', meddai, gan ychwanegu y byddai ar ei ffordd i'r ysgol yn cynorthwyo'r plant eraill a fethodd â dod i ben gyda'u gwaith cartref.

Y mae Emlyn Jones, hefyd, un arall o'i gyfoedion, yn cofio fel y byddai bob amser yn dda yn yr ysgol gydag ysgrifennu, ac yn cael canmoliaeth uchel gan Robert Morris. Yn y rhaglen radio y cyfeiriwyd ati, dywedodd Mr. Morris : ' Dangosai ei waith ysgrifenedig feddwl gwreiddiol ac annibynnol wedi ei fynegi mewn arddull rwydd, naturiol a syml. Daw'r un cymhendod i'r amlwg yn arddull ei lyfrau '.

Y casgliad y gellir dod iddo yw nad esgeulusodd Tom ei wersi i'r graddau y byddai ef ei hun yn ddiweddarach yn ei awgrymu, ond yn sicr nid ymdaflodd i weithio yn ystod dyddiau'r ysgol fel y gwnaeth wedi hynny. Ni ddangosodd allu eithriadol, ac ni feddyliodd y rhai a'i hadnabu yn yr ysgol y byddai iddo yrfa nodedig.

4

Clywir y gair ' eiddil ' yn gyson gan y rhai sy'n sôn amdano yn y cyfnod hwn, ond ymddangosiadol ydoedd yr eiddilwch yn ei achos ef. Ffaith drist, serch hynny, yw ddarfod i amryw o'i gyfoedion o Lanberis farw'n ifanc iawn. Gellir enwi ei ffrind Ceris Owen, a fu farw o fewn llai na dwy flynedd ar ôl gadael y Coleg Normal ; I. G. Roberts, a gladdwyd cyn cwblhau ei gwrs yng Ngholeg y Brifysgol, Bangor ; R. A. Gillespie, a gipiwyd yn fuan wedi ei benodi'n brifathro Ysgol Ramadeg Llanrwst, a nifer o rai eraill. Tybed a oedd caledi bywyd y dyddiau hynny yn ardal y chwareli yn gysylltiedig â byrhoedledd y dynion ifainc hyn ?

Fel y plant eraill o Lanberis, cerddai Tom y ddwy filltir i'r ysgol ym Mrynrefail. Ar dywydd teg, gwelid y mynyddoedd a'r llyn yn eu holl ogoniant ; a digon prin i'r chwareli a'r rwbel ar y llethrau daro'r plant fel nam ar yr olygfa : yno yr oedd cynhaliaeth eu teuluoedd, o leiaf y mwyafrif ohonynt. Ar dywydd gwlyb ac oer, yr oedd pethau'n wahanol, y glaw a'r gwynt bron bob amser yn curo i'w hwynebau ar eu ffordd i'r ysgol yn y bore, a'r niwl, yn aml, i lawr hyd wyneb y llyn.

Os byddai'r plant wedi gwlychu'n arw erbyn cyrraedd yr ysgol, anfonid hwy adref. A phan nad oedd effaith yr elfennau yn ddigon trylwyr ar rai ohonynt, anelent hwy yn llechwraidd am y tapiau yn yr ystafell ddillad, a phenlinio yn y basnau llawnion ; yna cyfeirio eu camre'n athrist at ddrws y prifathro, a chael eu rhyddhau am weddill y dydd.

Ar law trwm iawn, aent gyda'r trên i stesion Cwm-y-glo, am dâl o geiniog a dimai ; ond yr oedd cors rhwng y lle hwnnw a'r ysgol, ac ar brydiau ni ellid mynd trwyddi. Yna, oherwydd bod cyn lleied o blant yn yr ysgol, fe'i caeid am y dydd, er mawr lawenydd i bawb. Ambell waith, ceisiai'r bechgyn fyrhau'r siwrnai trwy dorri ar draws ar hyd y rheilffordd, ond byddai'r gweithwyr ar y lein—gelwid hwy'n ' padins ', oherwydd, mae'n debyg, fod llawer o Wyddelod yn eu mysg ar un pryd—yn aml yn eu gweld, ac yn eu gyrru'n ôl.

Âi chwarae pêl droed â chryn dipyn o fryd Tom yn y dyddiau hyn. Ni fu erioed yn chwaraewr medrus iawn, ond yr oedd yn un dygn. Chwaraeai gyda thîm yr ysgol, a hefyd gydag un o dîmau'r pentref : yn y dyddiau hynny, ym mhob tref a phentref ceid un neu ddau, neu chwaneg, o dîmau lleol, a chryn dipyn o ymryson rhyngddynt. Tîm Coed-y-Ddôl a hawliai wrogaeth Tom, a'u gwrthwynebwyr cyson ydoedd Pentre Castell (a elwid, am ryw reswm dirgel, yn ' limbos '). Nid oedd gan y tîmau hyn fawr o ddarpariaeth ar eu cyfer, na chae chwarae priodol, na'r offer arferol. Ar un achlysur yr oeddynt yn defnyddio cae heb ganiatâd, ac wedi dodi eu cotiau i lawr i farcio'r ddwy gôl. Daeth y ffarmwr yno, a meddiannu'r cotiau, a'u cludo i stesion yr heddlu, lle bu'n rhaid i'r chwaraewyr gyrchu i'w ceisio'n ôl.

Difyrrwch arall ydoedd chwarae biliards. Nid yw'n rhyfedd fod rhieni parchus Llanberis yn edrych yn drwyngam iawn ar neuadd biliards Moss Ingham yn y pentref, yn enwedig o gofio nad oedd ond ychydig flynyddoedd er pan gyfrifid chwarae pêl droed, hyd yn oed, yn un o ystrywiau'r fall. Yr oedd tad Tom yn ffyrnig yn erbyn iddo dreulio'i amser a gwario'i geiniogau prin yn y neuadd hon. Pan welai nad oedd ei fab wrth ei wersi yn y tŷ gyda'r nos, byddai'n amau mai yn y neuadd biliards yr oedd, ac yn cychwyn yn chwyrn tuag yno. Ond cadwai Tom ei lygaid yn agored, a phan fyddai ei dad yn agosáu, diflannai trwy ffenest gefn yr adeilad. Pan ddychwelai William Hughes i'r tŷ, yr oedd ei fab wrth y bwrdd gyda'i lyfrau, fel pe na buasai oddi yno ers oriau.

Darlun a gawn, felly, o fachgen a ymddangosai'n eiddil, tawel a swil i'r sawl nad oedd yn ei adnabod yn dda, ond a oedd ymysg ei gyfeillion yn llawn hwyl a direidi. Synnai rhai, pan gyhoeddwyd ei nofelau, fod cymaint o hiwmor ynddynt ; ond yr oedd ganddo ar hyd ei fywyd synnwyr digrifwch cryf, a hwnnw'n nodweddiadol ohono ef ei hun. Nid oedd wedi ymroi i ddarllen ac astudio fel y gwnaeth yn ddiweddarach. Ond yr oedd ei ddiddordeb mewn llenyddiaeth, Gymraeg a Saesneg, yn dechrau deffro dan ddylanwad dau ŵr pur nodedig.

5

R. E. Jones, wedi hynny yr Henadur R. E. Jones, Caernarfon, a adweinid hefyd dan yr enw barddol 'Cyngar', ydoedd un ohonynt. Daeth y gŵr llengar, diwylliedig hwn i Lanberis o Langefni yn fachgen ifanc llawn asbri, ac ymsefydlodd yn y pentref fel dilledydd a theiliwr. Llwyddodd ei fasnach, ac erbyn yr adeg yr oedd Rowland Hughes yn ddisgybl yn ysgol Brynrefail yr oedd ganddo siop ddillad lewyrchus iawn, a chyflogai amryw deilwriaid. Ysgrifennwyd llawer am ddiwylliant a doniau llenyddol R. E. Jones, felly nid yw o le cofnodi yma ei fod hefyd yn ŵr busnes penigamp. Yng ngeiriau un o frodorion Llanberis, 'Fe aech i'w siop i brynu tei, ac fe ddoech allan wedi ordro siwt'.

Er cymaint ydoedd edmygedd y bachgen o R. E. Jones, ni dderbyniodd oddi wrth ei arwr ddim o'i ddawn i drin busnes. Un trwsgl gyda manion cyffredin bywyd a fu Rowland Hughes ar hyd ei oes. Ond cafodd bethau pwysicach. R. E. Jones a'i symbylodd i ymdeimlo â rhin barddoniaeth Gymraeg, ac a ddysgodd y cynganeddion iddo. A golygodd cwmni a chyfeillgarwch R. E. Jones lawer mwy na hynny i Rowland Hughes. Bu personoliaeth y gŵr hwn yn ddylanwad parhaol arno. Fel hyn y cyfeiriodd ato yn ei raglen radio olaf, 'Bardd yr Haf' :

Siop ddillad brysur yng nghanol pentref Llanberis. Tu ôl i'r cownter y mae gŵr gweddol dal, go denau, â'i wallt yn gwynnu, yn tynnu'r sialc yn brysur ar hyd y pren-mesur. Ei enw ? R. E. Jones, 'Cyngar', tad y Dr. Ifan Huw Jones, awdur 'Mygyn gyda'r

Meddyg'—llenor, bardd, meddyliwr cryf ac eofn, un o'r dynion mwyaf diwylliedig a rodiodd ddaear Cymru erioed, er na chawsai fawr o addysg ffurfiol.

Ac mewn erthygl goffa a ysgrifennodd i *Seren Gomer* ar ôl marw R. E. Jones yn 1936, rhoddodd Rowland Hughes bortread byw ohono, a disgrifiad o'r argraff a wnaeth y siopwr arno ef :

Mewn darluniau y gwelaf y testun, ac mewn darluniau yr ysgrifennaf arno. Gŵr oedd ef ei hun a feddyliai mewn darluniau.

Yna rhydd dri darlun—R. E. Jones yn ei siop yn dysgu bachgen i adrodd, yn y seiat yn adrodd adnod ac yn dweud gair, ac yn ei stydi yng Nghaernarfon yn darllen englynion a luniodd i'w hanfon i'r Eisteddfod Genedlaethol—un ohonynt i fod yn fuddugol. Ac wedi cyfeirio at lawer darlun arall y gellid eu tynnu, a dweud yr anghofir rhai ohonynt yn fuan hwyrach :

Ond hir yr erys atgofion hardd am ŵr caredig a chroesawgar, gŵr yr oedd ei ddychymyg byw a'i feddyliau aruchel a'i ysmaldod iach yn gwneud ei gwmni'n fraint ac yn ysbrydiaeth.

Fe ddywed yr erthygl gryn dipyn wrthym am Rowland Hughes ei hun. Ar hyd ei fywyd, yr oedd ynddo elfen gref o arwr-addoliaeth: dynion hŷn nag ef, bob amser, a'i edmygedd ohonynt yn ddi-derfyn. (Y mae'r Dr. D. J. Williams yn *Yn Chwech ar Hugain Oed*[1] yn sôn am rywun ' â llawer o'r arwraddolwr ynddo—fel sydd ymhob un â rhyw gymaint o'r arwrol ynddo ef ei hun. Nid oes arwr gan y sinic ond ei hunan bach '.) R. E. Jones ydoedd un o'r ' arwyr ' cyntaf hyn yn hanes Rowland Hughes ; un arall oedd y Parchedig A. J. George, y sonnir amdano yn y man. Yna, yn ddiweddarach, R. Hopkin Morris, pennaeth y B.B.C. yng Nghymru yn ystod rhan gyntaf tymor Rowland Hughes gyda'r Gorfforaeth ; ac, ar hyd ei fywyd o ddiwedd ei ddyddiau ysgol ymlaen, ei arwr mawr, R. Williams Parry.

Gellir sylwi, hefyd, mor debyg yw llawer o'r hyn a ddywedir am R. E. Jones yn yr erthygl i'r disgrifiad o F'ewythr Huw yn *O Law i Law*, cymeriad mwyaf cofiadwy'r nofel honno. Tebyg iawn yw disgrifiad Rowland Hughes o F'ewythr Huw yn dysgu John Davies ifanc i adrodd (yn y bennod ' Llestri Te ') i'w ddisgrifiad o R. E. Jones

---

[1] Tud. 220.

yn cyflawni'r un gorchwyl. A phan glywir F'ewythr Huw ac R. E.
Jones yn siarad yn y seiat, yr un ydynt. Nid rhyfedd ei ddywedyd mai
R. E. Jones ydoedd sail F'ewythr Huw ; ac y mae hynny i raddau
mawr yn wir. Ond i raddau yn unig. Y mae cymeriad F'ewythr
Huw yn fwy cymysg na hyn, ac yn fwy diddorol, fel y ceisir dangos yn
nes ymlaen.

A beth am y bachgen sy'n dysgu adrodd, John Davies yn *O Law i
Law*, ond di-enw yn yr erthygl? Tom ei hun ydoedd. Daeth adrodd
yn ddiddordeb mawr yn ei fywyd, ac âi at R. E. Jones am hyfforddi-
ant. Dan gyfarwyddyd y gŵr hwnnw, yn ôl tystiolaeth ei chwaer,
daeth yn bur llwyddiannus yn eisteddfodau'r cylch : byddai'n mynd i
gystadlu cyn belled â'r Waunfawr a lleoedd eraill o fewn cylch o
ddeng milltir o Lanberis, ac yn ennill yn bur aml, nes iddo fynd, yng
ngeiriau ei chwaer, i feddwl cryn dipyn ohono ei hun fel adroddwr.
Seilir hanes yr adrodd yn y bennod 'Llestri Te' ar ei brofiadau ef ei hun,
ac yn sicr, ei syniadau ef—a rhai R. E. Jones—yw'r rhai a fynegir mor
aml yn ei nofelau am adrodd ' naturiol ', ac osgoi ystumiau ' adrodd-
llyd ' a goractio. Adlewyrchiad o'i ddiddordeb cynnar ef ei hun yw'r
amryw gyfeiriadau at adrodd yn ei nofelau : bu William Jones ' yn
dipyn o adroddwr unwaith ', ac felly Owen Ellis yn *Y Cychwyn*, a hyd
yn oed Owen Gruffydd, y taid—sydd â chryn dipyn o adlais ynddo o'r
Thomas Morydd Owen y soniwyd amdano eisoes—yn y nofel honno.

6

Y gŵr arall a fu'n ddylanwad nodedig ar Tom yn y cyfnod hwn
ydoedd ei weinidog, y Parchedig A. J. George. Portread ohono yw
' Mr. Jones ', y gweinidog y cofia John Davies mor dyner amdano yn
O Law i Law, a hefyd ' Mr. Rogers ' yn *William Jones*, er bod gwein-
idogaeth y gŵr hwnnw yn un o gymoedd y De ac nid ymysg y
chwarelwyr. I'r Parch. A. J. George y cyflwynodd Rowland Hughes
ei nofel olaf, *Y Cychwyn* ' fel arwydd bychan o barch mawr '.

Yn *William Jones* y mae Crad, brawd-yng-nghyfraith William Jones,
yn sôn am y drafferth a gaed i'w dynnu i wrando ar ' yr hen Lloyd yn
malu awyr ers talwm yn Llan-y-graig '. ' Ond rŵan fydda i byth yn
colli. O barch i Mr. Rogers. Dyna ti ddyn, William ! ' Yna, ychydig
yn nes ymlaen, dywed Crad am ei fachgen digon anystyriol : ' Mae
Wili John yn hanner-addoli'r dyn. A finna, o ran hynny '.

Mynegiant cywir yw'r geiriau hyn o edmygedd Rowland Hughes

o Mr. George. Clywyd ef yn dweud am ei weinidog, yn fuan ar ôl iddo fynd i'r coleg, yn yr union eiriau ag a ddefnyddiodd Crad, ' Dyna ti ddyn ! ', gan ychwanegu mor gymeradwy yr oedd yn Llanberis, yn medru ei addasu ei hun ar gyfer pob cwmni, o'r mwyaf diwylliedig hyd y symlaf. ' Yr oeddwn i'n meddwl y byd o Mr. Jones : ef oedd fy arwr er pan oeddwn yn hogyn bach ', yw'r geiriau a rydd yr awdur yng ngenau John Davies. ' Ac onid oedd yr un fath bob amser wrth bawb, yn syml a charedig a chywir ? ' Geiriau John Davies, ond Rowland Hughes ei hun sydd yma yn siarad am ei weinidog hoff.

Pregethu'n dawel a wnâi A. J. George : dyna un rheswm, mae'n debyg, pam na chafodd ei gydnabod fel yr haeddai fel pregethwr. Yr oedd ei bregethau'n goeth, ac aml fflach o hiwmor ynddynt, ond y rheini gan mwyaf mor slei fel mai prin y canfyddai'r gwrandawyr hwynt. Hen lanc ydoedd. (Yn wahanol iddo, yr oedd gan Mr. Jones, yn *O Law i Law*, ddau o blant).[1] Sylwodd ar un o'i bregethau : 'Roedd gan Abraham ddwy wraig ; mae ambell ddyn heddiw yn meddwl fod un yn ormod '. Ac ni wenodd neb !

Daeth i Lanberis pan oedd Tom yn chwech oed, ' Deuthum i gysylltiad â T. Rowland Hughes ', meddai, ' neu Tomi, fel yr adwaenwn ef ar y dechrau, ac fel y mynnai ef arwyddo ei lythyrau ataf, yn gynnar yn ei rawd. Un siriol, aflonydd ond sylwgar oedd, craff a chyflym. Sylwai sut y byddai'r gweinidog yn gwneud ei wallt a cheisio ei efelychu. Sylwai ar liw gwallt ei fam, a chofiaf iddo wneud cwpled iddi a barodd iddi ddweud wrthyf yn ddiweddarach fod Tomi yn dechrau barddoni '.[2]

Cymwynas fawr A. J. George â Tom oedd agor iddo ddôr llenyddiaeth Saesneg. Iaith ddieithr oedd y Saesneg i blant Llanberis yn y dyddiau hynny. Dywed John Davies yn *O Law i Law* am y geiriau Saesneg o dan lun y Mab Afradlon ar fur y llofft : ' pethau estronol a dieithr oeddynt, geiriau pell oddi wrth yr iaith a siaradwn ac a feddyliwn ynddi '. I dad John Davies—fel i William Hughes, tad Tom :

' Iaith ambell Stiward fel yr hen Robins hwnnw fu Saesneg i mi. Pan fydd Mr. Jones, y gweinidog, yn dyfynnu rhywbeth yn Saesneg ar 'i bregath, mi fydda' i'n teimlo'n reit ddig wrtho fo ! '

[1]Tud. 101—102.
[2]Rhaglen Radio, Mawrth 1, 1950.

' Neno'r bobol, pam ? ' gofynnodd F'ewythr Huw.

' Am mai iaith dyn diarth ydi hi, Huw, ac mai dyn diarth ydi Mr. Jones pan fydd o'n 'i defnyddio hi '.

Gwir ydoedd fod Mr. George yn dyfynnu llawer o Saesneg ar ei bregethau—arferiad nas condemnid mor gyffredinol yn y dyddiau hynny ag a wneir heddiw—ac yr oedd William Hughes yn ddig iawn o'r herwydd. Ond wedi i Tom raddio gydag anrhydedd mewn Saesneg ym Mangor, gallai'r gweinidog ofyn i'w dad yn ddireidus : ' Ble buasai Tomi heddiw onibai imi ddyfynnu cymaint o Saesneg yn y pulpud ? '

Fel y dywedodd Aneirin Talfan Davies yn ei erthygl, ' Y Dewraf o'n Hawduron ' yn *Taliesin* :[1] ' Yr oedd Cymreigrwydd bywyd ardal fel Llanberis yn drech na Seisnigrwydd addysg yr ysgolion, a buaswn i'n barod i fentro'r farn i'r Saesneg a gaed ym mhregethau Mr. George gael mwy o ddylanwad ar Tomi na'r holl Saesneg a glywai yn yr ysgol. Yn y capel, ym mhregethau ei weinidog, y cafodd ef gipolwg ar "ddiwylliant" y Sais. ' Yr oedd y gweinidog, a letyai'n agos i ' Angorfa ', yn taro i mewn yn bur aml ac yn fynych yn dod â llyfr yn fenthyg i Tom, llyfr Saesneg yn ddi-eithriad. Nid peth bychan oedd hynny : y mae'n anodd i'r genhedlaeth ifanc heddiw, sydd â llyfrau mor rhwydd at eu galw, sylweddoli mor wahanol ydoedd yr amgylch-iadau yn ystod y Rhyfel Byd cyntaf, ac am flynyddoedd wedi hynny. Tlawd iawn ydoedd adnoddau llyfrgell yr ysgol, ac nid oedd sôn am lyfrgelloedd cyhoeddus fel a geir heddiw.

Yr oedd i'r capel bach a safai wrth dalcen ei gartref le canolog ym mywyd Tom. Efe a fyddai'n agor y drws, ac yn golau'r lampau olew yn y gaeaf. Yr oedd llewyrch ar yr eglwys, a chynulleidfa bur dda. Yno y dechreuodd adrodd a chymryd rhan yn gyhoeddus. Ffynnai'r Gymdeithas Lenyddol, a byddai ef, fel yr aelodau ifainc eraill, yn ' darllen papur ' yn eu tro.

Hefyd, dysgodd ganu'r offeryn, ' yn reit dda ', meddai ei chwaer, ' fu o ddim yn hir yn dysgu '. Yr oedd capel Llanberis wedi uno â chapel bach Llanrug, ' Bryn Eryr ', lle nad oedd ond ychydig iawn o aelodau. Er mwyn cynorthwyo Mr. George dechreuodd Tom, pan oedd oddeutu'r tair ar ddeg oed, fynd yno gydag ef at yr offeryn, weithiau'n seiclo, a phryd arall yn cerdded, taith awr ymron bob ffordd.

---

[1]Cyf. 3, tud. 22.

Ar deithiau fel hyn daeth y ddau i adnabod ei gilydd yn dda, a bu'r gyfeillach â'r gweinidog diwylliedig yn un o'r dylanwadau tyngedfennol ar fywyd y bachgen.

Y Parch. A. J. George, yn ddiddadl, a droes ei ddiddordeb i gyfeiriad Saesneg. Onibai am hynny, y mae'n ddigon posibl, oherwydd dylanwad R. E. Jones, mai Cymraeg a fuasai prif bwnc ei astudiaeth pan aeth i'r coleg.

Achos i beri peth chwilfrydedd yw na fedyddiwyd Tom cyn iddo fynd i'r coleg. Yr arferiad ymysg y Bedyddwyr, sy'n credu mewn ' bedydd credinwyr ', yw bedyddio plant yr eglwys pan fyddant oddeutu'r pymtheg mlwydd oed, weithiau'n iau na hynny, ambell waith ychydig yn hŷn. Peth eithriadol iawn a fyddai i fachgen fel Tom, a oedd mor ffyddlon a gwasanaethgar yn y capel, ei dad yn ddiacon, ac yntau mor gyfeillgar â'r gweinidog, beidio â chael ei fedyddio, fel y digwyddodd gydag ef, nes ei fod dros bedair ar bymtheg oed.

Yn O Law i Law ceir John Davies yn dweud :

Ni chefais i fy medyddio nes oeddwn tros ddeunaw oed. Ar waethaf cymhellion aml Ifan Môn, dal i ohirio'r dydd a wnawn, a chwarae teg iddo, gadawai fy nhad fi'n llonydd. Ni soniodd Mr. Jones air wrthyf ychwaith, ac nid edrychai'n achwynol i'm cyfeiriad pan fedyddiai eraill.

Yna, un nos Sadwrn, ar ôl i'w fam siarad ag ef, a dweud wrtho ei bod yn ofni ' y gall y peth fod yn poeni tipyn ar Mr. Jones ', y mae'n penderfynu cymryd ei fedyddio.

Y mae hyn yn ddisgrifiad cywir, wedi ei gaboleiddio ar gyfer nofel, o'r hyn a ddigwyddodd yn hanes Tom ei hun. Ond ni ddywedir pam y bu'r oedi. Y rheswm, yn ddiddadl, ydoedd nad oedd yn argyhoeddedig o bwysigrwydd yr ordinhad : methai â theimlo y byddai'n golygu dim iddo. Enghraifft sydd yma o'i ddiffuantrwydd, ei annibyniaeth barn ac onestrwydd meddwl, priodoleddau a oedd yn rhan mor amlwg ohono ar hyd ei fywyd : gymaint felly nes ei wneud yn aml yn ddiamynedd iawn â'r rhai y tybiai eu bod yn brin o'r rhinweddau hyn. Ni fynnai gymryd arno ei fod yn rhywbeth nad ydoedd. Hawdd yw credu mai uchafbwynt penderfyniad a ddaeth iddo eisoes ydoedd y sgwrs â'i fam. ' Ond wedi imi gael fy medyddio, ni olygai'r Cymundeb lawer imi ', meddai John Davies—hyd nes dyfod helynt Twm Twm : a chyfaddefiad Tom—yn nodweddiadol o'i onestrwydd

—oedd na allai yntau deimlo, yn union ar ôl ei fedyddio, ystyr dwfn yn y Cymundeb.

7

Un o'r digwyddiadau pwysicaf yn hanes Rowland Hughes yn ystod ei dymor yn yr ysgol ym Mrynrefail ydoedd dod i wybod am y tro cyntaf am R. Williams Parry. Fe ddywedodd ef ei hun yr hanes yn ei raglen radio, ' Bardd "Yr Haf" '.

Mae'n brynhawn Gwanwyn yn y flwyddyn 1919 a minnau yn hogyn drwg, yn y *detention*. 'Roeddwn i'n aelod go selog o'r sefydliad hwnnw—yn wir, yn un o golofnau'r achos—ac fel rheol yn dyheu am gael fy ngollwng yn rhydd a chychwyn ar y ddwy filltir droellog i Lanberis. Ond y prynhawn hwnnw . . .

"Reit. Pawb i fynd adre 'rwan . . . Mi ddwedais i y caech chi fynd 'rwan".

"Do, syr, ond . . . dim ond gorffen copïo'r pennill yma, syr . . . Dyna fo".

"Faint o weithia' ydach chi wedi'u copïo nhw ?"

"Pedair gwaith, syr".

"Reit. I ffwrdd â chi".

(Yn betrus). "Syr ?"

"Ia ?"

"Pwy sgwennodd nhw ?"

"Yr englynion 'na ? R. Williams Parry. Mi'u torrais i nhw o'r *Welsh Outlook* ryw ddwy flynedd yn ôl".

"Ydi o'n fyw rwan, syr ?"

"Williams Parry ? Diar annwyl, ydi. Dyn ifanc ydi o".

(Mewn syndod). "Ifanc, syr ?"

"Ia. Mae'n athro yng Nghaerdydd ar hyn o bryd. 'Wyddoch chi iddo fod yn dysgu yn yr ysgol hon ?"

"Yma, syr ?"

"Do, am ddwy flynedd. Yma yr oedd o pan gyfansoddodd ei awdl—awdl ' Yr Haf '—ar gyfer Eisteddfod Genedlaethol Bae Colwyn—naw mlynedd yn ôl, yn 1910".

"Ddaru o . . . ddaru o ennill, syr ?"

"Do, yn rhwydd ; a'r beirniaid Dyfed, Berw a Phedrog yn dotio at yr awdl. Ydach chi'n falch ?"

"Ew, ydw !"

"Adra â chi, rŵan. 'Chewch chi ddim cwmni ar y ffordd mae
arna' i ofn. Mae pawb wedi mynd o'ch blaen chi. Dysgwch yr
englynion 'na wrth gerdded adref".

"O'r gora, syr. 'Rydw i bron yn 'u gwybod nhw'n barod".

"Wel, mae rhyw les yn dod o'r *detention* 'ma weithia' ".

A cherddodd y bachgen adref, fel pe mewn breuddwyd, gan adrodd
Englynion Coffa R. Williams Parry i Hedd Wyn. Felly y cyflwynwyd
ef am y tro cyntaf i waith un a oedd i fod y mwyaf o'i holl arwyr.

8

Ond nid yr ysgol a'r capel ydoedd ei holl fyd, o bell ffordd. Soniwyd
eisoes am y cychod ar y llyn, y cae chwarae a'r neuadd biliards.
Pennod gofiadwy arall yn ei fachgendod ydoedd ei hanes yn helpu
'dyn y pictiwrs'.

Ceir hyn, bron yn gyflawn yn y bennod 'Bwrdd y Gegin' yn
O Law i Law. Joe Ellis ydoedd enw priod y Joe Hopkins a geir yn y
llyfr, gŵr a adawyd, rywfodd neu'i gilydd, ar ôl yn Llanberis wedi
ymweliad cwmni o actorion teithiol.

Cychwynnodd Joe Ellis Ddarluniau Byw yn Neuadd y Pentref, ac
er mwyn rhoi ychwaneg o fywyd yn y lluniau cafodd Tom a chyfaill
iddo'r fraint o fynd y tu ôl i'r sgrîn i greu synau i gyd-fynd â digwydd-
iadau cyffrous y darlun—'curo dau hanner cneuen goco wrth ei
gilydd bob tro y carlamai cowboi neu Indiaid ar draws y llen . . .
ymladd â dau brocer i awgrymu cleddyfau . . . canu fel ceiliogod,
cyfarth fel cŵn'. Ond 'Rhy hwyr!', neu 'Deffra, Dic!' oedd barn
y seddau blaen yn aml am y synau hyn. Yna, hysbysodd Joe y ddau
fachgen eu bod i gael yr anrhydedd o berfformio dawns glocsiau ar ben
bwrdd i ddiddori'r gynulleidfa rhwng pob darlun, ac aeth ati i'w
hyfforddi. Daeth Tom a'i gyfaill, trwy ymarfer dygn, yn dra medrus
gyda'r dawnsio, ond 'yn ffodus i ni—ac i enw da ein rhieni—ni bu
galw am ein gwasanaeth fel dawnswyr proffesedig'.

Yr oedd yn hoff o gerdded : bu felly ar hyd ei fywyd pan gâi
gyfle, hyd nes ei daro gan afiechyd. Wrth gerdded y lluniodd, yn
ddiweddarach, lawer o'i farddoniaeth, ac y cynlluniodd lawer nofel a
stori nas ysgrifennodd. Bu i fyny'r Wyddfa droeon yn y cyfnod hwn,
a llawer iawn o weithiau'n ddiweddarach. (Fel llawer o rai eraill yn y
cyfnod hwn a dreuliodd eu hoes wrth droed yr Wyddfa, ni fu ei fam i
fyny unwaith.)

Yng ngwyliau'r haf byddai hefyd, gyda'i gyfeillion, yn cynorthwyo
gyda'r cynhaeaf yn rhai o ffermydd y cylch. Ei hoff le oedd Tyddyn
Siarles, lle'r oedd ei gyfaill Aled Hughes yn byw. Caent lawer o hwyl
yno, a chofiai, fel y gwna W. Jones Henry, Emlyn Jones ac eraill o'i
gyfeillion, am y prydau bwyd—y swper ar ôl diwrnod o waith, yn
enwedig am y pwdin reis a'r deisen, a'r bwyd allan ar y cae yn ystod y
dydd, a'r te, a ddygid yno mewn piser, â blas arbennig arno.

Heblaw gweithio yn Nhyddyn Siarles, byddent yn mynd hefyd am
dâl i ffermydd yng ngodre'r Bwlch, a chael, hwyrach, saith a chwech
am ddeuddydd o waith. Un tro, wedi bod yn gweithio mewn tyddyn
rhwng Llanberis a Chaernarfon credent na thalwyd digon iddynt, a bu
dial trwy wneuthur cyrch ar y berllan a chlirio'r afalau. Dro arall—yn
ddiweddarach, a Tom erbyn hyn yn y coleg—roedd ef ac Emlyn
Jones yn sefyll y tu allan i un o gaeau Ty'n Gadlas, lle'r oeddynt wrthi'n
cynaeafu. 'Dowch dros y wal', meddai William Jones, y ffarmwr, a
buont yn cario'r gwair ar y llethr ar sled i'r gadlas. Ychydig ddydd-
iau'n ddiweddarach yr oedd William Jones i lawr yn y pentref, a
gwelodd y bechgyn ar y stryd. 'Mi 'naethoch job dda, hogia',
meddai, a rhoes chweugain yr un iddynt. Roedd hyn yn ffortiwn, a
bu'r cof yn aros yn hir am haelioni William Jones.

Yn ystod yr holl amser hwn, yr oedd Tom, fel y profodd ei waith
yn ddiweddarach, yn sylwi'n fanwl ar y bywyd o'i gwmpas a nod-
weddion cymeriadau'r ardal, ac arhosodd yr argraffiadau ar ei gof, i'w
caboli trwy ei ddychymyg yn rhannau pwysig o'i nofelau. Nid
oes dim sôn iddo yn y cyfnod hwn geisio llenydda, ond enillodd wobr
am englyn ar 'Hiraeth' yn eisteddfod capel Preswylfa : hon ydoedd
y wobr gyhoeddus gyntaf o'i math iddo ei hennill.

Yn ei nofelau, ceir disgrifiadau manwl o fywyd y chwarel, ond ni
fyddai, pan oedd yn fachgen, yn dangos digon o ddiddordeb yn hyn
i beri iddo ofyn cwestiynau. Yn ôl ei chwaer, nid oedd llawer o
'siarad chwarel' yn y tŷ, er bod y tad yn naturiol yn sôn weithiau am
y bonc a'r stiward. 'Roeddan ni wedi'n codi i fyny yn'o fo', meddai
hi : rhan o'n bywyd ydoedd, rhywbeth i'w gymryd yn ganiataol.

Ond yr oedd yn sylwedydd craff, a'r gallu i ddynwared ganddo.
'Roeddan ni'n cael *turn out* reit dda ganddo fo weithiau', meddai ei
chwaer, 'yn aml ar ôl bod yn y capel. Y diaconiaid i gyd yn cael eu
portreadu a'u dynwarad—Abel Davies, Richard Jones, clocsiwr, ac
eraill. Roedd yn real perfformans—ar ôl swper nos Sul, yn sefyll ar
ganol y gegin, ac wrthi'.

William a Mary Hughes

'Angorfa', Llanberis, gyda Seion,
Capel y Bedyddwyr, wrth ei dalcen

T. Rowland Hughes yn fachgen bach

Rhyw edrych dros ei sbectol y byddai tad Tom ar y perfformiadau hyn, ond ni allai beidio â gwenu, waethaf yn ei ddannedd.

9

Yr oedd William Hughes yn wael ei iechyd cyn i Tom adael yr ysgol. Dioddefai oddi wrth effeithiau torri ei goes, blinid ef yn bur ddrwg gan gryd cymalau, a chredai, hefyd, yn gam neu'n gymwys, fod amrywiol afiechydon eraill arno, yn enwedig helynt ar ei stumog.

Yn ôl dull plant, llwyddai Tom a'i gyfeillion i gael peth difyrrwch hyd yn oed o anhwylder ei dad. Cawsai William Hughes beiriant cryd cymalau—peiriant i roi sioc drydan gymedrol i aelodau'r claf : credid bod hyn yn lles i'r cryd cymalau. Byddai Tom yn mynd â'r peiriant hwn allan i'r stryd weithiau i chwarae gyda'r bechgyn, a hwythau'n arbrofi gyda'r sioc a geid wrth ei droi.

Bu William Hughes erioed yn dueddol i gredu fod pob math o anhwylderau arno. Yr oedd cryn dipyn o'r elfen hon o hupocondria yn Tom ei hun hefyd yn ddiweddarach, fel y cawn sôn : yr oedd hyn, wrth gwrs, cyn ei daro â'r afiechyd blin a'i goddiweddodd. Hoff ddarllen William Hughes ydoedd y bennod ar feddyginiaeth yn *Llyfr Pawb ar Bob Peth*—llyfr, yn rhyfedd iawn, a brynodd Tom â'r hanner coron a gafodd, fel y cofnodir y tu mewn i'w glawr, yn ' Wobr yn Arholiad Ysgol Sul Undeb Bedyddwyr Cymru, Ail yng Nghymanfa Arfon, Safon II '. Cadarnhâi'r llyfr hwn i William Hughes y clefydau y mynnai ei fod yn dioddef oddi wrthynt, a byddai'n ceisio dilyn yn fanwl y cyfarwyddiadau i wella. Darn o hunangofiant yr awdur yw'r disgrifiad a geir yn y bennod ' Llyfrau ' yn *O Law i Law*.

Poenai fy nhad gryn dipyn am gyflwr ei iechyd, gan fod ei stumog yn anwadal a natur cryd-cymalau ar ei aelodau, a threuliai lawer o amser yn casglu dail a llysiau ac yn paratoi pob math o feddyginiaethau. Ambell dro taflai fy mam wydraid neu botelaid o ddŵr-dail allan er mwyn cael golchi'r llestr, ac uchel fyddai cloch fy nhad pan âi am lymaid o'i ffisig bywiol ond diflanedig. Lluchiai fy mam hefyd ambell dusw o wermod neu ddail yr ysgyfarnog, ac âi fy nhad yn gacwn . . . Ond yr hyn a achosai wir gynnen rhwng y ddau ydoedd ufudd-dod fy nhad i gynghorion *Llyfr Pawb ar Bob Peth* ar bwnc y diffyg treuliad. Peidio â bwyta, os cofiaf yn iawn, ac yna dysgu bwyta ond ychydig oedd awgrym caredig y llyfr, a chymerai fy nhad yn ei ben, pan ddôi pwl o gamdreuliad arno, i fynd heb fwyd am ddiwrnod cyfan, ac weithiau am ddau neu dri diwrnod. ' Hen lol wirion ' y galwai fy mam y merthyrdod hwn.

Yn 1921, cyn i Tom fynd i'r coleg, gorfu i'w dad roi'r gorau i'w waith, ac wedi hynny adref heb weithio y bu hyd ei farw, yn 68 mlwydd oed, yn 1931.

10

Daeth pum mlynedd Tom yn Ysgol Brynrefail i ben yn 1920. Y flwyddyn honno—yr oedd yn ddwy ar bymtheg oed—eisteddodd y ' Senior ', arholiad Bwrdd Canol Cymru, a bu'n llwyddiannus gyda marciau da yn amryw o'r pynciau, ac anrhydedd yn y Gymraeg a'r Saesneg.

Wedyn, am flwyddyn, bu'n athro-ddisgybl yn yr ysgol elfennol yn Llanberis, Ysgol Dolbadarn, lle bu gynt yn ddisgybl. Nid oedd yn mwynhau'r gwaith. Ychydig o amynedd a fu gan Rowland Hughes ar hyd ei fywyd â gwaith nad oedd wrth ei fodd. Gallai fod yn athro gwych gyda phlant hŷn a phobl ifainc, ond nid oedd dysgu plant ifainc yn apelio ato.

Un dydd, aeth ef a'i gyfaill, athro-ddisgybl arall, am brynhawn i Gaernarfon, heb ganiatâd, pan ddylent fod yn yr ysgol. Galwyd hwynt o flaen y Rheolwyr, dan lywyddiaeth R. E. Jones, a dywedwyd y drefn yn llym wrthynt.

Blwyddyn ddiffrwyth hollol ydoedd hon. Yr oedd ei deulu, a phawb arall, yn cymryd yn ganiataol mai i'r Coleg Normal ym Mangor, i ddilyn y cwrs dwy-flynedd am Drwydded Athro, yr âi ar ei therfyn, fel yr aeth ei chwaer bedair mlynedd ynghynt. Ond, yn ystod yr haf, penderfynodd Tom mai i Goleg y Brifysgol y dymunai fynd, ac er yr amgylchiadau caled gartref, felly y trefnwyd.

II

BANGOR
1921—26

I

COLEG y Brifysgol, Bangor oedd un o'r dylanwadau mawr yn hanes T. Rowland Hughes. Aeth yno yn 1921 yn fachgen syml, tawel, na welodd neb, ar wahân hwyrach i R. E. Jones a'r Parch. A. J. George, fawr o addewid o ddim byd eithriadol iawn ynddo. Yn y coleg, datblygodd yn raddol, daeth ei ddoniau cynhenid i'r amlwg, ac enillodd yn ei flynyddoedd olaf yr anrhydeddau uchaf a allai ddod i ran myfyriwr ym myd academaidd a chymdeithasol y coleg. Pan adawodd yn 1926, yr oedd y rhai a'i hadwaenai orau yn ffyddiog fod gyrfa ddisglair o'i flaen.

Bychan ydoedd y coleg yn y dyddiau hynny o'i gymharu â'r hyn yw heddiw : 672 o fyfyrwyr, 605 ohonynt o Gymru. Erbyn 1925, oherwydd ymadawiad y nifer sylweddol o gyn-filwyr a ddaeth yno ar ôl y Rhyfel Byd Cyntaf, yr oedd y rhif wedi gostwng i 573.

Y Gymdeithas fwyaf llewyrchus, o ddigon, ydoedd y Gymdeithas Gymraeg, 'Y Cymric'. Yn ail iddi deuai'r *Literary and Debating Society*, y '*Lit. and Deb.*', a dibynnai'r Gymdeithas hon gryn lawer ar gefnogaeth rhai o aelodau brwd y 'Cymric'. Y flwyddyn flaenorol, yn y ffug-etholiad, a oedd yn un o ddigwyddiadau mawr y flwyddyn golegol, yr ymgeisydd llwyddiannus oedd Moses Griffith fel Cenedlaetholwr Cymreig—cyn bod Plaid Cymru ; cafodd 215 o bleidleisiau, yr ymgeisydd Llafur 132, a'r ymgeisydd Annibynnol 84. Cefnogid Moses Griffith gan L. E. Valentine, Llywydd y Myfyrwyr am y flwyddyn honno ; clywai myfyrwyr newydd 1921, a Rowland Hughes yn eu plith, lawer am ei lywyddiaeth lwyddiannus.

Darlithiai Syr John Morris Jones (yn Saesneg) i fyfyrwyr Adran y Gymraeg. Bu'n cloi tymor y 'Cymric' y flwyddyn flaenorol â'i ddarlith enwog 'Pantycelyn' ; disgwylid ef i gyflawni'r un gymwynas y flwyddyn hon â 'Iolo Morganwg'. Yr oedd yr Athro Ifor Williams newydd ei ddyrchafu i Gadair Llenyddiaeth Gymraeg, darlithiai'r Athro J. E. Lloyd ar hanes Cymru a Lloegr, ac yr oedd y Prifathro, Syr Harry R. Reichel, gŵr swil, bonheddig, â'i ddoniau siarad-cyhoeddus yn brin neilltuol, yn dal i wahodd rhai o'r myfyrwyr hŷn i frecwast gydag ef, er cryn boendod iddynt hwy ac yntau.

Yr oedd nifer o neuaddau preswyl i'r merched, ond lletya yn y dref
a wnâi'r dynion, ac eithrio deiliaid 'Plas Menai', yr unig hostel i
ddynion ; dyma le â straeon di-ri amdano, a'r Athro Addysg, R. L.
Archer, 'Daddy' Archer i'r holl fyfyrwyr, yn bennaeth yno ; gŵr
tal, tenau, wedi colli un llygad ; gŵr od â lleng o gathod ganddo, ond
gŵr caredig, a wnaeth gymwynas dawel â llawer myfyriwr tlawd ; a
gŵr athrylithgar, byw ei feddwl, a'r syniadau a fynegai yn ei lais main,
treiddgar yn brofiad newydd, allweddol i bob myfyriwr â rhyw
gymaint o fflach ynddo.

Talai'r myfyrwyr a letyai yn y dref—y mwyafrif mawr o'r dynion,
fel y dywedwyd—oddeutu chweugain yr wythnos am ystafell-wely,
yn rhannog, fel rheol, â myfyriwr arall, ystafell i astudio ynddi, a thân
a golau. Byddai gwraig y llety yn coginio iddynt, ac yn cadw cownt
o'r bwyd a brynid.

Cyffredin ydoedd amgylchiadau'r mwyafrif o'r myfyrwyr, ac
eithrio cyn-aelodau'r lluoedd arfog : hwy oedd cyfoethogion y coleg,
gyda'u grantiau sylweddol. Derbyniai'r myfyrwyr eraill, os oeddynt
wedi ymrwymo i fod yn athrawon, grant o £25 y flwyddyn. Rhaid
oedd iddynt, wrth gwrs, dderbyn cymorth ariannol gan eu rhieni, ac
yr oedd y mwyafrif ohonynt hwy ar gyflog fach. Nid oedd modd i
fyfyrwyr ennill arian yn ystod y gwyliau, fel heddiw : amser y
dirwasgiad oedd hi, a miloedd lawer o ddynion profiadol heb waith.
Ond er bod arian yn brin, yr oedd bywyd, ar y cyfan, yn hapus a llon.
Creai'r myfyrwyr eu hadloniant eu hunain. Bob bore, byddai criw
afieithus yn canu caneuon Cymraeg yn y corridor uchaf rhwng y
darlithoedd dan arweiniad W. D. Williams (Y Bermo wedi hynny) ;
cyrchai parau i gaffe Robert Roberts, a oedd mewn bri yn y dyddiau
hynny, am goffi : ac yr oedd Sili-wen, sy wedi'i anfarwoli mewn cân,
Coed Menai a Sir Fôn yn hoff fannau i rodianna ynddynt. Bob nos
Sadwrn byddai naill ai dawns ffurfiol neu 'hop' am bris isel yn
Neuadd Pritchard Jones, sefydliadau a gynorthwyodd lawer bachgen
o Ysgolion Sir Cymru i fwrw tipyn ar ei swildod. Yr oedd mynd ar y
cymdeithasau ; a sbri arbennig gyda rhai o'r chwaraeon, yn enwedig
ar yr ornestau, pur ffyrnig yn aml yn y dyddiau hynny, am yr *Woolworth
Cup* rhwng y Brifysgol a'r Coleg Normal.

Ond, oddi tan yr hwyl a'r digrifwch, a llawer o wamalrwydd
ieuenctid, yr oedd haen o ddifrifwch hefyd—fel a geir ym mhob
cymdeithas o bobl ifainc. Yr oedd y rhyddhad ar ôl y rhyfel yn
amlwg, ond arhosai'r cysgodion, a gwelid yn barod arwyddion

rhyfel arall yn bygwth. Pan ddethlid Dydd y Cadoediad wrth fwa coffadwriaethol y coleg, nid oedd neb nad oedd yn coffáu perthynas neu gyfaill a gollwyd yn y gyflafan. Ceisid seilio gobaith ar Gynghrair y Cenhedloedd, ond eisoes gwanhaodd ffydd llawer o'r ieuenctid yn y sefydliad hwn.

Synnir dyn braidd, wrth edrych yn ôl, wrth geidwadaeth myfyrwyr y dyddiau hynny mewn rhai cyfeiriadau. Mewn dadl Saesneg rhwng Coleg y Brifysgol a'r Coleg Normal ar y testun, ' Fod y gyfundrefn addysg bresennol yng Nghymru yn gondemniedig ', y nacaol a orfu, gyda mwyafrif llethol. Gwrthododd y ' *Lit. and Deb.*', eto gyda mwyafrif mawr, y gosodiad, ' Fod traddodiad yn rhwystr i gynnydd '. Anodd yw dychmygu yr un canlyniadau ymysg myfyrwyr heddiw.

Ond er hyn i gyd, gormod o wamalrwydd a rhy ychydig o ymdrech a welai rhai o arweinwyr y myfyrwyr. Yr oedd golygyddion Cylch-grawn y Coleg yn galw o hyd am erthyglau â chwaneg o sylwedd ynddynt. ' Nid yw'n bosibl ', meddent yn 1920, ' fod y coleg yn llawn o ffyliaid. Mae'n rhaid bod yma rai pobl sy'n meddwl '. Ac yn yr un Cylchgrawn, yn ddiweddarach, ceir mewn ' Llythyr Penagored at Gymry'r Coleg ' : ' Gymru Dien—Rhy hir, a rhy floesg, fu'r gwag siaradach dibwrpas hyd neuaddau ein coleg. Oni esgor eich tyngu rhonc yn eich Cymreigrwydd mewn gweithredoedd o ryw fath, nid yw ond fel clindarddach drain dan grochan—cwbl ofer yw '.

Ymysg Athrawon y coleg yr oedd amryw ' gymeriad ', heblaw'r Athro Archer y soniwyd amdano eisoes. Yr hynotaf, o bosibl, oedd y Dr. G. H. Bryan, mathemategwr enwog, a lwyddodd yn ystod y rhyfel i ddatrys rhai problemau dyrys ynglŷn â hedfan awyrennau. Gŵr tal, cryf ydoedd, rhyw olwg arno fel llew diniwed, wedi'i wisgo ym mhob tywydd ymron mewn côt uchaf laes, a chrafat gwlanen am ei wddf, ac yn cario ambarél. Yr oedd yn neilltuol o anghofus a difeddwl, a diniwed ym mhethau'r byd hwn. Ymysg y llu o chwedlau amdano, dywedir iddo un tro fynd â'i faban bychan iawn i lawr at y pier ym Mangor, a dechrau myfyrio ar ryw broblem. Pan ddychwelodd adref, gofynnodd ei wraig iddo ble'r oedd y babi. Yr oedd wedi ei adael ar y pier.

2

Wedi cyrraedd stesion Bangor yn nechrau Hydref, 1921, cerddai Tom Rowland Hughes i fyny i'w lety ym Mangor Uchaf, gan gario ei fasged wellt, a theimlo ei bod yn dlodaidd o'i chymharu â bagiau tipyn mwy ffasiynol y myfyrwyr eraill. (Y mae sôn am y fasged wellt hon ym mwy nag un o'i nofelau ; yn un ohonynt aeth William Jones â hi gydag ef i'r De.)

Trefnwyd iddo letya yn 3, Victoria Park. Un o Lanberis ydoedd Mrs. Jones, gwraig y tŷ, a than ei chronglwyd hi cafodd amryw o enwogion gartref dros dro : y Dr. Kate Roberts yn Llanberis, ac Emrys Evans—Syr Emrys Evans, Prifathro Coleg y Gogledd wedi hynny—pan oedd yn ddarlithydd yn y Clasuron ym Mangor. Gadawsai ef i fod yn Athro yn Abertawe, ac yn ei ystafell yn Victoria Park yr oedd J. Whatmough, y darlithydd newydd yn y Clasuron. Gweithiai ef wrth ei lyfrau o fore tan nos. Trefnai daflen amser fanwl ar gyfer pob dydd, a phe digwyddai i un o'i brydau fod ychydig funudau'n hwyr, cwynai'n llym wrth Mrs. Jones ei bod yn gwastraffu ei amser. Ymffrostiai nad oedd erioed wedi chwarae gêm, ond oherwydd rhyw ddigwyddiad nas cofnodir y mae Cylchgrawn y Coleg yn holi ym Mawrth 1923 a yw *o hyd* yn honni hynny. Ond cymerodd ran yn un o ddadleuon y ' *Lit. and Deb.*' yn ei flwyddyn gyntaf yn y coleg. Daeth yn ddiweddarach yn Athro ym Mhrifysgol Havard.

Arhosai Tom gyda Mrs. Jones fwy fel cyfaill i'r teulu na lletywr. Câi ei brydau gyda'r teulu, a rhannai ystafell i astudio â mab y tŷ, William Jones Henry. (Yr oedd y mab yn ' Jones Henry ' oherwydd i weinidog y teulu yn Llanberis, amser ei fedyddio, gyhoeddi bod gormod o Jonesys yn y byd, a mynnu newid yr enw o'r William Henry Jones a fwriadwyd gan ei rieni).

Y ffaith bwysicaf ym mywyd Tom Rowland Hughes ar ôl iddo fynd i'r coleg yw'r newid a fu yn ei agwedd tuag at waith. Fel y dywedwyd yn y bennod olaf, tra oedd yn yr ysgol âi chwarae â llawer o'i amser, ac yr oedd ymhell o ganolbwyntio ei holl egnïon ar astudio. Ond dyna a wnaeth wedi cyrraedd Bangor : yr oedd fel pe bai un bennod yn ei hanes wedi ei chau yn llwyr, a phennod arall, gwbl wahanol, wedi dechrau. Y noson gyntaf iddo ym Mangor, daeth Ceris Owen, ffrind iddo o Lanberis, a oedd erbyn hyn yn y Coleg Normal, i alw amdano i fynd i chwarae biliards, yn ôl eu hen arfer. 'Dydw i ddim yn dŵad, Ceris ', meddai ; ac ni chwaraeodd y gêm ym Mangor yn ystod yr holl amser y bu yno.

Credai ei chwaer mai gweld Whatmough yn gweithio mor ddygn a diflino yn yr un tŷ, a chlywed am Emrys Evans yn drefnus a chyson yno cyn hynny, a ddylanwadodd arno. Mae'n bosibl i'r esiamplau llachar hyn gael peth effaith. Ond, mewn gwirionedd, yr oedd penderfyniad Tom wedi ei wneud cyn iddo gychwyn ar y siwrnai fer ar y trên o Lanberis i Fangor.

Elfen gref iawn yn ei gymeriad ydoedd uchelgais ; er mor wylaidd ydoedd yn allanol, yr oedd ganddo ffydd ddiysgog ynddo ef ei hun, ac yn ei allu i gyrraedd unrhyw nod—ond iddo ymdaflu o ddifrif i'r ymgais. Teyrnged i'w ddoniau, ac i'w weithgarwch a'i benderfyniad, yw iddo lwyddo mor aml.

Synnwyd ei rieni pan ddywedodd ei fod am fynd i'r brifysgol. Nid oedd wedi sôn am hynny hyd ychydig cyn yr amser i gynnig am le yno ; ni fu ei waith yn yr ysgol yn gyfryw ag i wneud iddynt feddwl ei fod am astudio am radd. Ond penderfynu mynd i'r brifysgol a wnaeth, a mwy na hynny, ni chredai na allai ennill yr anrhydeddau uchaf yno ; yn ei feddwl yr oedd y bwriad i ddilyn Cwrs Anrhydedd— yn y Saesneg—ac o'r dechrau yr oedd ei olwg ar ragori.

Dylid sylwi beth a olygai'r penderfyniad i ddilyn Cwrs Anrhydedd. Yr oedd y mwyafrif mawr o'r rhai a ddilynai gwrs o'r safon hon wedi aros yn yr ysgol am ddwy flynedd ychwanegol ar ôl eistedd y ' Senior ', ac wedi pasio'r arholiad am y Dystysgrif Uwch (yn cyfateb i Lefel A heddiw). Heb hyn, golygai—gydag eithriadau prin—flwyddyn yn hwy iddynt yn y coleg. Cynlluniai Tom, felly, i dreulio pedair blynedd yn y coleg cyn graddio, yn lle'r tair a fyddai'n angenrheidiol ar gyfer gradd gyffredin, a blwyddyn arall yn yr Adran Addysg gyda'r cwrs hyfforddi athrawon—pum mlynedd i gyd. Yr oedd am fynnu ei gyfle er bod yr amgylchiadau gartref yn galed. Ond yr oedd yn barod, hefyd, i'w gyfiawnhau ei hun trwy roi pob gewyn ar waith, ac alltudio o'i fywyd bopeth a fyddai'n rhwystr iddo sylweddoli ei uchelgais. Gosododd her iddo ei hun, ac yr oedd yn benderfynol o'i hwynebu yn eofn.

Bydd rhai myfyrwyr sy'n astudio'n galed yn ceisio rhoi'r argraff, yn enwedig i'w cyd-fyfyrwyr, nad ydynt yn gwneud dim o'r fath. Nid un felly oedd Tom. Casái bob ffurf ar ffug : os oedd yn gweithio o ddifri, nid oedd am gymryd arno nad oedd yn gwneud hynny. Credai mewn gwaith, ac ni cheisiai guddio ei gred. Cawsai lyfr Samuel Smiles, *Self Help*, yn wobr yn yr ysgol. Erbyn 1921, y duedd, yn enwedig ymysg pobl ifainc a ystyriai eu hunain dipyn yn glyfar a blaengar, ydoedd dilorni'r llyfr hwn a'i glod o rinweddau Fictoraidd, gan ddweud mai trwy sathru pobl eraill dan draed, ac addoli ffyniant materol, y llwyddodd llawer o'i arwyr. Ond ni fu ar Rowland Hughes

erioed ofn coleddu ei syniadau annibynnol ef ei hun, pa mor an-
ffasiynol bynnag fyddent. Syniai yn uchel am y llyfr, ac yr oedd yr
esiamplau a gâi ynddo o ddynion a oresgynnodd anawsterau dybryd
trwy ddyfalbarhad a gweithgarwch yn cryfhau ei benderfyniad ef ei
hun.

Yn ei flwyddyn gyntaf yn y coleg, y pedwar pwnc a astudiai
ydoedd Saesneg, Cymraeg, Athroniaeth a Lladin. Saesneg oedd y
pwnc y dymunai arbenigo ynddo, ond yr oedd ganddo ar hyd yr
amser y bu yn y coleg ddiddordeb dwfn hefyd yn y Gymraeg.

Datblygu yn raddol a wnaeth, a phrin y cafodd neb le i gredu ar y
dechrau fod athrylith arbennig ynddo. Ond yr oedd ganddo o leiaf
ddwy briodoledd bwysig. Y cyntaf ydoedd cof eithriadol, yn enwedig
am farddoniaeth. Datblygodd ef hwn trwy ymarfer cyson, nes gallai
edrych ar ddarn o farddoniaeth, hanner tudalen o hyd, a'i gael bron yn
berffaith ar ei gof wrth ei ddarllen ddwywaith neu dair. A'r cym-
hwyster arall ydoedd arddull ysgrifennu gain, yn Saesneg a Chymraeg.
Yn y cyfnod hwn, mae'n wir, tueddai ei ysgrifennu i fod ar brydiau
yn flodeuog, gyda chymariaethau â blas gorlenyddol arnynt, a gormod
o arwydd ymdrech ; ond beiau llenor ifanc yn dechrau ymhyfrydu yn
ei grefft oedd y rhain. Yr oedd ymdrech barhaus yr artist i gyrraedd
perffeithrwydd mynegiant yn rhan ohono. Wedi hynny y daeth y
cynildeb crefftus a nodweddai ei ysgrifennu aeddfed, ond yr oedd
ganddo o'r dechrau ei arddull nodweddiadol ef ei hun, stamp y gwir
lenor.

Bachgen braidd yn eiddil yr olwg oedd T. Rowland Hughes yr
adeg yma, a chnwd o wallt du, fel silc, yn tyfu'n hir, wedi ei wthio'n
ôl yn drefnus o'i dalcen. Wyneb gwelw, tenau braidd, a thalcen
uchel : wyneb sensitif, wyneb bardd. Am ryw reswm, y mae'r darlun
a erys gyda mi ohono yn y dyddiau hynny yn debyg i'r un a welir
weithiau o fardd ifanc arall, Keats, un o'i hoff feirdd ; ffansi, hollol
anghywir, yw hyn, ond dyna'r argraff sy'n aros.

A dyna'r math o argraff a gâi eraill. Yn ei bumed flwyddyn yn y
coleg, pan oedd yn llywydd y myfyrwyr, fe glywid weithiau, ar ôl
cyfarfod o'r myfyrwyr, rai o'r dynion rygbi cyhyrog yn gofyn,
gydag ansoddeiriau lliwgar ar brydiau, ' Who's this poet fellow we've
got ? ' (Saeson ydoedd mwyafrif chwaraewyr rygbi'r coleg yn y
dyddiau hynny). A'i ymddangosiad, yn llawn mwy na'i areithiau—
er y byddent hwy, o bosibl, yn orawenog ar gyfer ei gynulleidfa—a
achosai'r cwestiwn.

Os oedd yn *edrych* fel bardd, dylid dweud ar unwaith fod ei draed, fel rheol, yn gadarn iawn ar y ddaear. Er ei holl ddychymyg a'i ramantiaeth, yr oedd elfen gref iawn o realaeth ynddo ; rhan oedd hyn o'i atgasedd o bob math ar ffuantwch. Er enghraifft, clywyd ef yn mynegi yn y cyfnod hwn, bron yn yr un geiriau, yr hyn a ddywedir gan John Davies yn *O Law i Law* am yr hen syniad cyffredin am ddiwylliant eang y chwarelwr :[1]

Gwelais ysgrif yn rhyw gylchgrawn Saesneg rai misoedd yn ôl yn sôn amdanom ni'r Cymry fel cenedl fyfyriol a darllengar, a'r awdur bron yn awgrymu bod athronydd neu gerddor ym mhob tŷ. Ia, Llew Hughes a ddangosodd yr erthygl imi â ıhyw falchder yn ei lygaid.

"Ond a ydi'r peth yn wir, Llew ?" gofynnais iddo.

"Yn wir ? Ydi, debyg iawn".

"Oreit. Gad inni enwi'r rhai sy'n byw yn y stryd yma". Yna aethom, mewn dychymyg, o dŷ i dŷ y ddwy ochr i'r ystryd hon, a bu'n rhaid i Llew gydnabod nad oedd fawr neb yn darllen dim. Wedyn, ar ôl i Llew fynd adref, aeth fy meddwl i'r bonc lle gweithiaf yn y chwarel. Un ' darllenwr mawr ' yn unig a ddoi i'm meddwl —Richard Roberts neu ' Dic Mysterious ', chwedl ninnau yn y chwarel. Darllenasai Dic ryw lyfr o'r enw *The Mysterious Universe* ychydig flynyddoedd yn ôl. Ond er y sieryd fel un ag awdurdod ganddo, ofnaf i Dic ymfodloni ar fod yn ddyn un llyfr.

Ceir yr un olwg ddadrithiol ar y syniad o Gymru fel ' Gwlad y Menyg Gwynion ', ' Gwlad Beirdd a Chantorion, Enwogion o Fri ', a oedd mor nodweddiadol o Rowland Hughes yn nyddiau'r coleg ag a oedd yn ei flynyddoedd diweddarach, ym mhregeth Mr. Rogers yn *William Jones*.[2]

Yn ei flynyddoedd cyntaf ym Mangor, ychydig o ran a gymerodd ym mywyd y coleg. Ei waith ydoedd y peth pwysig iddo. Gyda'i lyfrau hyd hanner nos, neu un o'r gloch y bore—dyna oedd y drefn gyffredin, ac yn hwyrach yn aml. Llafuriodd yn galetach, os rhywbeth, yn ystod ei flwyddyn gyntaf ym Mangor nag a wnaeth unrhyw flwyddyn wedi hynny : yr adeg hon y gosododd seiliau ei lwyddiant diweddarach. Nid oedd yn chwarae'r un gêm. Mynychai gyfarfodydd

---

[1] Tud. 139.
[2] Tud. 175.

y Cymric a'r ' *Lit. and Deb.*', ond heb ddechrau cymryd rhan ynddynt·
Adroddodd unwaith neu ddwy mewn ' sosial ' yn y coleg neu'r capel
(yr oedd hyn cyn dyddiau'r ' noson lawen ' !) Dechreuodd, yn
raddol, fynychu'r ' hops ' a'r dawnsfeydd ar nos Sadwrn, a phrofi fod
ganddo lygad da am ferch bert, a'r gallu i'w denu. Ond ychydig iawn
ydoedd ei oriau adloniant.

Byddai'n mynd ar y Sul i gapel y Bedyddwyr, Penuel, lle'r oedd y
Parch. E. Cefni Jones yn weinidog : gŵr rhadlon, pregethwr gwych,
emynwr, ac wedi hynny un o olygyddion *Llawlyfr Moliant* y Bedydd-
wyr. Pregethai'n arafach na bron neb o'i gyd-weinidogion, ac yn
fyrrach na'r mwyafrif ohonynt, ond nid oedd neb yn gadael yr oedfa
heb deimlo iddynt gael pregeth gron, gyfan, goeth : dyna, yn sicr,
oedd ein barn ni'r myfyrwyr. Âi Tom i'r Ysgol Sul hefyd, lle'r oedd
dosbarth bywiog a dadleugar o fyfyrwyr, a Mr. Wynne, gorsaf-feistr
y dref, yn athro medrus a doeth.

Ym mis Mawrth 1922, cynhaliwyd ym Mangor yr Eisteddfod
Ryng-golegol gyntaf. Y darlithydd R. Williams Parry oedd i fod yn
Llywydd y prynhawn, ond yn ei absenoldeb—nid annisgwyl i'w
gyfeillion—cymerwyd ei le gan Thomas Shankland, y Llyfrgellydd.
Diddorol yw sylwi mai Iorwerth C. Peate, o Goleg Aberystwyth, a
enillodd y gadair am ei bryddest ' Adar Rhiannon ', ac Idwal Jones,
o'r un coleg, a gafodd y wobr am y stori fer. Cofnodir hefyd, ' fod
yr hen wrthwynebwyr yno—y "Normaliaid"—a llwyddasant i gipio'r
wobr yng nghystadleuaeth y corau meibion, a hefyd yn yr adroddiad
Cymraeg '.

Wrth sôn am yr Eisteddfod Ryng-golegol, gellir dweud yma i
Rowland Hughes ymgeisio yn yr eisteddfod hon amryw weithiau yn
ddiweddarach, yn enwedig ar y bryddest a'r stori fer. Nodweddiadol
ohono oedd bod bob amser yn bur ffyddiog yn nheilyngdod ei waith,
ond, pan ddeuai'r dyfarniad yn ei erbyn, edrychai ar hynny fel sbardun
i wneud yn well y tro nesaf. Anfonodd bryddest un flwyddyn, a Syr
John Morris Jones yn feirniad. Yr oedd y bryddest brentisaidd hon yn
rhy lwythog o ffurfiau geiriadurol a barddonllyd, a chas beth Syr
John oedd hyn. Erbyn y gystadleuaeth nesaf, yr oedd Tom wedi bod
wrth draed yr Athro yn y dosbarth Cymraeg, ac aeth ati i lunio cerdd a
fyddai yn ei dyb ef yn cytuno i'r dim â syniadau'r beirniad. Ond er
iddo gael beirniadaeth fwy ffafriol, yr oedd ei well yn y gystadleuaeth.

Fel y cyfeiriwyd, yr oedd R. Williams Parry erbyn hyn yn ddarlith-
ydd yn y coleg. Clywodd Tom am y penodiad gan R. E. Jones pan

oedd adref yn Llanberis yn ystod gwyliau'r Nadolig, a disgrifiodd yn ei raglen-radio "Bardd ' Yr Haf ' " y tro cyntaf iddo weld ei arwr :

Sefyll ar bnawn Gwener yn y coridor wrth yr ystafell Gymraeg. "Dyma fo'n dwad", meddai W. E. Thomas wrth fy ochr, a'n llygaid ni'n dau fel stopiau organ allan o'n pennau. Ei ddilyn i'r dosbarth a gwrando arno'n darlithio ar y Delyneg. Darlithydd swil, nerfus, aflonydd braidd, a'i law ddeau'n chwarae â braich hir ei ŵn M.A. Gwên ddireidus yn llithro'n aml i'w lygaid breudd-wydiol fel y deuai i'w enau ryw sylw cynnil, bachog, epigramatig, llawn doethineb am y bardd a'i swydd.

Arhosodd rhan o'r ddarlith honno yn fy meddwl hyd heddiw. Y nodyn personol fel un o hanfodion telyneg dda oedd un o'r prif bennau, gan ddefnyddio ' Nant y Mynydd ' Ceiriog, a ' Medi ' Eifion Wyn, fel adnodau i brofi'r pwnc. Roeddwn i'n gwybod y ddwy delyneg yn dda, ond fel llawer eraill o ddyddiau'r ysgol wedi'u taflu nhw o'r neilltu fel rhyw bethau islaw sylw.

Mae'r ddwy, ' Nant y Mynydd ' a ' Medi ', yn gyfoethog o ystyr a melodedd imi byth oddi ar hynny. Y mae'r un peth yn wir am ' Ymadawiad Arthur ' T. Gwynn Jones. Ac wedi gwrando ar ddarlith gan Williams Parry ar y nofel y gwelais i fawr ryfeddod *Rhys Lewis* Daniel Owen.

Ar ddiwedd ei flwyddyn gyntaf yn y coleg, yr oedd ei ganlyniadau yn yr arholiadau yn dda, yn enwedig yn y Saesneg a'r Gymraeg, a dyfarnwyd iddo un o'r ychydig ysgoloriaethau mewnol, o bymtheg punt y flwyddyn. Yr oedd hyn yn ychwanegiad sylweddol at y grant o bum punt ar hugain a gâi fel darpar athro yn yr Adran Addysg. Câi ambell bunt, hefyd, gan ei chwaer, a oedd erbyn hyn yn athrawes yng Ngharmel, pentref bychan rai milltiroedd o Lanberis. Teimlai ef ei bod hi yn ' gefn ' iddo, ac er mor brin oedd yr arian, ystyriai ef ei hun yn ffodus o'i gymharu â rhai myfyrwyr eraill.

3

Yn ystod 1922—23, y tri phwnc a astudiai oedd Saesneg, Cymraeg ac Athroniaeth, a'r flwyddyn ddilynol yr oedd yn paratoi ar gyfer rhan gyntaf yr arholiad am Radd Anrhydedd yn y Saesneg, gyda Chymraeg yn bwnc atodol. Blynyddoedd o waith caled a fu'r rhain eto, ac ni chymerodd ran amlwg o gwbl ym mywyd cyffredinol y coleg.

Yn nechrau 1923 gwelwyd cychwyn sefydliad y bu iddo'n ddiwedd-
arach ran bwysig ym mywyd Rowland Hughes, sef Cymdeithas
Ddrama Gymraeg y Coleg. Y mae i'r Gymdeithas hon le pwysig,
hefyd, yn hanes y Ddrama yng Nghymru.

Ffurfiwyd Pwyllgor yn gyntaf dan nawdd y ' Cymric ' i drefnu
perfformiad o *Asgre Lân*, R. G. Berry, ar gyfer yr Wythnos Ryng-
Golegol ym mis Mawrth 1923. Mynegodd ysgrifennydd y ' Cymric '
y gobaith y deuai o hyn Gymdeithas Ddrama Gymraeg sefydlog yn y
coleg, megis y bu yno ers blynyddoedd Gymdeithas Ddrama Saesneg—
gobaith a sylweddolwyd yn rhagorol, oherwydd buh yn yn gychwyn
Cymdeithas a gyflawnodd waith eithriadol ar hyd y blynyddoedd
dros y Ddrama Gymraeg.

Llwyddwyd i berswadio R. Williams Parry i fod yn gynhyrchydd :
yr oedd ganddo ef beth profiad o'r gwaith er pan fu yn athro yn yr
Ysgol Uwchradd yng Nghaerdydd. Ni chymerodd Tom ran yn y
perfformiad hwn, ond bu bron iddo gael ei ddwyn i mewn. Dywedodd
yr hanes ei hun : J. H. Griffith (y Parch. J. H. Griffith, Dinbych wedi
hynny), Llywydd y ' Cymric ' y flwyddyn honno, yn gafael yn ei
fraich ac yn gofyn iddo a allai actio ; yntau'n dweud iddo wneud
ychydig bach yn y capel, ond mai un go sâl oedd o, a beth bynnag
"rydw i am wneud Onars yn Saesneg, ac mae gen i waith ofnadwy" ;
"Twt, part bychan iawn ydi o ; mi fedri'i ddysgu o i gyd mewn
chwarter awr".   Wedi clywed mai Williams Parry oedd y cyn-
hyrchydd, addawodd fynd am brawf.   Ond ' gwir oedd y gair ;
doeddwn i fawr o actor. Cyn hir, er hynny, roeddwn i'n bur flaenllaw
yn y Gymdeithas Ddrama '.

Gwir yw iddo ddod yn flaenllaw gyda'r ddrama yn y coleg, ond
nid am ychydig amser eto.

Yn 1924, perfformiwyd *Gwyntoedd Croesion* J. O. Francis (wedi ei
chyfieithu gan Silyn Roberts), ac erbyn hyn yr oedd R. Williams
Parry wedi sicrhau J. J. Williams, Prifathro Ysgol y Cefnfaes, Bethesda,
a fu wedi hynny yn Ddirprwy Gyfarwyddwr Addysg Pen Bedw, i fod
yn gyd-gynhyrchydd ag ef. Dyma gymwynas fawr R. Williams
Parry i'r Ddrama Gymraeg yng Ngholeg y Gogledd. Yr oedd gan
J. J. Williams athrylith a gweledigaeth nodedig ym myd y ddrama,
ymhell ar y blaen i ddim a geid yn gyffredin yng Nghymru yn y
dyddiau hynny, ac iddo ef y mae'r clod am y gloywder a ddaeth ar
waith y Gymdeithas ym Mangor. Diddorol yw gweld enwau fel John
Gwilym Jones, J. H. Griffith, W. E. Thomas (y Parch. W. E. Thomas,

Llanrwst) a William Jones Henry ymysg yr actorion yn y perfformiad
o *Gwyntoedd Croesion*, ond nid oedd gan Rowland Hughes ran yn y
ddrama, er y bu'n cynorthwyo gyda'r trefniadau.

Dywedir weithiau, gan rai a fu'n chwilio ei hanes yn y cyfnod hwn,
mai Saesneg oedd yn mynd â'i fryd, ac nad oedd ganddo gymaint â
hynny o ddiddordeb yn y Gymraeg. Camargraff yw hyn. Saesneg
oedd ei brif bwnc yn y coleg, wrth gwrs, ac mae'n wir, hefyd, mai yn
Saesneg yr oedd y rhan fwyaf o'r darnau barddoniaeth y dechreuodd
eu cyfrannu gyda hyn i Gylchgrawn y Coleg. Ond yr oedd ganddo
ddiddordeb cywir a dwfn mewn llenyddiaeth Gymraeg. Fel y dywed-
wyd, cyfansoddai'n ddiwyd ar gyfer cystadleuthau'r Eisteddfod Ryng-
Golegol, ac yr oedd y storïau a'r nofelau y bwriadai eu sgrifennu pan
gâi amser, yr arferai siarad yn frwdfrydig wrthyf amdanynt, yn
cynnwys cymaint, os nad mwy, o waith yn Gymraeg ag yn Saesneg.
Ac onid R. Williams Parry oedd ei fardd mawr ?

Fel hyn y cofnododd hanes prynu *Yr Haf a Cherddi Eraill* yn ei
raglen-radio ar R. Williams Parry yn 1949 :

> Myned i siop Galloway un pnawn y flwyddyn honno, mil naw
> dau pedwar, i brynu llyfr yr oedd yn rhaid imi ei gael ar gyfer fy
> nghwrs yn y coleg. Dod allan heb y llyfr, ond â chopi o *Yr Haf a
> Cherddi Eraill* yn fy llaw. Y gyfrol wedi cyrraedd y siop y bore
> hwnnw, a minnau heb ddigon o bres i brynu'r ddau.
>
> Crwydro i fyny i'r Ffriddoedd ac i lawr tua'r Borth gan ddarllen
> y cerddi'n uchel i mi fy hun. Sefyll ar lwybyr Coed Menai a
> darllen 'Brynsiencyn' mewn dau lais—llais ysgafn ar gyfer y
> Golomen ac un dwfn ar gyfer y Gigfran. Alto a bas.
>
> Major Wyn Wheldon (Cofrestrydd y Coleg) yn mynd heibio
> hyd lwybyr arall gerllaw. Chwifio'i law yn gyfeillgar arnaf, ond . . .
> ond a oedd rhyw olwg go syn a dyrys yn ei lygaid ? Osgoi Major
> Wheldon am ddyddiau wedyn, a gwrido'n wyllt pan ddown wyneb
> yn wyneb ag ef.

Bardd arall yr oedd yn ffoli arno ydoedd Dafydd ap Gwilym. Yr
oedd yn astudio ei waith fel rhan o'i gwrs Cymraeg yn y coleg, ond
nid rhywbeth i'w feistroli ar gyfer gradd ydoedd ei farddoniaeth iddo.
Yr oedd wedi e ilwyr lyncu ganddo. Byddai mewn ymddiddan yn
dyfynnu gyda blas ddarnau o'i waith, wedi meddwi ar swyn y geiriau.

Ond er ei holl edmygedd o Dafydd ap Gwilym, yr oedd ynddo
ynglŷn â hyn, fel ym mhopeth arall, elfen gref o realaeth a chyd-

bwysedd. Galwodd un Cymro pur amlwg Dafydd ap Gwilym yn
' Shakespeare Cymru '. ' Lol i gyd ', meddai Tom ar unwaith.

Nid parch efrydydd oedd ganddo i Shakespeare : addolwr oedd o
flaen mawredd. Yr oedd ' Hamlet ' yn un o'i astudiaethau arbennig, ac
y mae'n llythrennol wir iddo ddarllen y ddrama ddegau o weithiau ;
ar ôl diwrnod caled o astudio ni fyddai'n ddim ganddo ddarllen y rhan
fwyaf ohoni cyn mynd i gysgu. Ac fel y dywedwyd, yr oedd ganddo
gof eithriadol, a gallai adrodd darnau helaeth ohoni.

Bardd Saesneg arall yr oedd yn hoff iawn ohono yn y cyfnod hwn
ydoedd John Donne, y bardd o'r unfed a'r ail ganrif ar bymtheg a
ganodd ganeuon serch yn ei ieuenctid, ac a ddaeth wedi hynny, pan
oedd yn Ddeon Sant Paul yn Llundain, yn enwog am ei bregethau ac
am ei gerddi crefyddol.

Ond Keats, o'r holl feirdd Saesneg, a ddeuai agosaf ganddo at R.
Williams Parry yn Gymraeg, a charai nodi'r cyffelybiaethau a welai
rhwng llinellau'r ddau fardd. Fel enghraifft o lawer nodiad tebyg a
geir ar ei gopi o *Yr Haf* gellir dyfynnu :

> ' Cymharer Keats—
>> Thou wast not born for death, immortal bird.

a

>> A thing of beauty is a joy for ever '

gogyfer â'r llinellau

>> O oes i oes hoyw yw hi,
>> A'r nawnddydd arian ynddi,
>> Heb hwyr, ond dyddliw puraf,
>> Lle mae'r gwyll ym mrigau'r haf.[1]

Yr oedd bywyd y coleg yn graddol newid. Y newid pwysicaf oedd
bod arhosiad cyn-aelodau'r lluoedd arfog yn dod i ben ; erbyn
Hydref 1923 yr oedd y rhan fwyaf ohonynt wedi gadael. Yr oedd rhai,
wrth gwrs, yn aros, ac ymysg y mwyaf lliwgar yr oedd Sam Jones,
y gŵr y bu Cymru mor ddyledus iddo yn ddiweddarach fel arloeswr
rhaglenni fel ' Noson Lawen ' ac ' Ymryson y Beirdd ', ar Radio
Cymru. Efe oedd un o olygyddion Cylchgrawn y Coleg y flwyddyn

---

[1] *Yr Haf a Cherddi Eraill*, tud. 78.

honno. Ychydig iawn o gysylltiad a fu rhyngddo a Rowland Hughes yn nyddiau'r coleg : yr oedd dau a fu'n cydweithio'n agos yn ddiwedd-arach heb brin gyfarfod yno. Prawf yw hyn nad oedd Tom wedi dechrau dod yn amlwg yn y coleg ; yr oedd Sam Jones, gyda'i ddoniau cyfeillachol, yn adnabod bron bawb a oedd â rhyw gymaint o ran iddo ym mywyd cymdeithasol a byd chwaraeon y coleg.

Yr oedd ymadawiad y cynfilwyr yn gadael y coleg gryn dipyn yn dawelach a llai cyffrous. Ond cafwyd llawer o hwyl yn ystod y flwydd-yn. Bu ymweliad Tywysog Cymru yn achlysur sbri godidog, a bechgyn y coleg yn ei dderbyn yn fintai gref â choesau brwshys llawr dros eu hysgwyddau, ac yna'n defnyddio coesau'r brwshys i ffurfio cylch i gadw'r dorf yn ôl tra oedd y Tywysog yn cydnabod rhodd a gyflwynwyd iddo o flaen y Belle View Hotel ym Mangor Uchaf gan Lywydd y Myfyrwyr.

Erbyn Mehefin 1924 yr oedd Tom, felly, wedi bod yn y coleg ym Mangor am dair blynedd, ac wedi gosod iddo'i hun sail gadarn o ysgolheictod yn Gymraeg ac yn Saesneg. Ond nid oedd wedi chwarae rhan flaenllaw yn unrhyw adran o weithgareddau cymdeithasol y coleg. Yr oedd wedi canolbwyntio, gyda'r dygnwch a'r penderfyniad a oedd mor nodweddiadol ohono, ar ei lyfrau.

Y flwyddyn nesaf byddai'n eistedd yr arholiad am Radd Anrhydedd yn Saesneg. Ar un ystyr, dyma'r flwyddyn bwysicaf iddo yn acad-emaidd, a phan fyddai ganddo'r mwyaf o waith. Ond dyma'r flwyddyn, hefyd, pan ddechreuodd ymagor, ac ymdaflu i fywyd y coleg, gan gyrraedd ar ei diwedd binacl na ddychmygodd neb ar ei dechrau y byddai'n rhan o'i hanes—ei ethol yn Llywydd y Myfyrwyr.

4

Cyflawnodd Rowland Hughes lawer gorchest yn ystod ei fywyd, ond nid oedd yr un ohonynt yn fwy annisgwyl ac annhebygol na chael ei ethol yn Llywydd y Myfyrwyr ym Mangor. Byddai'r myfyriwr a etholid i'r brif swydd hon, yn ddieithriad bron, yn un a fu ar hyd ei gwrs yn amlwg ym mywyd y coleg, yn blaenori, yn aml, gyda chwaraeon, neu o leiaf yn dangos diddordeb byw ynddynt, yn cymryd rhan flaenllaw fel siaradwr yn y gwahanol gymdeithasau, ac yn sicr yn adnabyddus a phoblogaidd yn y bywyd cymdeithasol. Nid oedd Tom, ar ddechrau ei bedwaredd flwyddyn yn y coleg, yr un o'r pethau hyn. Nid oedd hyd yn oed yn aelod o Gyngor y Myfyrwyr ;

digon prin y bu ethol myfyriwr erioed o'r blaen yn **Llywydd y corff**
hwn heb iddo fod cyn hynny yn aelod ohono. Yr oedd dau glwb,
mwy neu lai 'cudd', fel sy'n bodoli'n aml ymysg myfyrwyr, yn y
coleg ar y pryd—y *Thirty Club*, â thraddodiad hir iddo, a'r *Q Club*, a
oedd newydd ei sefydlu mewn gwrthwynebiad i'r *Thirty Club*.
Gellir dweud bod pob un o'r dynion mwyaf amlwg ymysg **myfyrwyr**
y bedwaredd flwyddyn yn aelod o'r naill neu'r llall. Nid oedd Tom yn
aelod o'r un o'r ddau glwb.

Ni feddyliodd neb ar ddechrau'r flwyddyn 1924-25 amdano fel **un**
a fyddai'n ymgeisydd am y Llywyddiaeth yn etholiadau diwedd y
flwyddyn. Neb ond, o bosibl, ef ei hun. Yr oedd yn uchelgeisiol. Yr
oedd â'i fryd ar ennill Anrhydedd yn y Dosbarth Cyntaf yn Saesneg ;
gwyddai pawb a'i hadwaenai am hyn, ac yr oedd pob disgwyl y
byddai'n cyrraedd ei nod. Ond ni soniodd wrth neb am ei fwriad i
geisio'r Llywyddiaeth nes bod yr etholiadau yn agosáu. Trwy gydol
y flwyddyn, serch hynny, daethai ei enw o hyd i sylw ei gyd-fyfyrwyr ;
rywbryd yn ystod y flwyddyn, onid oedd yno ar y dechrau, daeth yr
ail uchelgais i'w fryd.

Yn ystod y flwyddyn enillodd sylw i ddechrau yn nhudalennau
Cylchgrawn y Coleg fel bardd. Yr oedd cyn hyn, fel y dywedwyd
eisoes, wedi cystadlu yn eisteddfodau'r coleg, ond ni wyddai neb ond
ei gyfeillion agosaf am hyn. Cofia Ceiriog Williams (Prifathro Ysgol
Daniel Owen, Yr Wyddgrug, hyd yn ddiweddar), hefyd, am sgwrs
rhwng rhai o aelodau'r dosbarth Saesneg tua Phlas Menai am dasg a
gawsant i ysgrifennu ymgom rhwng Shakespeare a Marlowe. Yr
oedd Tom wedi cyflwyno ei waith mewn barddoniaeth yn y mesur
penrhydd, a dywedasai Dr. King, y darlithydd mewn Saesneg, a'r
Athro Wright, ei fod yn gyfansoddiad eithriadol. Credir mai dyma'r
cyntaf y bu sôn am ei allu barddonol.

Beth bynnag am hynny, dechreuodd ei enw ymddangos yn y
Cylchgrawn. Yn rhifyn Rhagfyr, 1924, ceir soned ganddo, ' On
Closing Malory's Morte d'Arthur '; yn rhifyn Mawrth, 1925, soned arall
' Absence ', ac yn yr un rhifyn, yn Gymraeg, ' Y Bardd '. Yr hyn a
bair syndod wrth ddarllen y cynhyrchion hyn heddiw yw mor hen-
ffasiwn farddonllyd y maent. Y mae'r sonedau Saesneg yn frith o
ymadroddion hynafol megis, ' *yon lonely eagle* ', ' *E'en as the eagle* ',
' *alas, thou art* ', ' *thy mystic woof doth trace* ', a chyffredin tu hwnt yw'r
ansoddeiriau—' *matchless maidens* ', ' *roseate mists* ', ' *fond shades* '. Ac
fel y dywedodd R. Williams Parry wrth adolygu barddoniaeth

T. Rowland Hughes yn Llywydd y Myfyrwyr,
Coleg y Brifysgol, Bangor, 1925—1926

Miss EIRENE WILLIAMS

Gymraeg *A Bangor Book of Verse ; Barddoniaeth Bangor*, cyfrol a gyhoeddwyd yr adeg yma, ' Rhyfedda'r darllenydd ei thristed '. Felly barddoniaeth Rowland Hughes yn y cyfnod hwn ; anodd yw osgoi'r casgliad mai canu fel y tybiai y dylai bardd ganu yr oedd, ac nid fel y teimlai.

Y mae'n werth dyfynnu ymhellach un paragraff o adolygiad R. Williams Parry o *A Bangor Book of Verse* fel beirniadaeth o feirdd ifainc y cyfnod, ac yn eu mysg Rowland Hughes, er nad oedd dim o'i waith ef yn y gyfrol : ' Os oes un diffyg y gellir ei alw yn ddiffyg cyffredinol yn y caneuon, dyma yw hwnnw, fod ynddynt ormod a rhy ychydig o natur. Y mae'r awduron yn rhy hoff o roddi ffrâm o ddail a gwyrdd-lesni i bob darlun o'r eiddynt, ac i fynegi eu profiadau yn nhermau natur megis ' haf digwmwl ' am ddyddiau dedwydd. O'r ochr arall, er cymaint sôn sydd am wyntoedd a machludoedd a llynnoedd, ychydig hysbysrwydd a geir am wynt, neu fachlud, neu lyn arbennig '.

Ond yr oedd cyhoeddi ei gynhyrchion yng Nghylchgrawn y Coleg yn sicrhau bod ei enw yn dechrau dod yn adnabyddus ymhlith y myfyrwyr. Dechreuodd, hefyd, gymryd rhan lawer mwy blaenllaw yng ngweithgareddau'r Cymdeithasau Diwylliadol, ond, er syndod inni heddiw, yn fwy gyda'r *Literary and Debating Society* Saesneg na chyda'r ' Cymric '. Un rheswm am hyn oedd i wrthdarawiad ddigwydd rhyngddo ef a Roger Hughes (y Canon Roger Hughes, Bryneglwys, ' Rhosier ', wedi hynny), a oedd y flwyddyn honno yn Llywydd y ' Cymric '.

Mynychai gyfarfodydd y *Literary and Debating Society* yn ffyddlon, a chymryd rhan yn aml yn y trafodaethau. Un o gyfarfodydd cofiadwy y gymdeithas ydoedd darlith gan George M. Ll. Davies ar ' The Politics of Grace '. Yn y ddadl ryng-golegol ym mis Chwefror, 1925, y testun oedd ' *That the present increasing sense of Nationalism is a hindrance to Progress* ', a chofnodir enw Tom fel y cyntaf i siarad o'r llawr yn erbyn y gosodiad. Y nacaol a gariodd y dydd, o ychydig.

Ond cyn hyn daeth i'r amlwg mewn cysylltiad ag ymweliad Caradog Evans, yr awdur Eingl-Gymreig, â'r coleg i ddarlithio ar ' *Wales and the Welsh* ' ar wahoddiad y *Literary and Debating Society*.

Yr oedd teimlad cryf iawn yn y coleg yn erbyn gweithred y Gymdeithas yn gwahodd Caradog Evans. Cynyrfasai'r gŵr hwn ffyrnigrwydd enbyd yn ei erbyn trwy Gymru gyfan oherwydd y storïau

Saesneg a sgrifennid ganddo, a roddai olwg waradwyddus ar fywyd ac arferion y Cymry, a'u dull o feddwl a siarad.

Pan gyrhaeddodd Caradog Evans y coleg, yr oedd y myfyrwyr, yn ôl ei ddisgrifiad ef wedi hynny, ' yn rhuo fel llewod, yn ddigon i ddychryn unrhyw ddyn '. Rhoddwyd gwrandawiad gweddol i'r siaradwr yn y neuadd tra traddodai ei ddarlith, a ddarllenid bron bob gair ganddo. Yr oedd hi, yn amlwg, wedi ei pharatoi'n ofalus ganddo, mewn arddull Saesneg hyfryd, a frithid gan amryw strôc eirfaol, megis : ' *The principal exports of Wales are preachers, politicians and pugilists* '. Ond ar y diwedd cyffrowyd storm pan wrthododd y llywydd ganiatáu ond y nesaf peth i ddim amser i ofyn cwestiynau.

Gadawodd swyddogion y Gymdeithas, a'r siaradwr, y llwyfan ar frys drwy'r cefn, a rhuthrodd y gynulleidfa allan ac ymgasglu'n dorf i ddisgwyl am y darlithydd fel y deuai drwy un o'r drysau.

Dyma'r adeg y dechreuodd Tom Rowland Hughes gymryd rhan flaenllaw yn y gweithrediadau. Rhywfodd cafodd ef ei hun gyda Ceiriog Williams yn y coridor y tu mewn i'r coleg yn ceisio gair â'r darlithydd, tra oedd y dorf, fel y dywedwyd, y tu allan. Daeth ' Capten John ', y gofalwr heibio, a dweud fod Caradog Evans eisoes wedi gadael heb i neb ei weld, a'i fod erbyn hyn yng Ngwesty'r Castell. Aeth y ddau fyfyriwr ar ei ôl i'r gwesty, ac wedi hynny ar awgrym Tom cyhoeddasant yng Nghylchgrawn y Coleg adroddiad o'r cyfarfyddiad.

Wedi dod o hyd i Caradog Evans yn y ' Castell ', gofynasant iddo yn gyntaf brofi fod ' Dyn Mawr ' yn cael ei ddefnyddio am Dduw yng Nghymru. (Yn storïau'r awdur y mae'r cymeriadau yn barhaus yn sôn am y Duwdod fel ' *Big Man* '). Anfoddhaol oedd yr ateb. Yna holasant ef am yr erchyllterau yr oedd wedi eu darlunio fel rhan o'r bywyd Cymreig, er enghraifft, hanes y wraig a gollodd ei synhwyrau, a'i gŵr yn ei chloi yn un o'r tai allan, ac yn mynd â hi am dro weithiau i'r caeau yn rhwym wrth gadwyn. Atebodd mai sgrifennu stori ddychmygol yr oedd. Os felly, holent ef, paham na fyddai, fel un a oedd yn proffesu caru Cymru, yn cywiro'r beirniaid Saesneg, rhai ohonynt yn sgrifennu mewn cylchgronau dylanwadol, a ddisgrifiodd ei storïau fel *dogfennau cymdeithasol nodedig*. Wrth hyn, cododd ei ysgwyddau, a dechrau mynd yn ddiamynedd, a dweud bod ei ginio yn aros amdano. Terfyna'r adroddiad gyda : ' Cydnabyddwn fod llawer o wir yng nghredöau a datganiadau Caradog Evans, *ond yr ydym am gael yr holl wir, a chasbeth gennym yw camliwio* '.

Y mae'n awgrymiadol fod Ceiriog Williams yn dweud ei fod wedi ei synnu yn fawr gan y rhan a gymerodd Tom yn y digwyddiadau hyn. Nid oedd wedi synio amdano fel un a oedd yn eiddgar dros bethau Cymreig. Yn hytrach, credai mai'r hyn yr oedd â'i lygad arno ydoedd blaenori gyda'r 'Lit. and Deb.'—efallai am ei fod yn dilyn cwrs mewn Saesneg, a hefyd am nad oedd byth yn ymuno â'r cylchoedd a fyddai'n trafod y 'Dair G.'—Y Gymdeithas Genedlaethol Gymreig. Prawf arall yw hyn mai cymharol anadnabyddus ydoedd i'w gydfyfyrwyr yn ystod ei flynyddoedd cyntaf yn y coleg.

Hwyrach mai'r hyn a ddaeth â Rowland Hughes i amlygrwydd cyffredinol gymaint a dim oedd y rhan a gymerodd yn y Ffug Etholiad. Dyma, yn y dyddiau hynny, ydoedd un o ddigwyddiadau mwyaf cynhyrfus y flwyddyn golegol.

Ni chynhelid yr etholiad, fel rheol, ar linellau politicaidd, er y digwyddodd hynny yn 1920, fel y crybwyllwyd. Dyfeisid achosion a pholisïau newydd, â mwy o ymgais at ddigrifwch nag at ddim arall. Y flwyddyn honno, digwyddwn i fod yn un o'r ymgeiswyr, ac ymdaflodd Tom i'r ornest fel un o'm pennaf cefnogwyr, gyda'i holl drylwyredd.

Erbyn cyfarfod cyntaf pwyllgor y parti, yr oedd wedi cyfansoddi cân etholiadol, yn Gymraeg a Saesneg, ac yr oedd ganddo syniadau di-ri ar sut i ennill yr etholiad, nes peri i amryw nad oeddynt prin yn ei adnabod o'r blaen agor eu llygaid a holi pwy ydoedd. Oherwydd cipio'r ymgeisydd ei hun oddi ar y maes gan un o'r partïon gwrthwynebus—peth a ddigwyddai o dro i dro—ar Tom y disgynnodd llawer iawn o'r gwaith siarad, yn y coridor yn y Coleg Uchaf a'r Coleg Isaf (trigle'r gwyddonwyr yn y dyddiau hynny), ar y sgwâr ym Mangor Uchaf, ac, yn arbennig, yn neuaddau preswyl y merched. Yn yr olaf yr oedd yn neilltuol o lwyddiannus, a'r arddull ysgafn, ffugfarddonol a fabwysiadodd yn swyno clustiau'r merched ac yn ennill pleidleisiau lawer. Erbyn y nos Wener, noswaith y pleidleisio, yr oedd rhif cefnogwyr y parti wedi cynyddu'n sylweddol iawn. Serch hynny, Miss Sally Davies, a chwifiai faner y Pro-Decorumists, a orfu. Ond yr oedd Tom Rowland Hughes yn adnabyddus erbyn hyn ymysg y myfyrwyr, ac nid lleiaf ymysg y merched, mewn modd na fu erioed o'r blaen.

Y flwyddyn hon, hefyd, pan berfformid Y Ddraenen Wen (gan R. G. Berry), bwriodd ei hun o ddifri i waith gyda'r ddrama Gymraeg. Nid oedd yn actio, ond ef oedd ysgrifennydd y Gymdeithas. Erbyn hyn yr oedd R. Williams Parry wedi trosglwyddo'r cynhyrchu yn gyfangwbl i J. J. Williams, ac y mae gan J. O. Williams, Bethesda, hanes am y cynhyrchydd mewn cryn helbul oherwydd i'r ysgrifennydd ddiflannu'n llwyr am rai dyddiau. O'r diwedd daeth Williams Parry ato : 'Wyddost ti lle mae o wedi bod, J.J. ? . . . Yn sgwennu awdl, gyfaill '. Yng nghanol ei brysurdeb, yr oedd wedi mynd ati i gyfansoddi ar gyfer yr Eisteddfod Ryng-golegol, ac yn nodweddiadol ohono, tra oedd yr ysfa artistig hon arno, gallai'r Gymdeithas Ddrama ymdaro orau y medrai heb gymorth gweinyddol ei hysgrifennydd.

Cafwyd adolygiad diddorol yng Nghylchgrawn y Coleg o'r perfformiad o *Y Ddraenen Wen* gan yr Athro Ifor Williams dan y teitl 'Rhagrith ', gan ddechrau : 'Bellach y mae rhagrith yn grefft ar wahân, a sefydlwyd Cwmni Rhagrithiol yn ein Coleg i feithrin y gelfyddyd ymhlith ein cenedl, ac yn ôl pob tebyg, fe lwydda'r gymdeithas newydd fel y llawryf gwyrdd '. Rhoddwyd clod uchel i'r actio a'r cynhyrchu. Ymhlith yr actorion yr oedd Tom Parry (y Dr. Thomas Parry, Aberystwyth), Bronwen Williams, Catherine Owen, W. E. Thomas, Dilys Williams, Mary Roberts, Tom Edwards, Roger Hughes a Ffowc Williams (y Parch. Ffowc Williams, Llanllechid wedi hynny) ; ei ddehongliad ef o 'Syr Tomos ', yn ôl Syr Ifor, oedd ' gyda'r peth gorau a welais ar y llwyfan ers blynyddoedd '.

Wedi iddo ddechrau ei gysylltu ei hun o ddifri â'r ddrama yn y coleg, fe welir Tom y flwyddyn nesaf yn actio rhan un o'r prif gymeriadau. Dyma gychwyn y diddordeb dwfn a deimlai yn y ddrama byth wedi hynny.

Yr oedd wedi torri allan o'r neilltuedd a'i nodweddai am ei dair blynedd gyntaf ym Mangor, ac ymdaflu i lif bywyd y coleg. Ond gweithiai'n galed iawn gyda'i astudiaethau o hyd. Yn ychwanegol at Saesneg, ei brif bwnc, darllenai'r flwyddyn hon Lenyddiaeth Groeg fel pwnc atodol. Wedi treulio amser yn ystod y dydd gyda'r gwahanol weithgareddau a gâi ei sylw erbyn hyn, daliai wrth ei lyfrau hyd oriau mân y bore, yn benderfynol o sicrhau yn arholiadau'r haf y llwyddiant a geisiai.

Siaradai ei athrawon yn uchel am ei waith. Ysgrifennodd draethawd gwych, yn ôl H. G. Wright, yr Athro Saesneg, ar ' *Morte d'Arthur* ' Malory, ac ennill gwobr amdano. Meddai'r Athro Wright, hefyd, ' fe deimlai dyn yn barhaus ei fod yn fyfyriwr a ddoniwyd yn naturiol â'r ymdeimlad o arddull, a flodeuai yn waith creadigol yn hwyr neu'n hwyrach '.

Ar wahân i'r Athro Wright, goruchwylid ei astudiaethau hefyd gan Dr. King, y darlithydd yn yr Adran. Bu'r Dr. King yn gymorth mawr iddo, ac yn gyfaill hefyd. Aeth Tom ag ef adref i Lanberis fwy nag unwaith, ac wedi galw yn 'Angorfa', byddai'r ddau yn mynd am dro at y llyn, ac yna'n dychwelyd i'r tŷ i de. Mawr, fel y gellid dychmygu, fyddai cyffro Mary Hughes pan ymwelai Dr. King a rhai tebyg iddo â'r tŷ; bu'r Athro Wright ei hun yno.

Y mae'r gwahoddiadau hyn a roddai Tom i'w athrawon yn teilyngu sylw. 'Bachgen tawel, swil' a ddywedir amdano'n barhaus, ac eto, heblaw'r ffaith ei fod yn fuan i'w ddewis yn Llywydd y Myfyrwyr, gwelwn ef yn mynd â'i athrawon coleg i'r cartref pur gyffredin yn Llanberis. Ychydig iawn o fyfyrwyr ym Mangor yn y dyddiau hynny, na heddiw chwaith, a fyddai'n breuddwydio gwneud hyn. Nid gweithred bachgen dihyder oedd. Nid oedd ganddo ddim swildod ynglŷn â'i gartref : yr oedd 'Angorfa', cartre'r chwarelwr, yn ddigon da i fynd ag unrhyw un yno heb betruso, er bod William Hughes, ei dad, yn eistedd yn ei gadair yn ddigon swrth, heb ddweud fawr ddim, a Mary Hughes yn llawn ffys a ffwdan wrth ymweliadau'r 'dynion mawr' hyn.

Yn nhymor yr haf, 1925, etholwyd Tom yn Llywydd y Myfyrwyr. Yn yr arholiadau ym mis Mehefin, enillodd ei B.A. gydag Anrhydedd yn y Dosbarth Cyntaf. Dyma goroni pedair blynedd o astudio dyfal a chyson trwy gyrraedd y nod a osododd o'i flaen o'i ddyddiau cyntaf yn y coleg, a hefyd ennill anrhydedd na feddyliodd hyd yn oed ef ei hun amdani hyd y flwyddyn olaf. Yr oedd y bachgen y bu'r Saesneg iddo 'yn eiriau pell oddi wrth yr iaith y siaradwn ac y meddyliwn ynddi', ac yn peri iddo deimlo'n annifyr, erbyn hyn wedi ymgyfareddu yn rhin a swyn ei llenyddiaeth odidocaf, ac wedi ei brofi ei hun yn gryn feistr arni : ac yr oedd ei gydfyfyrwyr wedi gosod arno y brif anrhydedd a oedd yn eu gallu i'w chyflwyno.

Aeth adref yn llawen wedi clywed canlyniad yr arholiad a dweud am ei lwyddiant, ond yn lle cael y ganmoliaeth a ddisgwyliai, ni ddywedodd ei dad fawr ddim wrtho. Un pur surbwch ydoedd William Hughes, y mae'n rhaid cyfaddef ; nid oedd yn dangos yn hawdd ei fod wedi ei blesio. Ond yn fuan iawn yr oedd yn llithro o'r tŷ i ddweud wrth ei holl gyfeillion am lwyddiant ei fab. Yr oedd hyn yn nodweddiadol ohono, ac i raddau o'r gymdeithas. Deallai Tom. Ac yr oedd y gwyliau o'i flaen.

5

Yn ystod gwyliau'r haf bu Tom, fel arfer, yn cynorthwyo yn y ffermydd gyda'r cynhaeaf, a Thyddyn Siarles, fel bob amser, yn hoff fan ganddo. Byddai hefyd, yn achlysurol, yn rhwyfo ar y llyn, ac yn y prynhawniau a chyda'r nos, yn aml, yn chwarae tenis ar gyrtau'r Victoria Hotel. Y mae gan Emlyn Jones, a chwaraeai yno'n fynych gydag ef, *snapshot* a dynnwyd gan Tom ar y cwrt o ddwy eneth, ymwelwyr yn Llanberis, ac oherwydd iddo chwerthin wrth dynnu'r llun, a symud y camera, y mae pob person yn ymddangos, yn hollol glir, ddwywaith drosodd yn y llun.

Byddai'n aml yn ymollwng i chwerthin yn ddilywodraeth, heb fawr o reswm—i bob golwg—dros hynny, ac y mae hyn yn fyw iawn yng nghof amryw o'i gyfeillion. (Y mae cofianwyr Charles Dickens yn cyfeirio at yr un arferiad yn union yn yr awdur mawr hwnnw pan oedd yn laslanc.) Ar brydiau, hwyrach ei bod yn anodd i un a chanddo synnwyr digrifwch cryf fel Tom beidio â chwerthin. Fe gofia Emlyn Jones am un cymeriad hynod a arferai fod gyda hwy pan fyddent yn cario gwair yn Nhyddyn Siarles : Gruffydd Jones, Esgeiriau. Yr oedd y gŵr hwn yn byw ar ei ben ei hun yn uchel ar ochr y mynydd. Gwisgai'r wisg ryfeddaf—côt ddu gynffon-fain, het galed, sbectol ymyl-haearn, clos pen-glin ac esgidiau-hoelion trwm. Cyn mynd i mewn i'r tŷ i fwyta, rhybuddiwyd Tom nad oedd i ddechrau'r ' lol chwerthin 'na ', ond ofer fu'r rhybudd, a rhwng ceisio mygu'r chwerthin a llyncu'r bwyd bu'n bur gyfyng arno. Ond dro arall, yn yr Hafod, lle'r oedd y Parchedig Dafydd Hughes, gweinidog capel Castle Square, Caernarfon, gŵr pur adnabyddus yn ei ddydd, wedi dod i gynorthwyo ei frawd, Thomas Hughes, ac wrthi yn y cynhaeaf gyda'i locsyn patriarchaidd a gwisg bregethwrol, cafodd Tom yn fuan iawn ei roi yn ei le gan yr hybarch bregethwr pan fethodd â dal rhag chwerthin wrth weld digrifwch y gwrthgyferbyniad.

Ynghanol difyrion y gwyliau, yr oedd ei feddwl yn troi at y flwyddyn a oedd o'i flaen. Yr oedd yn benderfynol o wneud blwyddyn ei lywyddiaeth yn un lwyddiannus, ac yr oedd eisoes yn dechrau cynllunio tu hwnt i hynny, a gweld ei hun yn llanw swyddi pwysig ac yn ennill bri fel awdur.

Ond rhaid oedd iddo i ddechrau geisio dysgu'r grefft o fod yn athro. Ar ddechrau blwyddyn y Cwrs Hyfforddi, yr arferiad y pryd hynny oedd i raddedigion Bangor fynd yn un haid i ysgolion Porthmadog a'r cylch, a'r Athro Archer yn eu goruchwylio. Cofnodid bob blwyddyn yng Nghylchgrawn y Coleg rai o ddigwyddiadau mwyaf trawiadol yr wythnosau ym Mhorthmadog. Pan soniwyd wrth Rowland Hughes, flynyddoedd yn ddiweddarach, am yr ymweliad hwn â Phorthmadog. ' Do ', meddai, ' mi fûm i yno, 'neno'r tad, ac yn caru gyda'r ferch gwallt coch yn y tŷ lojin '.

Wedi'r ymarfer ym Mhorthmadog, dychwelyd i'r coleg. Gorchwyl nid bychan ydoedd i un na fu ganddo cyn hyn ond rhan gymharol fechan yn llawer o weithgareddau'r myfyrwyr gymryd ar ei ysgwydd-au'r cyfrifoldeb o arwain. Un o'i ddyletswyddau ydoedd llywyddu yng Nghyfarfodydd Cyngor y Myfyrwyr, ac a chofio iddo ddod i'r swydd heb fod erioed yn aelod o'r Cyngor hwnnw, ac nad oedd ganddo ond y nesaf peth i ddim profiad blaenorol o lywyddu unrhyw fath o gyfarfod, gwnaeth y gwaith yn ganmoladwy iawn. Ei ddiffyg pennaf ydoedd nad oedd ganddo'r ddawn i guddio ei ddiffyg amynedd ag aelod hirwyntog, neu un a oedd, yn ei dyb ef, yn siarad lol. Yr oedd diffyg amynedd â phwyllgora ac â phwyllgorwyr yn elfen a ddaeth yn gynyddol nodweddiadol ohono o'r amser hwn hyd ddiwedd ei oes.

Yn achlysurol, byddai Cyfarfod Cyffredinol o'r myfyrwyr, ac yntau'n llywyddu. Nid oedd ei anerchiadau, a oedd braidd yn rhy farddonol, yn apelio at bawb, ond llwyddai i gadw trefn, ac nid oedd hynny bob amser yn hawdd gyda llond neuadd o fyfyrwyr terfysglyd. Rhaid cyfaddef nad oedd ganddo'r ddawn naturiol i arwain ar amgylchiadau fel hyn ; tueddai i fod yn rhy ddifrifol ac ysgolheigaidd, heb allu dangos ar y llwyfan fawr ddim o'r ffraethineb sy'n gymaint help i reoli cynulleidfa.

Ond un peth oedd yn amlwg : yr oedd wrthi â'i holl egni, nid yn unig yn cyflawni ei ddyletswyddau fel Llywydd ond hefyd yn ym-daflu i bob agwedd ar fywyd y coleg, lawer ohonynt y bu'n rhy brysur gyda'i astudiaethau i roddi sylw iddynt yn y blynyddoedd blaenorol. Pan fyddai gêm bêl droed neu gêm rygbi bwysig, yn enwedig yr ornestau yn erbyn y Coleg Normal, dyna lle byddai'n ôl a blaen ar hyd y llinell ystlys, a ffon yn ei law—bob amser â ffon—yn annog gwŷr y brifysgol i grochlefain dros eu hochr.

Gwelid ef ym mhob dawns a chyngerdd, *smoker* a chyfarfodydd y *Thirty Club*. Ymunodd â'r clwb hwn ar ôl ei ethol yn llywydd, gan roddi fel rheswm y traddodiad i'r llywydd fod yn aelod ohono, er holl ymdrechion y Q *Club* i'w gaeli berthyn i'r clwb hwnnw.

Y flwyddyn hon cymerodd ran lawer mwy blaenllaw gyda'r
'Cymric' nag a wnaeth o'r blaen. Dan lywyddiaeth Tom Parry,
cafodd y Gymdeithas flwyddyn fywiog a llewyrchus. Mewn dadl,
'Mai syrcas yw'r Eisteddfod Genedlaethol', ceir Rowland Hughes yn
siarad o'r llawr ar y nacaol : yr oedd y mwyafrif dros y cadarnhaol.
Gwelir ef eto yn cymryd rhan pan ddadleuid 'Nad yw'r Brifysgol yn
cyfrannu y rhan a ddylai i fywyd y werin', a J. E. Jones, ysgrifennydd
Plaid Cymru wedi hynny, yn agor ar y nacaol ; y nacaol a orfu.
Cymerodd ran mewn ffug-brawf ar Dafydd ap Gwilym, pan gyhuddid
y bardd o 'Anwadalwch, anffyddlondeb a phenchwibandod yn ei
gysylltiadau carwriaethol', a'r 'barnwr', W. E. Thomas, yn tynghedu
Dafydd ap Gwilym ar y diwedd i briodi Dyddgu ar lw o ffyddlondeb.
Cynigiodd ddiolchgarwch i'r Dr. Tecwyn Evans ar ei ddarlith ar Ann
Griffiths, a llwyddo, rywfodd neu'i gilydd, i ddod â chyfeiriad i
mewn at John Donne yn taranu ym mhulpud St. Paul's, ac enaid
mawr y bardd fel eryr mewn caets yn curo ei adenydd yn erbyn y
barrau. Yr oedd y gymhariaeth hon yn un a oedd wedi ei defnyddio
mewn gwahanol gysylltiadau o'r blaen : pan gâi syniad a gyfrifai yn
un da ni phetrusai ei ddefnyddio'n helaeth.

Arwydd o'i barodrwydd i gymryd rhan ym mhob agwedd ar
weithgareddau'r coleg ydoedd iddo roi ei enw fel un a ddymunai gael
prawf ar gyfer lle yn y criw yn y ras rwyfo rhwng y Celfyddydwyr
a'r Gwyddonwyr, a gynhelid yn flynyddol ar y Fenai yn y dyddiau
hynny. Gwŷr trymion, cyhyrog a fyddai'r rhwyfwyr bob amser,
wrth gwrs, a gofynnai llawer ai jôc ar ei ran oedd iddo ef, gyda'i
gorff ysgafn a'i freichiau meinion, gynnig am fod yn un o'r cwmni
etholedig hwn. Ond nid jôc ydoedd o gwbl. Ystyriai ei hun yn rhwy-
fwr da, ac yr oedd wedi hen arfer â thrin cwch yn Llanberis. Clywyd
ef droeon yn sôn amdano ei hun yn fachgen ysgol â'i freichiau bron a
thorri, yn rhwyfo ymwelwyr ar y llyn am chwe cheiniog yr awr, ac
ambell i Sais blonegog, pan oedd y bachgen wedi llwyr ymlâdd, yn
mynnu cael ei gymryd ar draws y llyn unwaith yn rhagor. Yr oedd
ganddo brofiad a dygnwch fel rhwyfwr, ond nid oedd ganddo'r
pwysau i fod yn aelod o griw'r Coleg Uchaf. Y mae'r hanesyn yn
dangos dwy elfen amlwg yn ei wneuthuriad, sef ei ddewrder—nid
peth bychan oedd i Lywydd y Coleg ei gynnig ei hun fel hyn, a herio
crechwen rhai—a'i uchelgais.

Yr oedd ei ddiddordeb yn y *Literary and Debating Society* yn parhau,
ac fe'i cawn, er enghraifft, yn siarad mewn dadl rhwng y cynfyfyrwyr

a'r myfyrwyr presennol, pan ddaeth Sam Jones yn ôl i'r coleg o Lerpwl i agor dros y gosodiad, ' That civilisation is a fraud '. Ond fel bardd yr ystyrid ef o hyd gan lawer o'i gydfyfyrwyr nad oedd mewn cysylltiad agos iawn ag ef. Awgrymog yw'r cyfeiriad ato yng Nghylchgrawn y Coleg dan y pennawd, ' New Editions of Old Books ', y math o gyfraniad a geir mewn cylchgronau myfyrwyr, lle ceisir priodoli rhyw nodwedd arbennig i ffigurau amlwg y coleg. Amdano ef ceir, ' The Poet at the Breakfast Table ' by T. R. H - - - - s.

Ond, ac eithrio ei waith fel Llywydd y Myfyrwyr, gyda'r Ddrama Gymraeg y daeth fwyaf i'r amlwg yn ystod y flwyddyn. Cyn hyn, fel y dywedwyd, bu'n weithgar fel ysgrifennydd y Cwmni, ond dyma'r tro cyntaf iddo gymryd rhan ar y llwyfan. Y ddrama oedd ' Tŷ Dol ', cyfieithiad yr Athro Ifor Williams o ddrama enwog Ibsen, a dewiswyd Tom i gymryd rhan Dr. Rank, un o'r prif gymeriadau.

Yr oedd y perfformiad hwn yn ddigwyddiad arloesol yn hanes y ddrama yng Nghymru. Dyma ddechrau ymestyn gorwelion, edrych tu hwnt i fyd Asgre Lan a Y Ddraenen Wen, a rhoddi cyfle i Gymru ymgydnabod â gwaith y dramaydd mawr Norwyaidd. Ac yr oedd y cyflwyniad o safon nodedig.

' O'r tri pherfformiad gan Gwmni'r Ddrama Gymraeg yn Chwarae-dy'r Sir ', meddai R. Williams Parry, mewn adolygiad, ' y diwethaf oedd y gorau o ddigon. Eto ni buwyd untro mor ddigalon ar y cychwyn cyntaf . . . Ni fedrem, er chwilio am wythnosau, am fis, am ddeufis, gael hyd i Nora, er gwybod ohonom ei bod yn rhywle rhwng muriau'r coleg, hyd nes i Lywydd Cyngor y Myfyrwyr, ar foment ysbrydoledig, lusgo rhywun swil ac anewyllysgar gerbron y di-enyddwr. Miss Elsie Evans oedd honno, ac ni synnwn i ped ystyriai'r dienyddwr crybwylledig mai yr act honno yw pennaf hawl T. Rowland Hughes i anfarwoldeb '. (Y ' dienyddwr ', wrth gwrs oedd y cynhyrchydd, J. J. Williams. Yn ddiweddarach daeth Miss Elsie Evans, cynddisgybl o Ysgol Sir Porthmadog, yn wraig iddo.) ' Yr oedd clod yr adolygwyr oll i Nora yn frwd ac yn unfryd ; ac nid heb achos, oherwydd ni fu yn hanes y ddrama yng Nghymru berfformiad mor orchestol a digymar '.

Yna ceir canmoliaeth uchel i W. E. Thomas fel Torvald, ac i bortread effeithiol Rowland Hughes o'r cymeriad anodd Dr. Rank, rhan y cymerth y cynhyrchydd drafferth eithriadol trosto. Telir teyrnged i waith J. J. Williams : ' Heb ei gyfarwyddyd gwerthfawr ef, ei ffyddlondeb a'i egni diflino, a'i wybodaeth eithriadol o gyfrinion celfyddyd y ddrama, arosasai'r ddrama Gymraeg yn Neuadd Powys hyd y dydd hwn, er dirfawr golled i'r llu a ddenir o bob parth o'r gogledd i Chwaraedy'r Sir bob blwyddyn. Heb gymorth cyfamserol yr Athro Ifor Williams yntau yn cyfieithu Ibsen, buasai raid inni fodloni ar yr hen stoc dreuliedig o ddramâu '. Wrth fynegi gwerth-fawrogiad o'r ' bechgyn y-tu-ôl-i'r-llwyfan ', cyfeirir at ' y ffyddlonaf o'r cedyrn a roes eu hysgwyddau wrth yr olwyn—John Gwilym Jones. Gweithiodd fel cawr '.

Yn ddiddadl, cynhyrchiad eithriadol ydoedd hwn ; paratoi manwl, llwyfannu celfydd, actio gwych a safon a oedd yn anelu at fod yn broffesiynol. Rhoddwyd perfformiad gwych gan Tom, fel y sylwa R. Williams Parry. Ond digwyddodd un peth go ddigri iddo, a barodd gryn dipyn o hwyl. Yn ail act y ddrama, y mae Dr. Rank yn canu dawns wyllt, gynhyrfus ar y piano. Ar gyfer y perfformiad trefnwyd i gael piano y tu ôl i'r llwyfan, a cherddor medrus wrtho, tra eisteddai Tom wrth biano arall ar y llwyfan a chymryd arno mai ef oedd yn cynhyrchu'r miwsig. Ond pan ai ei ddwylo ef i'r dde, a disgwyl clywed y nodau uchel, er dryswch i'r gynulleidfa ceid y bas, a phan âi ei ddwylo i'r chwith, ceir y nodau uchel. Yr oedd braidd yn rhyfedd i hyn ddigwydd, oherwydd nid oedd Tom heb grap ar ganu'r piano ; gallai chwarae emynau yn burion. Dengys mor hawdd y gellir mynd i dramgwydd ar y llwyfan.

Er ei holl weithgareddau, yr oedd ganddo lawer mwy o amser hamdden na chynt, pan orfodai ei hun i weithio mor ddiwyd gyda'i lyfrau. Yn y blynyddoedd hynny, byddai'n dod am dro yn achlysurol, ac weithiau byddem yn llogi beic—am chwe cheiniog am brynhawn— a marchogaeth hyd ffyrdd Sir Fôn, ambell waith cyn belled â Chaer-gybi neu Amlwch. Yr oedd ' bara brith Betsi Jones ', a gaem gyda the yn Llangefni, yn atgof a arhosodd yn felys gydag ef ar hyd ei fywyd. Yn awr yr oedd mwy o amser ganddo i rodianna, a breuddwydio a chynllunio. A gwnâi hynny. Wrth gerdded (ac nid ystyriai dro o saith neu wyth milltir ond tro byr), neu farchogaeth beisicl, byddai'n byrlymu syniadau—cnewyllyn llawer stori fer, cynllun ar gyfer nofel, neu weledigaeth fawr am ddrama newydd. Yr hyn a nodweddai hyn oll ydoedd ei frwdfrydedd. Nid oedd ganddo'r amheuaeth leiaf na allai sylweddoli ei freuddwydion, ond iddo ymroi i hynny ; a'r hyn a wnâi ei frwdfrydedd a'i hunanhyder yn ysbrydiaeth ydoedd nad oedd dim hunanol o'i gwmpas : gwnâi i gyfaill deimlo y gallai yntau, ond mynd ati o ddifri, gyflawni'r un gwyrthiau.

Dywedwyd gan rai a'i hadnabu wedi dyddiau'r coleg, a chyn iddo ddechrau ysgrifennu ei nofelau, nad oedd yn dangos awydd mawr i ysgrifennu, mai ei ddyhead ydoedd am yrfa ysgolheigaidd fel darlithydd neu athro mewn prifysgol. O ddiffyg adnabyddiaeth y cyfyd yr argraff hon. Bu cyfnodau yn ei fywyd pan fu mor brysur gydag ymchwil, neu waith gweinyddol, fel na châi amser na hamdden i geisio cynhyrchu llenyddiaeth greadigol ; ond, o ddyddiau'r coleg ymlaen, hynny yn ddi-ddadl ydoedd ei uchelgais. Pe cawsai swydd mewn prifysgol, a bu'n dymuno hynny, cyfle a fuasai iddo sylweddoli ei ddyhead fel llenor.

Ond nid oedd ei freuddwydion wedi eu cyfyngu'n llwyr i'r byd llenyddol. Ar un amser bu ganddo, mae'n syn meddwl, ryw gymaint o dynfa at fywyd politicaidd, yn enwedig ar ôl cyfarfyddiad byr ag un o ysgrifenyddion preifat Lloyd George. Hefyd, chwaraeai â'r syniad o ymbaratoi ar gyfer swydd weinyddol uchel yn y brifysgol neu ryw gylch addysgol arall. Yn ddiweddarach y daeth i ddeall mai ychydig o ddawn, a llai fyth o amynedd, a oedd ganddo at waith felly. Yr adeg hon, ac yntau'n Llywydd y Myfyrwyr, credai fod y pethau hyn i gyd o fewn ei gyrraedd. Nodweddiadol, serch hynny, yw atgof y Dr. Alun Oldfield-Davies am ei weld am y tro cyntaf, y flwyddyn hon, mewn Cydbwyllgor, yng Nghaerdydd, o fyfyrwyr Colegau Cymru. Yr oedd Tom yn hwyr yn cyrraedd y pwyllgor; yn wir fe gollodd y cwrdd cyntaf yn llwyr, a'r eglurhâd oedd iddo gael ysbaid wrth newid dau drên yn Amwythig, mynd am dro i'r dref, ei gael ei hun mewn siop lyfrau, ac anghofio'n llwyr am y trên i Gaerdydd.

Cyn gadael ei hanes yn y coleg ym Mangor, rhaid cyfeirio at un mudiad na chymerodd ran o gwbl ynddo ; y mae'r ffaith *na* ddaeth i gysylltiad â'r mudiad hwn yn un i'w chofnodi.

Y mudiad ydoedd y Gymdeithas Genedlaethol Gymreig—' Y Dair G ' fel y'i gelwid. (Dyna *a* ddywedid, er gwaethaf y treiglad anghywir). Yn y Gymdeithas hon ceid un o fagwrfeydd pwysig Plaid Cymru.

Sefydlwyd y Gymdeithas yn ystod y flwyddyn 1922-23 gan rai o Gymry brwd y coleg. Yn rhifyn Mawrth, 1923 o Gylchgrawn y Coleg, rhoddir croeso gwyliadwrus iddi : ' Gyda golwg ar y "Dair G", er bod y Gymdeithas hon yn cyfyngu ei hun i faterion sy'n ymwneud â Chymru, y mae iddi, fe gredwn, bosibiliadau enfawr. Amcanion idealistig sydd i'r Gymdeithas, ac ni all hyn beidio â phrofi o werth i genedl a edrychodd yn ofer yn rhy aml tua'r Colegau am arweiniad. Carem longyfarch y Gymdeithas ifanc hon ar osgoi'r perygl sydd mor hawdd cwympo iddo—sef gorgulni cenedlaethol. Hyderwn y bydd yn gychwyn gwaith mawr ym Mangor ym mudiad "Cymru Ifanc" i adeiladu "Cymru Fydd".'

Yr haf hwnnw, 1923, yn ystod yr Eisteddfod Genedlaethol yn yr Wyddgrug, cynhaliwyd cyfarfod gan y Gymdeithas, ac ymosododd y *Western Mail* ac eraill o bapurau'r De arni'n chwyrn. Cododd Cylchgrawn y Coleg, dan olygyddion newydd, i'w hamddiffyn : ' Carem bwysleisio wrth y rhai a lyncodd yr adroddiadau gau hyn nad criw o "benboethiaid, delfrydwyr ffanatig, de Valeras bychain ar eu tyfiant" yw aelodau'r "Dair G", ond yn hytrach gorff hollol gyfrifol o fyfyrwyr sy'n dymuno gwneud a allant dros y genedl Gymreig, ac sy'n ceisio defnyddio'r hyn a ddysgant yn y Brifysgol i hyrwyddo ein ffyniant cenedlaethol '.

Bu'r ' Dair G ' yn gyfrwng i ddeffro meddyliau a thanio sêl llu mawr o fyfyrwyr galluog, llawer ohonynt a ddaeth yn amlwg ym mywyd Cymru, ac ambell un, fel J. E. Jones, ysgrifennydd Plaid Cymru hyd yn ddiweddar, a gysegrodd eu bywyd i'r mudiad. A hyd yn oed ymysg y Cymry na ddaethant yn aelodau o'r Gymdeithas yr oedd llawer o ddadlau a chyfnewid syniadau ynglŷn â'i delfrydau a'i gweithgareddau. Ond, rhyfodd neu'i gilydd, yr oedd Rowland Hughes y tu allan i hyn i gyd.

Mae'n syn ei fod ef, a ddisgrifiodd yn ddiweddarach gyda'r fath gariad agweddau ar y gymdeithas Gymreig, yn dangos cyn lleied o ddiddordeb. Un rheswm a ellir ei gynnig yw nad oedd ef, amser geni'r ' Dair G ', ac yn ystod y brwdfrydedd cyntaf, yn cymryd unrhyw ran amlwg ym mywyd y coleg. Nid oedd wedi ei gysylltu ei hun â'r un grwp o'i gydfyfyrwyr : mewn gwirionedd, ni wnaeth hynny ar hyd ei yrfa yn y coleg. Pan ddaeth yn flaenllaw yno, mewn llenyddiaeth—Gymraeg a Saesneg—yr oedd ei brif ddiddordeb ; ar hyd ei fywyd, ychydig iawn oedd ganddo i'w ddweud wrth wleidyddiaeth mewn unrhyw ffurf. Hefyd, y ffaith yw mai ar ôl iddo adael Cymru am gyfnod, a byw yn Rhydychen a Llundain, y deffrôdd ynddo'r Cymreigrwydd ymwybodol a ddatguddir yn ei lyfrau, er bod ei ran yn helynt ymweliad Caradoc Evans, a'i safbwynt yn y dadleuon yng nghymdeithasau'r coleg, yn dangos yn eglur i ba gyfeiriad y byddai ei ddatblygiad.

*   *   *   *

Daeth blwyddyn ei lywyddiaeth, a'i flwyddyn olaf ym Mangor, i ben. Yn nechrau Mai, yr oedd wedi ei alw i gyfweliad yn Aberdâr â phrifathro Ysgol Sir y Bechgyn, W. Charlton Cox, am y swydd o athro mewn Saesneg a Chymraeg, a phenodwyd ef. Yr oedd yn falch iawn o'r apwyntiad. Yn 1926, ynghanol blynyddoedd y dirwasgiad, prin ydoedd swyddi i athrawon, a llawer llanc a merch, wedi mynd drwy'r coleg yn llwyddiannus, yn methu â chael swydd o gwbl mewn ysgol, a rhai gwŷr gradd yn gweithio ar y ffordd.

Nid dewis mynd i Aberdâr a wnaeth, nac i unrhyw ran o'r De, ond derbyn swydd lle cafodd gynnig. Ond yn sicr, mantais fawr i'r Gogleddwr o Lanberis ydoedd cyfle i fyw am gyfnod yng nghymdeithas gynnes un o gymoedd y De. Gwnaeth hyn ef yn llwyrach Cymro.

Gyda'r arholiad am y Ddiploma mewn Addysg cwblhaodd ei yrfa lwyddiannus yn y coleg trwy weld rhestru ei enw yn y Dosbarth Cyntaf.

Talodd Cylchgrawn y Coleg ar ddiwedd y flwyddyn deyrnged i'w waith fel Llywydd, gan gyfeirio at ei egni a'i ddoniau amryfal, a'r modd yr ymdaflodd i ddyletswyddau llafurfawr y swydd, gan ddangos diddordeb dwfn ym mhob agwedd ar weithgareddau'r coleg. Fe gofid am ei waith gyda'r Ddrama Gymraeg, ac i'r rhai a oedd yn ei adnabod yn dda yr oedd ei hiwmor a'i ffraethineb yn bethau i ymhyfrydu ynddynt.

'Yr oedd Mr. Hughes yn un o'r myfyrwyr gorau a gawsom yn y Celfyddydau ers nifer o flynyddoedd', meddai Syr Harry R. Reichel, Prifathro'r Coleg. 'Ym mhob adran y bu'n astudio ynddi yr oedd ei waith yn ddigamsyniol o'r radd flaenaf. Yn ei flwyddyn olaf yn y coleg, daliai'r swydd gyfrifol o Lywydd Cyngor y Myfyrwyr, a gwnaeth argraff ddofn arnaf trwy'r synnwyr cyffredin cryf, doethineb a chadernid a ddangosodd wrth drin anawsterau ; galluogodd y cymwysterau hyn ef i roddi gwasanaeth eithriadol werthfawr i'r coleg '.

Tystiolaeth y Dr. King yn 1932 am ei waith yn y Saesneg oedd: ' Gallaf ddweud yn hollol onest y credaf mai ef oedd y myfyriwr mwyaf galluog o ddigon y cefais y pleser o arolygu ei waith ', a'r hyn a ddywedodd Syr John Morris Jones yn 1928 oedd: ' Yr oedd Mr. Hughes yn un o'r myfyrwyr mwyaf disglair a gawsom yn Adran y Gymraeg ym Mangor yn ystod yr ugain mlynedd diwethaf '.

III

ABERDÂR
1926—1928

I

DECHREUODD Rowland Hughes ar ei swydd yn Ysgol Sir y Bechgyn, Aberdâr, ym mis Medi 1926, a bu yno am ddwy flynedd.

Lletyai yn ystod yr amser hwn yn Gospel Hall Terrace. Trwy'r Dr. Kate Roberts y cafodd hyd i'r lle. Yr oedd hi ar y pryd yn athrawes yn Ysgol Sir y Merched, Aberdâr, ac ysgrifennodd Rowland ati i ofyn a wyddai am le iddo i aros. Aeth hithau at E. J. Williams, athro ifanc, a thrwyddo ef yr aeth Rowland i'r llety, a oedd ar draws y ffordd o'i dŷ ef. Gŵr hwyliog, twymgalon ydoedd E. J. Williams. Daeth ef a Rowland yn gyfeillion mawr, ac yr oedd drws agored i Rowland bob amser yn ei gartref yn 6 Gospel Hall Terrace, a'r teulu yno yn garedig dros ben wrth y gŵr ifanc o'r Gogledd.

Y mae cynddisgyblion Rowland Hughes yn cofio'n dda amdano'n dod i mewn i'r ysgol yn Aberdâr am y tro cyntaf. Ni wyddent eu bod i gael athro newydd, a phan ymddangosodd yr oedd eu chwilfrydedd yn fawr. ' Y mae'r darlun ohono'r bore hwnnw yn glir yn fy meddwl heddiw—y siwt frown, yr esgidiau du a chlamp o ledr trwchus i'w gwadnau. Golwg wladaidd, bron, arno. Yr oedd yn eiddil yr olwg, a cherddai gan rowlio ychydig,' meddai'r Parch. M. J. Williams, Ysgrifennydd Undeb Bedyddwyr Cymru erbyn hyn. Cofia Mr. R. Pardoe, Prifathro Ysgol Dyffryn Ogwen yn awr (1968), fel y bu newid mawr yn ei ddiwyg ar ôl diwedd y mis, gyda'i ddiwrnod cyflog cyntaf. Wedi hynny gwisgai yn drwsiadus iawn.

Daeth y bechgyn i wybod ar unwaith mai Gogleddwr ydoedd. Tramgwydd tragwyddol y Gogleddwr wrth fethu gwahaniaethu'n gywir rhwng sain yr ' s ' a'r ' z ' a'i bradychodd ; digwyddodd hyn bron cyn gynted ag y cyrhaeddodd gyda'r gair ' *audience* '. Tra bu yn Aberdâr yr oedd yr acen Gymreig ogleddol a liwiai ei Saesneg yn tynnu sylw'r plant, ac ymhlith y dosbarthiadau ieuangaf gwneid peth sbort o hyn—y gwybodusion ifainc, wrth gwrs, heb freuddwydio fod acen neilltuol ar eu Saesneg hwythau.

Yr oedd yn llawer gwell athro gyda'r Chweched Dosbarth na chyda'r dosbarthiadau iau, lle cafodd ar y dechrau gryn drafferth gyda disgyblaeth. Ond, cyn hir, daeth gwellhad mawr yn ei lywodraeth ar ei ddosbarthiadau, a'r athro a'r disgyblion yn dod i ddeall ei gilydd yn well. Nid oedd, serch hynny, lawer o arwydd ei fod erioed wedi ei fwriadu i fod yn athro ar ddosbarthiadau o blant iau. Nid oedd ei galon yn y gwaith, a dyheai am ryddid i ddilyn ei ddiddordebau llenyddol.

Ond gyda'r Chweched Dosbarth yr oedd yn ei elfen, a'i waith yno yn symbyliad ac yn ysbrydiaeth i'r meddyliau ifainc a ddaeth dan ei ddylanwad. Dau ddisgybl oedd yn dilyn cwrs yn y Gymraeg yn y dosbarth hwn, R. Wallis Evans, un o Arolygwyr ei Mawrhydi wedi hynny, ac M. J. Williams ; ac yr oeddynt hwy eu dau, ac un arall, yn dilyn y cwrs yn y Saesneg.

Un o nodweddion amlwg Rowland Hughes ydoedd ei allu i drosglwyddo i eraill ei frwdfrydedd ef ei hun. Yr oedd erbyn hyn wedi ymgolli yng ngwaith rhai o lenorion a dramawyr mawr Ewrop— Chekov ac Ibsen, yn enwedig, ym myd y ddrama, a Maupassant, Daudet a Chekov, ymysg eraill, gyda'r stori fer. Yr oedd awduron fel Synge, Hardy a Katherine Mansfield, na roddwyd fawr ddim sylw iddynt yn y cwrs gradd ym Mangor, hefyd yn uchel iawn yn ei feddwl. Ac er nad oedd yr un o'r awduron hyn yn rhan o'r maes llafur ar gyfer Tystysgrif Uwch Bwrdd Canol Cymru, dan gyfaredd yr athro arweiniwyd y disgyblion i'w darllen, ' gan gyfarch y llyfrau gosodedig wrth fynd heibio, megis ', chwedl y Parch. M. J. Williams. Ar orchymyn yr athro, daethant yn gyfarwydd â nofelau Thomas Hardy, trowyd llawr ystafell fechan y Chweched Dosbarth yn llwyfan, a gwelid tri actor yn mentro rhoi cynnig ar olygfa o ' Tŷ Dol ' neu'r ' Hwyaden Wyllt ', a thri llenor ifanc yn ymdrechu i ysgrifennu storïau byrion ar batrwm rhai o'r meistri.

Y mae'r patrymu yma, a osodai fel tasg i'w ddisgyblion, yn werth sylw. Un peth sy'n sicr am Rowland Hughes fel awdur, sef ei fod yn grefftwr da. A chredai bod techneg ysgrifennu yn beth y gellid, ac y dylid, ei ddysgu. Yn y dosbarth yn Aberdâr, gofynnai i'r bechgyn ddarllen un o storiau Maupassant, er enghraifft, ei dadansoddi, ac yna geisio ysgrifennu stori arall ar yr un patrwm.

' Ni fu T. Rowland Hughes yn hir yn ein plith cyn inni sylweddoli fod ganddo ddawn uwchlaw'r cyffredin i drin geiriau ', meddai'r Parch. M. J. Williams. ' Cyfieithu darn o farddoniaeth Anglo-Saxon a barodd inni synhwyro gymaint o artist oedd. Darn ydoedd am alltud yn hiraethu am fro ei febyd. Cynigiasom ein cyfieithiad di-ddychymyg a rhyddieithol. Canmolodd ni am fod yn gywir fwy neu

lai, ac awgrymu'n gynnil inni fethu â threiddio i ysbryd y gân.
Trannoeth daeth â'i drosiad ei hun inni, ac yr oedd yn wych. Gwelsom
ar unwaith ogoniant y gwreiddiol y gwnaethom y fath gam ag ef yn
ein cyfieithiad carbwl ni '. Awgryma'r Parch. M. J. Williams—yn
gywir, mae bron yn sicr—fod y cyfieithiad hwn, yn bur debyg, wedi
ei gladdu heddiw yn thesis Rowland Hughes ar gyfer ei M.A.

Yn y Gymraeg, hefyd, cymerai Rowland Hughes drafferth fawr i
roddi i'w ddisgyblion syniad am arddull, ac i'w cael i ysgrifennu
mewn iaith lân, rywiog. Gwelir yma eto y pwys a roddai ar feistroli
techneg y grefft. Yn wythnosol câi'r dosbarth dasg i ysgrifennu
paragraff neu ddau yn cynnwys, er enghraifft, frawddeg hir, gymhleth ;
brawddeg fer stacato, brawddeg gynganeddol a chymhariaeth.
Ceisiai eu dysgu i fod yn hunanfeirniadol, ac ysgrifennu'n gynnil a
chelfydd.

Gweithiai yn galed ei hun, a disgwyliai i'w ddisgyblion wneud yr
un modd. 'Roedd yn ein gyrru ni ', ' Gweithiwr caled ddifrifol ', yw
eu tystiolaeth amdano heddiw. Ar gyfer un gwyliau rhoddodd i
ddisgyblion y Chweched Dosbarth y dasg o gyfieithu *Travels with a
Donkey*, R. L. Stevenson, a chredent iddynt ddod yn agos i drosi'r
holl lyfr i'r Gymraeg, gan gynnwys y farddoniaeth—i farddoniaeth !

Yr oedd mewn llawer ffordd yn flaengar yn ei ddulliau. Ar ddiwedd
ei dymor cyntaf yn yr ysgol, penderfynodd y dylai'r Chweched
Dosbarth ddysgu gwneud tipyn o ymchwil. Yr oedd ' Chwedlau
Odo ' yn un o'r llyfrau ar gyfer y Dystysgrif Uwch, a rhoes dasg
gwyliau iddynt ysgrifennu traethawd ar gefndir y chwedlau. Holent
lle caent y deunydd ar gyfer y traethawd. Yn llyfrgell gyhoeddus
Caerdydd, wrth gwrs. Meddai'r Parch. M. J. Williams : ' Bûm yn y
Llyfrgell honno ganwaith wedi hynny, ond ni allaf anghofio antur yr
ymweliad cyntaf, a phwy a'm cymhellodd ac a'm dysgodd i wneud
defnydd o Lyfrgell '.

Ond y cof mwyaf byw gan Wallis Evans ac M. J. Williams yw
amdano'n trafod gwaith R. Williams Parry. Yr oedd ef a'r dosbarth
wedi gwirioni ar ' Yr Haf ' ; dysgodd y ddau ddisgybl bron yr holl
gyfrol ar eu cof, a phe bai pob copi o'r llyfr trwy ryw anffawd erchyll
wedi diflannu odid na allai'r ddau yn y dyddiau hynny ailysgrifennu'r
cyfan. ' A phan af yn ôl heddiw at gyfrol Williams Parry, llais T.
Rowland Hughes a glywaf yn darllen cynghanedd ddihafal y bardd ',
yw profiad y ddau ohonynt.

2

Trwy E. J. Williams a Kate Roberts dygwyd Rowland i gysylltiad agos â bywyd Cymraeg Aberdâr. Yr oedd yr ardal, yn enwedig y rhannau allanol, yn bur Gymreig yr amser hynny, a Chymdeithas y Cymrodorion yn llewyrchus iawn. Cynhelid y cyfarfodydd mewn man canolog, ac yno ceid cyfle da i newydd-ddyfodiad fel Rowland gyfarfod Cymry gorau'r cylch.

Un o gyrddau arbennig y Cymrodorion bob blwyddyn ydoedd 'Noson Gylchgrawn', pryd yr oedd nifer o'r aelodau yn cyfrannu bawb ei eitem. Eid i drafferth mawr gyda'r eitemau, a chyrhaeddid safon uchel yn aml. Cydweithiodd E. J. Williams a Rowland Hughes ar gyfer y rhaglenni hyn, a thystiolaeth y Dr. Kate Roberts yw bod eu cyfraniadau yn dangos yn ddigamsyniol ddawn amlwg y ddau. Un flwyddyn, cafwyd ganddynt sgetsiau, a darnau doniol eraill, a fu'n llwyddiant eithriadol. Felly hefyd fath o gomedi gerddorol, yn llawn o ganeuon digri, a hwy eu dau yn actio ynddi.

Cafwyd gan E. J. Williams, mewn rhaglen radio yn 1950, ddarlun byw o'i gysylltiad â Rowland Hughes yn y cyfnod hwn : ' Rydw i'n cofio'n iawn mynd i'w gyfarfod i'r stesion, a dyna ddechrau cyfeillgarwch a barodd hyd y diwedd. Cofiaf yn dda am y nosweithiau brwd a dreuliasom gyda'n gilydd yn ymgomio a dadlau ar bob math o bynciau, crefyddol, gwleidyddol, ond llenyddol yn bennaf. Ei ddiddordeb mawr ar y pryd oedd y ddrama. Do, treuliasom lawer hirnos hyd oriau mân y bore, yn trafod y meistri—Shaw, Barrie, Galsworthy, Chekov, Strindberg, ac yn enwedig Ibsen. Cof gennyf amdano'n ceisio fy nghael i fynd gydag ef i Lundain i weld Rosmersholm Ibsen. Methais fynd, ond fe aeth ef a Kate Roberts i fyny'n un swydd i weld y ddrama honno. Byddai'n bur dawedog yn aml mewn cwmni dieithr, a chas fyddai ganddo wastraffu amser ar fân siarad. Ond wrth dân y gegin yn smocio yng nghwmni cyfeillion clos fe'i gwelech yn ymryddhau a llawer o hiwmor yn torri trwodd. Byddai'n mwynhau jôcs, neu unrhyw hanes am ddigwyddiad smala neu drwstan. Doedd ryfedd yn y byd iddo drin cymaint ohonynt yn ei nofelau cyntaf.'

3

Ei gyfaill pennaf yn yr ysgol hon ydoedd W. H. Naylor, yr athro Cemeg. Apwyntiwyd Rowland a Naylor i'r ysgol yr un pryd gan y

prifathro, W. Charlton Cox, fel canlyniad i ymchwiliad gan Arol-
ygwyr ei Fawrhydi a argymhellodd ychwanegiadau at y staff.

Yr oedd W. H. Naylor wedi treulio blwyddyn a hanner fel cemegwr
mewn diwydiant cyn ei swydd gyntaf yntau fel athro yn Aberdâr.
Yn wahanol i Rowland, ni châi ef unrhyw drafferth gyda disgyblaeth ;
dychrynai'r holl ysgol â'i lais treiddgar, meddai un o'i gynddisgyblion,
gan dalu teyrnged iddo ar yr un pryd am roddi cynsail wych iddo ar
gyfer y brifysgol. Gŵr tal, tenau, ydoedd Naylor, yn chwe throedfedd
a dwy fodfedd, a'i wallt yn britho hyd yn oed yr amser hynny, er nad
oedd fawr iawn hŷn na Rowland. Cyfeirid atynt fel ' the long and the
short of it '.

Cafodd y ddau lawer o hwyl yng nghwmni ei gilydd, hyd yn oed
ambell waith yn chwarae Cowbois ac Indiaid, fel dau fachgen, wrth
gerdded y mynyddoedd. Cerddent lawer yn y cyffiniau. Un tro aeth
y ddau i ogofâu Ystradfellte, a cholli eu ffordd, a'i gilydd, y tu mewn.
Cymhelliad byrbwyll Rowland, meddai W. H. Naylor, a barodd
iddynt fynd i mewn i'r ogofâu, a buont yn ffodus i allu dod allan o'r
diwedd fel y gwnaethant. Yr oedd yn oriau mân y bore ar Rowland
yn cyrraedd yn ôl i'w lety, wedi llwyr ddiffygio.

Yr oedd, yr adeg yma, yn bur dueddol i weithredu ar gymhelliad
sydyn. Un diwrnod yr oedd ef a Naylor wedi penderfynu mynd am
dro hir, a dyma gychwyn i gerdded dros y mynyddoedd. Ond mewn
chwarter milltir, gwelodd Rowland hysbyseb am ffilm newydd yn y
sinema leol, a mynnai fynd yno. Yr oedd Naylor yr un mor bender-
fynol i fynd am dro fel yr oeddynt wedi'i drefnu. Methasant â
chytuno. Aeth Rowland i'r sinema, a cherddodd Naylor ar ei ben
ei hun dros y mynydd.

Dro arall, hysbysebwyd gwibdaith gan gwmni'r rheilffordd i Ynys
Manaw amser y Sulgwyn, a bu trafod hir a aent yno ai peidio. Daeth
y nos Sul, a hwythau heb benderfynu. Dal i ddadlau yr oeddynt wrth
gyrraedd y stesion ar ôl oedfa'r hwyr yn eu capelau. Ond yn sydyn,
dyma brynu tocynnau, ac eistedd yn y trên, heb na chotiau uchaf nac
unrhyw baratoad ar gyfer y siwrnai. Cododd storm wrth iddynt
groesi'r môr, a chawsant amser oer ac annifyr yn dâl am eu byrbwyll-
dra.

Yr oedd y direidi, yr hoffter o jôcs, weithiau braidd yn ddidostur,
a welwyd yn gynnar yn hanes Rowland yn y stori am ' Johnny
ynghanol y llyn ', yn fynych yn dod i'r amlwg. O fewn wythnos
iddynt gyrraedd Aberdâr, gwahoddodd Naylor i fynd gydag ef i

swper pen-lin gan y Cymrodorion, heb egluro mai yn Gymraeg y byddai'r gweithrediadau. Mewn canlyniad, teimlai Naylor yn chwithig, yn enwedig pan ddaeth amser bwyd, ac yntau'n ceisio dyfalu beth oedd y gweinyddesau yn ei ofyn iddo ; ond bob tro yr edrychai tuag at Rowland am gymorth, gofalai'r cyfaill da hwnnw fod mewn sgwrs ddofn â rhywun arall, a methu'n llwyr â gweld helbul ei westai. Ar achlysur arall, a hwythau'n cychwyn am dro hir, troes Rowland yn sydyn cyn gadael y dref, a churo ar ddrws tŷ, gan egluro ei fod wedi ei wahodd yno i de. Gwrthododd Naylor ei gredu nes ei weld yn mynd i mewn i'r tŷ, ac yntau wedi ei adael ar y palmant.

Aeth y ddau un Sadwrn i siop yng Nghaerdydd i brynu côt uchaf, a cheisiai Rowland roi'r argraff i'r gwas yn y siop mai ei dad ydoedd Naylor, gan ofyn, ' Be ' ydach chi'n feddwl o hon, dad ? ' a chwestiynau tebyg. (Fel y dywedwyd, roedd gwallt Naylor yn frith). Taflai bachgen y siop ei olygon o un i'r llall mewn cryn ddryswch. O'r diwedd magodd ddigon o blwc i ddweud na allai benderfynu pa un ohonynt oedd yr hynaf. Ceisiodd Rowland ddal ymlaen â'r jôc, ond yna chwarddodd, mewn hwyl fawr.

Ni allai, na chynt na chwedyn, oddef ffuantwch na ffug-ddifrifwch gorgrefyddol. Gwahoddwyd ef a Naylor i swper gydag un o'r diaconiaid, a phregethwr y Sul hefyd yn bresennol. Roedd y sgwrs yn urddasol, a'r pynciau a drafodwyd yn aruchel, a Rowland yn amlwg wedi hen flino ar yr holl ffurfioldeb. O'r diwedd, llwyddasant i ymadael, gan ddweud ' nos da ' ar garreg y drws. Yn sydyn, gwrthryfelodd rhywbeth yn Rowland yn erbyn y parchusrwydd, neidiodd ar gefn Naylor, ac er dirfawr syndod i bobl y tŷ, gwelwyd hwy'n carlamu i lawr y stryd fel plant yn chwarae ceffylau bach !

Ar fore Sadwrn, yn fynych, âi Rowland a Naylor i ffwrdd gyda thîm Rygbi'r ysgol, ac yr oedd diddordeb y ddau yn y gêm yn fawr. Treuliai Rowland, hefyd, lawer Sadwrn yn Llyfrgell Caerdydd gyda'i ymchwil ar gyfer ei thesis M.A. Yna, at fin nos, byddai'n cyfarfod Naylor, a'r ddau ohonynt yn mynd i'r *Prince of Wales Theatre*. Rhaid oedd iddynt fel rheol adael cyn diwedd y drydedd Act i ddal y trên olaf i Aberdâr, ond er eu bod wedi cytuno ar hyn ymlaen llaw, byddai'n ddadl yn ddieithriad ynghylch gadael, Rowland yn awyddus i weld diwedd y ddrama, ac yn barod i golli'r trên er mwyn hynny.

4

Y ddrama ydoedd ei ddiddordeb mawr yn y dyddiau hynny. Yr oedd wedi dod dan gyfaredd dramâu Ibsen a Chekov, a chanai eu clod gyda'i frwdfrydedd arferol. Astudiodd yn ofalus, hefyd, storïau byrion Chekov, ac fe'i clywyd unwaith, ychydig yn ddiweddarach, yn mynegi ei farn yn hallt, gyda theimlad dwfn, ar ôl darganfod mewn sgwrs nad oedd un o feirniaid blaenllaw'r Eisteddfod Genedlaethol ar y stori fer yn y dyddiau hynny erioed wedi clywed cymaint â sôn am storïau Chekov.

Manteisiai, fel y dywedwyd, ar bob cyfle i weld dramâu yn y theatr yng Nghaerdydd, a bu un trip arbennig pan aeth Kate Roberts ac yntau i Lundain i weld *Rosmersholm*, Ibsen, a ' Y Tair Chwaer ', Chekov.

Oddeutu'r adeg yma, yr oedd y theatr Brydeinig wedi darganfod Chekov am y tro cyntaf dan arweiniad y cyfarwyddwr Rwsiaidd Komisarjevsky, ac enillasai John Gielgud enw mawr iddo ei hun ymysg caredigion y ddrama â'i ddawn i ddehongli cymeriadau'r awdur. Nid oedd dramâu Chekov eto wedi cyrraedd West End Llundain, ond yr oedd ' Y Tair Chwaer ' wedi ei pherfformio yn Hammersmith, yna ' Yr Wylan ', ac yn awr yr oedd ' Y Tair Chwaer ' yn y theatr fach yn Barnes. Hefyd yr oedd ' *Rosmersholm* ' yn y West End.

Âi gwibdaith ar y trên o Aberdâr i Lundain bob dydd Sadwrn, gan gychwyn oddeutu chwech o'r gloch y bore, a dychwelyd wedi'r hanner nos. Fe gofia'r Dr. Kate Roberts fod y diwrnod yn wlyb ddifrifol, ac nad oeddynt wedi sylweddoli fod cymaint o ffordd o ganol Llundain i Barnes. Fodd bynnag, er holl anghysur y daith, gwelsant ' Y Tair Chwaer ' yno yn y prynhawn, dychwelyd i'r West End ar gyfer ' *Rosmersholm* ' yn yr hwyr, a chyrraedd yn ôl i Aberdâr, wedi blino, ond gan deimlo iddynt gael profiad cofiadwy.

Ychydig flynyddoedd wedi hyn, mewn ysgrif yn *Yr Efrydydd*,[1] disgrifiodd Rowland Hughes yr ymweliad hwn :

"Dro'n ôl eisteddwn gyda chyfaill mewn chwaraedy bychan yn gweled ' Y Tair Chwaer '. Yn y goleuadau, y lliwiau a'r golygfeydd ymddangosai athrylith Komisarjevsky a hefyd ôl ei brofiad yn y

---

[1]Ebrill 1932.

Moscow Arts Theatr. O'm blaen symudai actorion y buasai
Chekov ei hun yn ymfalchïo ynddynt. Ni fu fy chwerthin erioed
mor iach, fy nagrau erioed mor bur, mor felys. Ciliodd heulwen o'r
llwyfan ; daeth unigrwydd, methiant, galar. ' Dydi o ddim o ods ',
meddai'r hen feddyg milwrol, ac yr oedd rhywbeth caredig a
chysurlawn yn ei lais. A *doedd* o ronyn o ods. Nid unigrwydd a
welem, ond tynerwch pêr ; nid methiant, ond gwroldeb tawel ; nid
galar, ond hyfrydwch dagrau. Pregeth ? Nage, profiad, a hwnnw'n
brofiad cynnes, ysbrydol, yn llifo i'r wyneb fel ' afon bur o ddwfr y
bywyd, disglair fel grisial '. Yn araf y syrthiodd y llen, a heb frys y
gadawodd pawb yr adeilad. Aethom ninnau allan heb ddywedyd
gair. Lle yr oedd gynnau ddrws chwaraedy, yr oedd yn awr
gynteddau teml".

                                    5

Cyn gadael y coleg ym Mangor, yr oedd Rowland wedi penderfynu
ar bwnc ar gyfer ei thesis M.A., ac wedi dechrau peth gwaith ar ei
gyfer. Cyn gynted ag yr ymsefydlodd yn Aberdâr, er gwaethaf holl
waith athro ifanc yn ei swydd gyntaf, ymdaflodd i'w gwblhau.

Ei destun ydoedd ' *The Melancholy Element in English poetry from
Widsith to Chaucer* '. Ymddengys braidd yn rhyfedd i leygwr iddo
ddewis gweithio ar destun fel hwn, sy'n hollol academig, ac yn bell
oddi wrth y meysydd llenyddol yr oedd ei ddiddordeb ynddynt erbyn
hyn. Ond rhaid cofio mai ei athrawon yn y coleg a awgrymodd y
testun, ac nid yw'n hawdd i fyfyriwr ddarganfod drosto ei hun destun
cymeradwy nad oes neb wedi gweithio arno eisoes. Yn wir, wedi
hynny, dywedodd yr Athro H. G. Wright iddo gynnig hyn fel testun
gan feddwl y byddai Rowland Hughes yn ei gysylltu â llenyddiaeth
Gymraeg gynnar. Yr oedd Rowland, hefyd, yr adeg hon â'i olwg ar
yrfa academaidd, a gellir dweud bod y testun yr union fath o
' ymchwil ' a arweiniai'n aml at swydd mewn prifysgol.

Wynebodd Rowland at y gwaith yn egnïol a brwdfrydig. ' Pan
awn i'w lety i'w nôl allan ', meddai W. H. Naylor, ' cawn yn aml fy
nifyrru ganddo'n darllen darnau hirion o'r gwaith mewn dull syn-
hwyrus a theimladwy. Yn wir, credaf iddo ddarllen imi o bryd i bryd
bob darn a'i plesiai, ac rwy'n meddwl i minnau ddarllen ei thesis i
gyd cyn ei anfon i mewn '. Yr oedd yn nodweddiadol o Rowland ei
fod am fynnu diddordeb ei gyfaill mewn gwaith yr ymddiddorai ef

ei hun ynddo, er mor ddieithr ydoedd y maes i'r cyfaill, a'i fod, hefyd, yn llwyddo i drosglwyddo i'w wrandawr beth o'i frwdfrydedd ef ei hun.

Hefyd, fe heriodd W. H. Naylor i ddysgu Cymraeg trwy ddweud wrtho fod yr iaith yn rhy anodd i Sais ei meistroli. Y canlyniad fu i'r gŵr hwnnw fynd ati i ddysgu, a than hyfforddiant Rowland pan fyddent allan am dro, a chyda help llyfr, llwyddodd i gael crap gweddol ar yr iaith.

Gweithiodd Rowland yn ddygn iawn, yn ôl ei arfer, gyda'r ymchwil, a chofir gan rai hyd heddiw am y golau'n llosgi'n hwyr yn ei ystafell. Cyflwynodd ei thesis yn 1928, ac enillodd ei M.A. gydag ' anrhydedd '—marc o arbenigrwydd nas rhoddir yn aml. Wedi hynny, byddai'n hoff o ddweud na chafodd ei thesis, mwy na llawer thesis arall, weld golau dydd byth oddi ar y diwrnod hwnnw.

6

Nid oes amheuaeth nad fel cyfnod o baratoi ar gyfer gwaith gwahanol, a mwy diddorol iddo ef, yr ystyriai Rowland ei ddwy flynedd yn Aberdâr. Bron o'r dechrau, fel y dywedodd W. H. Naylor ac eraill amdano, teimlai'r gwaith yn llesteirus. Iddo ef—ar wahân i'r cyfle a gâi gyda'r Chweched Dosbarth—yr oedd y dyletswyddau'n flin a diflas ; yn ei dyb ef, ychydig o le oedd i wreiddioldeb, ac ni châi'r rhyddid a ddymunai i ddatblygu ei ddiddordebau llenyddol.

Yr oedd, fel cynt pan oedd yn y brifysgol, yn llawn syniadau a chynlluniau. Pan âi adref ar ei wyliau i Lanberis byddai'n aml yn galw i weld J. O. Williams, y llenor o Fethesda, a enillodd wedi hynny, yn 1936, y Fedal Ryddiaith yn yr Eisteddfod Genedlaethol ym Machynlleth, pan gafodd Rowland y Gadair, ac awdur cyfrolau o ysgrifau a storïau byrion gwych. Byddai eu diddordebau llenyddol yn dod â'r ddau at ei gilydd, yn ogystal â chyfeillgarwch agos J. O. Williams ag R. Williams Parry. Dyma a ysgrifennodd Mr. J. O. Williams :[1] ' Llanc tair ar hugain oed oedd Rowland Hughes pan ddeuthum i gysylltiad ag ef gyntaf. Athro mewn ysgol yn Aberdâr ydoedd yr adeg honno, ac yn treulio ei wyliau gartref yn Llanberis. Arhoswn innau yn Llanberis bryd hynny. O dipyn i beth ces fy hun yn edrych ymlaen at yr ysgolion yn torri, a Tom yn dod adref. Gwyddwn y deuai heibio

---

[1] Y Cymro, Hydref 28, 1949.

ryw fin nos gyda'i gnoc swil ar y drws. Pa beth bynnag fyddai gennyf
ar y gweill fe'i bwrid ef heibio. Onid oedd Tom wedi dod adref, a
chyfrin gyffesiadau llenyddol i'w gwneud o'r ddeutu ? Efallai y
byddai gennyf stori neu ysgrif ar y gweill—stori am y chwarel a'i
chymeriadau a ogleisiai Rowland Hughes. Byddai ganddo yntau
gynllun nofel neu ddrama yn ymwneud â bywyd y chwarelwr '.

Uchelgais a breuddwyd fawr Rowland, yn sicr, ydoedd ysgrifennu :
ysgrifennu storïau, nofelau, dramâu—dramâu hwyrach yn fwy na
dim : dod yn llenor poblogaidd a llwyddiannus, ond bob amser gan
gynhyrchu gwaith o safon uchel.

Tystia W. H. Naylor, hefyd, ei fod i bob golwg, yn hollol hunanol
yn ei ymroddiad i'w gred artistig ; deuai llên a chelf a hunanfynegiant,
o leiaf yn ôl yr hyn a ddywedai, o flaen hapusrwydd pobl eraill. Y
mae hyn yn f'atgoffa am stori a luniodd Rowland yn ei feddwl pan
oedd yn y coleg, nas cyhoeddwyd erioed, am fachgen o deulu tlawd a
gedwid yn y coleg gan ei frawd hŷn oedd yn gweithio yn y chwarel.
Ymroai'r myfyriwr yn ddiwyd i'w lyfrau, ond hawliai hefyd fwynhau
bywyd yn llawn, a manteisio ar bob cyfle oedd gan y coleg i'w gynnig
iddo, costied a gostiai, er yr holl gyni yn ei gartref. Fe fyddai yntau,
wedi graddio a chael swydd dda, yn rhoddi'r un cyfle i'w frawd. Ond,
pan yw ar fin eistedd ei arholiadau terfynol, daw'r newydd iddo am
ladd ei frawd yn y chwarel.

Y mae'n wir fod llawer o annhosturi artistig yn Rowland Hughes,
ond ni allai, ychwaith, anghofio ei gyfrifoldeb tuag at eraill.

Ond er mai llenydda ydoedd ei ddyhead dyfnaf, ei nôd cyntaf
ydoedd swydd fel darlithydd mewn coleg. Cyfuno swydd mewn
coleg a llenydda, cynhyrchu gwaith gwreiddiol, dyna'r hyn yr hiraeth-
ai amdano yn ei galon. Ond yr oedd swyddi o'r fath yn brin yr adeg
honno, cyn dechrau'r ehangu mawr ar y colegau a'r prifysgolion ; ac,
yn enwedig mewn pwnc fel Saesneg, graddedigion Rhydychen a
Chaergrawnt a lanwai'r mwyafrif mawr ohonynt.

Pan ddywedodd W. H. Naylor ei fod am symud i Loegr, pender-
fynodd Rowland, hefyd, yn bendant, ei fod am adael Aberdâr.
Dywed W. H. Naylor, sydd wedi ymddeol yn ddiweddar o fod yn
brifathro Ysgol Ramadeg Stowmarket, Suffolk, iddo briodi yn fuan
ar ôl gadael Aberdâr, ac i Rowland anfon at ei ddarpar-wraig adroddiad
llawn am ei nodweddion mwyaf annymunol, ac am ei anghymwyster
llwyr i fod yn ŵr i neb—ynghyd â'i ddymuniadau da, a lluniau o
Aberglaslyn a Llyn Llydaw yn anrheg priodas. Wedi hynny, ym-

welodd Rowland â hwynt yn Banbury. Nid oedd Mrs. Naylor erioed wedi ei gyfarfod, a phan gurodd ar y drws, gwnaeth ei ddull iddi feddwl mai trafaeliwr mewn nwyddau addysgol ydoedd, ac anfonodd ef i'r ysgol. Mawr oedd yr hwyl pan ddychwelodd ei gŵr gyda Rowland, ac y deallodd hi mai'r dyn hwn oedd yr enwog Hughes y clywsai gymaint amdano. Yn ystod y Rhyfel clywodd Mr. Naylor am waeledd Rowland a galwodd ef a'i wraig i'w weld. Loes fawr iddo ydoedd gweld un a gofiai mor ysgafn a heini, mor fyw ei lygaid a llawn o hiwmor a dychymyg, wedi ei gaethiwo mor ddifrifol.

Yn haf 1928, dyfarnwyd Cymrodoriaeth o £200 y flwyddyn i Rowland Hughes gan Brifysgol Cymru, a threfnodd i fynd i Goleg yr Iesu, Rhydychen, ddechrau'r tymor dilynol.

RHYDYCHEN
1928 — 1930

I

AETH Rowland Hughes i Goleg yr Iesu, Rhydychen, ym mis Hydref 1928 a'i obeithion yn uchel. Roedd mynd yno yn sylweddoli un o freuddwydion mawr ei fywyd. Cofiai am y llu o Gymry disglair a fu yno o'i flaen, yn arbennig am y ' seithwyr da eu gair ' a sefydlodd Gymdeithas Dafydd ap Gwilym. Darllenasai mewn llawer nofel a chofiant, yn enwedig mewn llyfrau am y bywyd llenyddol, ddisgrifiadau brwd o fywyd cyffrous, rhamantus Rhydychen : am y cyfnewid syniadau, y darllen a'r trafod ymysg cyfeillion hyd oriau mân y bore, a'r gwyntyllu syniadau newydd, neu y tybid eu bod yn newydd. Roedd enw llyfrgell y Bodleian yn rhamant, ac edrychai ymlaen at gael bod wrth draed rhai o ysgolheigion blaenaf Lloegr. Yn Rhydychen, hefyd câi gyfle i weld peth o waith dramayddol newydd a mwyaf arbrofol y cyfnod, ac yr oedd Llundain, a phopeth a oedd gan y ddinas honno i'w gynnig, o fewn cyrraedd. Yr oedd yn llawen, hefyd, oherwydd ei ryddhau o gaethiwed athro ysgol, a gallu teimlo bod dwy flynedd o'i flaen i ymdaflu fel y mynnai i ddarllen ac ysgrifennu.

Fe dderbyniodd Rowland Hughes yn Rhydychen rai pethau amhrisiadwy. Yn bennaf, yno y cyfarfu â'r ferch a ddaeth yn wraig iddo. Manteisiodd ar y cyfle i weld dramâu, ac yr oedd gweithio yn y Bodleian yn bleser. Ond, ar y cyfan, ei siomi a gafodd. Mwynhâi eraill bob munud o'u hamser yno, gan ymdaflu'n frwd i'r gwahanol weithgareddau, a gwthio i mewn, rywfodd neu'i gilydd, eu gwaith am radd neu ddiploma ymysg prysurdeb beunyddiol hefo llu o ddiddordebau eraill. Ond nid felly Rowland.

Nid oedd bywyd Rhydychen wrth ei fodd. Ei wneuthuriad ef ei hun a gyfrifai am hyn. Gwrthryfelai yn erbyn ffurfioldeb y bywyd yno. Âi hen draddodiadau'r coleg ar ei nerfau, a theimlai'n gaeth dan reolaeth. Ni allai ddygymod â'r angen i giniawa'n ddefodol yn y coleg, ac un o'r pethau a'i cynddeiriogai—fel Cymro a deimlai i'r byw unrhyw sen—ydoedd y gorfodid ef, er iddo raddio gydag Anrhydedd ym Mhrifysgol Cymru, ac ennill ei M.A., i wisgo gŵn fach y myfyriwr di-radd. Yr oedd hyn yn arwyddocaol, yn ei feddwl, o lawer o'r snobeiddiwch a'r ffurfioldeb ffroenuchel a welai o'i gwmpas. Y syniad cyffredin yw bod yr hen Brifysgolion, Rhydychen a Chaergrawnt, yn ehangach eu hysbryd ac yn rhyddach eu bywyd na'r prifysgolion newydd. Nid dyna oedd barn Rowland Hughes ; iddo ef yr oedd y ' Coleg ar y Bryn ' ym Mangor yn fil gwell na Rhydychen.

Yr oedd wedi trefnu i aros mewn llety yn Walton Street, Rhydychen, gyda J. E. Meredith (Y Parch. J. E. Meredith, Aberystwyth, yn awr ; diddorol yw sylwi mai ef a ddilynodd Rowland fel Llywydd Cyngor y Myfyrwyr ym Mangor). Un tymor a fuont yn y tŷ hwn oherwydd i wraig y tŷ farw. Yna symudasant i 14, Southmoor Road, lle y buont ill dau hyd haf 1930. Yr oedd un fantais i'r tŷ yn Walton Street. Yr oedd sinema yn ei ymyl lle ceid darlun *a* chwpanaid o de a bisgedi yn y *matinee* am dair ceiniog, ac yno yr aent ar ambell brynhawn gwlyb.

Yn 14, Southmoor Road, rhannai J. E. Meredith a Rowland Hughes ystafell-fyw-a-stydi, ac yr oedd llofft bob un ganddynt. Mewn ystafell arall yn yr un tŷ yr oedd Glyn Parry Jones (y B.B.C. wedi hynny), a D. J. Rogers (a ddaeth yn brifathro Ysgol Sir Llanidloes). Bu Geraint Nantlais Williams yno hefyd. Yn ymyl lletyai Peter Macaulay Owen, prifathro Ysgol Llanelwy yn ddiweddarach, a Dr. Bassett, sy'n awr gyda'r Cydbwyllgor Addysg Cymreig.

Pwnc astudiaeth Rowland ydoedd *The London Magazine,* cylchgrawn llenyddol a gyhoeddwyd yn Llundain rhwng 1820 a 1829. Yn y cylchgrawn hwn yr ymddangosodd gwaith llawer o lenorion Saesneg disgleiriaf y cyfnod ; yn bennaf oll, ynddo yr ymddangosodd yn gyntaf *The Essays of Elia* Charles Lamb. Golygydd cyntaf y cyfnodolyn ydoedd John Scott, cyfaill i Wordsworth, a gŵr galluog, cyffrous; fe'i lladdwyd mewn ymryson yn 1821.

Treuliai Rowland ei ddyddiau yn y Bodleian, gan fwynhau'r ymchwil lenyddol yn fawr. Soniodd rhai o'i gydfyfyrwyr bod yr olwg arno ar y ffordd i'r Llyfrgell wedi tynnu eu sylw cyn iddynt wybod dim mwy amdano na'i fod yn Gymro : ei gnwd o wallt du dros ben uchel, a chorff, a ymddangosai'n eiddil, yn gwargrymu braidd hyd yn oed yr amser hwnnw. Wedi holi pwy ydoedd y daeth amryw i'w adnabod. Un o'r rhai a ddaeth i gysylltiad ag ef fel hyn ydoedd G. P. Ambrose, Prifathro Coleg Caerllion yn awr ; parhaodd eu cyfeillgarwch, a bu G. P. Ambrose yn cydweithio â Rowland Hughes ar raglenni radio pan oedd Rowland gyda'r B.B.C.

Cyfarwyddwr Rowland gyda'i astudiaethau ydoedd Edmund Blunden, y bardd a'r llenor, awdur *Undertones of War*, un o'r llyfrau gorau a gaed wedi ei seilio ar y Rhyfel-Byd Cyntaf. Edmygai Rowland ef yn fawr am ei ysgolheictod a'i ddynoliaeth braf, ac yn arbennig oherwydd ei fri haeddiannol fel llenor. Un o'r pethau y cyfrifai ef ei hun yn ffodus ynddo yn Rhydychen ydoedd iddo gael dod i gysylltiad â Blunden.

Yr Athro y gweithiai dano ydoedd D. Nichol Smith. Soniodd ef yn arbennig ar ddiwedd yr ymchwil am benderfyniad Rowland gyda'r gwaith, gan ychwanegu na wyddai am neb o'i oed a oedd yn fwy cyfarwydd â llenyddiaeth gyfnodol Saesneg hanner cyntaf y bedwaredd ganrif ar bymtheg.

Yn ystod yr ymchwil credodd Rowland iddo ddarganfod mai Charles Lamb ydoedd awdur darn di-enw yn y *London Magazine*. Byddai hyn yn ddarganfyddiad o bwys yn y byd llenyddol. Ond nid dyna ydoedd. Ysgrifennodd hefyd erthygl ar John Scott, golygydd cyntaf y London Magazine, a'i hanfon i'r *London Mercury*. Er ei fawr lawenydd, derbyniwyd hi gan J. C. Squire, y golygydd, gŵr dylanwadol iawn mewn cylchoedd llenyddol y pryd hwnnw, a oedd bob amser a'i lygaid yn agored am lenorion ifainc addawol. Cafodd Rowland bymtheg gini am yr erthygl, swm derbyniol iawn, ond pwysicach na hynny ydoedd cyhoeddi ei waith yn un o gylchgronau llenyddol blaenaf Lloegr.

Yn ystod y gwyliau, tra oedd yn Rhydychen, ac wedi hynny yn nechrau'r cyfnod y bu yn Harlech, treuliai lawer o amser yn Llyfrgell yr Amgueddfa Brydeinig.

Byddai'n aros yn y *Caledonian Club*, heb fod nepell o Euston, sefydliad a fwriadwyd yn bennaf ar gyfer bechgyn o'r Alban. Trwy ddigwyddiad ffodus y cafodd le yno'r tro cyntaf, ac yno'r arhosai bob tro wedi hynny. Edmygai'r Sgotiaid a welai yno, yn sionc a threfnus eu hymarweddiad, a gofynnai'n aml pam na cheid darpariaeth o'r fath ar gyfer Cymry ifainc. Darlun o'r lle hwn a geir yn *The Young Scots Club* y mae Arfon yn dod o hyd iddo yn *William Jones*.[1]

Pan oedd yn gweithio yn yr Amgueddfa Brydeinig byddai'n bwyta ganol dydd mewn caffe A.B.C. cyfagos—un o'r lleoedd gorau, meddai Arnold Bennett unwaith, i nofelydd astudio bywyd. Yr un fyddai ei

---

[1]Tud. 137—9.

bryd bob amser—bara-menyn brown, ŵy wedi ei ferwi, glasiad o
lefrith a ffigys. Roedd ganddo ffydd fawr yn y ffigys. 'Pethau
ardderchog i dy agor di allan', arferai ddweud.

2

Yn gynnar yn ei dymor cyntaf yn Rhydychen, aeth Rowland
gyda J. E. Meredith i Gymdeithas y Cambrian. Un o'r cymdeithasau
ydoedd hon sy'n codi'n ysbeidiol yn Rhydychen ac yn marw ; yna'n
atgyfodi dan yr un enw neu enw arall. Yn wahanol i Gymdeithas
Dafydd ap Gwilym, croesewid merched yn ogystal â dynion, a hefyd
Gymry di-Gymraeg. Cynhelid y trafodaethau yn Saesneg. Pwnc y
ddadl y noson honno ydoedd, ' That the Welsh Language has lost its
vitality'.

Wedi'r cyfarfod, cyflwynwyd Rowland a J. E. Meredith i Miss
Eirene Williams o Gwm Ogwr gan Miss Annie Griffiths o Bwllheli.
Daethai'r ddwy i Rydychen i ddilyn cwrs Diploma mewn Addysg.
Ganwyd Eirene yn y Rhondda, a symudodd ei theulu i Gwm Ogwr
yn 1924, lle'r oedd ei thad yn oruchwyliwr un o'r glofeydd, gŵr
llengar, diwylliedig, hyddysg yn nhraddodiadau ei ardal. Yr oedd hi
wedi graddio yn Abertawe mewn Saesneg a Hanes, gyda Chymraeg
fel pwnc atodol. Clywed adroddiadau brwdfrydig am fywyd Rhyd-
ychen gan fachgen o'i chartref a fu yno a barodd iddi ddewis dilyn y
Cwrs Diploma yno.

Testun llawer o sgwrs Rowland y noson honno ydoedd ei edmygedd
o ' Shoni ', ac nid oedd hi, fel un ohonynt, yn teimlo'r angen am y
moli. Ond, ymhen tair wythnos, yr oedd cyfarfod arall—y Capten
Geoffrey Crawshay yn siarad ar ' The Welsh in America ' ; a'r noson
ddilynol yr oedd y ddau yn y Playhouse, yn gweld The Spook Sonata
gan Strindberg. Dewis Rowland ydoedd y ddrama, wrth gwrs, ac
ymddangosai ef wrth ei fodd.

Yr oedd Eirene yn byw yn un o'r neuaddau preswyl yn Northmoor
Road. O hyn ymlaen, gwelai hi a Rowland fwy o hyd ar ei gilydd,
ac yn y dawnsfeydd yr oedd ei rhaglen hi'n llawn o ' T.R.H.'. Prynodd
hi feisicl ail-law am ddeunaw swllt, a dechreuasant feicio allan i'r
wlad o amgylch Rhydychen. Ceir adlais o'r dyddiau hyn yn William
Jones[1] yn atgofion Howells, y swyddog yn y fyddin, amdano'i hun yn

---

[1]Tud. 61.

Rhydychen, 'am feicio drwy'r wlad oddi amgylch, am fechgyn diddorol yn y gwahanol golegau, am brynhawniau heulog ar yr afon'.

Yn aml byddai'r ddau yn cael te mewn bwthyn bach ar lan yr afon ger Islip, ychydig filltiroedd o Rydychen. Hen wraig hen iawn, oddeutu saith a phedwar ugain oed, Mrs. Wiggins, oedd yn byw yno. Roedd y te'r un fath bob amser—te, ac wyau wedi'u berwi, ac yr oedd teisen fawr gron ar ganol y bwrdd, ond ni fyddai neb byth yn torri'r deisen. Galwodd Rowland yn y bwthyn ar ei ben ei hun y flwyddyn wedyn, pan oedd Eirene wedi gadael Rhydychen. Yr oedd popeth yn hollol fel o'r blaen, y te, yr wyau, a'r deisen gron, ond ei fod ef ar ei ben ei hun—ac nid oedd yr hen wraig yn cofio ei fod wedi arfer galw yno'n aml yn un o ddau. ' Dyna stori a wnâi Chekov o hyn !' meddai wrth adrodd yr hanes. Yr oedd yn dueddol iawn i deimlo fod ganddo syniad da a fyddai'n gnewyllyn campwaith yn nwylo un o'r meistri.

Yn ystod tymor yr haf, aent allan ar yr afon yn un o'r cychod-gwaelod-fflat, a chyda hwy, yn aml, yr oedd J. C. Ghosh, Indiad a sgolor, a oedd yn gweithio ar bwnc cysylltiedig â'r *London Magazine*. Yr oedd ei gyfeillgarwch â'r Indiad diwylliedig hwn yn werthfawr i Rowland yn Rhydychen ynghanol bywyd cymdeithasol nad oedd yn apelio fawr ato. Aeth â Ghosh adref i Lanberis yn ystod un o'r gwyliau, a mawr ydoedd syndod y trigolion wrth weld yr Indiad tal yn dod allan o ' Angorfa'. Ond methiant fu'r ymweliad. Roedd William Hughes yn ddi-ddweud, a mam Rowland, hefyd, yn anniddig gyda'r gŵr tywyll ei groen, a godai'n hwyr yn y bore, a drysu trefniadau'r tŷ i gyd.

Gorffennodd Eirene ei chwrs yn Rhydychen yn 1929. Yn wahanol iawn i Rowland, roedd hi wedi mwynhau pob eiliad yno, ' wedi hurtio ar y lle ', a defnyddio ei geiriau hi ei hun. Enillodd ei Diploma, ond cafodd lawer o bethau pwysicach. Yn bennaf dyma'r adeg pan ddechreuodd ymddiddori mewn llenyddiaeth Gymraeg ; rhyfeddai Rowland at y bylchau yn ei gwybodaeth ar ôl astudio'r pwnc mewn ysgol a choleg. Y diddordeb mawr arall a agorwyd iddi ydoedd byd y ddrama ; daeth Synge, yn enwedig, yn fyw iawn iddi.

Yn ystod gwyliau'r haf, aeth Rowland ag Eirene adref i Lanberis am y tro cyntaf. Aethant i fyny'r Wyddfa, a hefyd ar daith ar gefn ei feic modur i Sir Fôn, i ardal Pen-sarn, ger Amlwch, o'r lle yr hanai ei deulu.

Yr oedd Rowland wedi prynu'r beic modur hwn oddeutu diwedd

ei dymor yn Aberdâr. Bu arno awydd un ers amser, ond roedd ei rieni yn ffyrnig yn erbyn. O'r diwedd, cytunasant iddo ei gael, a gwelwyd ei dad, hyd yn oed, yn marchogaeth gydag ef arno ar y sedd ôl ; ac un tro, pan aeth rhywbeth o'i le ar y beic, y farn oedd mai William Hughes a fu'n ymhél ag ef.

Ar y daith i weld y teulu yn Sir Fôn, arhoswyd yn Llangefni i brynu ' bara brith Betsi Jones ' o felys goffadwriaeth er dyddiau'r coleg. Wrth ddod yn ôl, digwyddodd damwain y credai Rowland iddi gael effaith barhaol arno. Daeth Daimler mawr allan o ffordd i'r ochr, a bwrw'r beic i'r clawdd, a'r ddau ohonynt drosodd i'r ffos. Dihangodd Eirene heb ddim mwy na chleisiau go ddrwg, ond cafodd Rowland niwed i'w goes a barodd iddo fod yn gloff am beth amser. Aethpwyd â'r ddau i *lodge* y Vaynol, ac yna aeth gyrrwr y Daimler â hwy adref. Talodd y costau'n llawn am atgyweirio'r beic. Gwerthwyd hwnnw'n fuan : yr oedd Rowland wedi colli'r awydd i'w farchogaeth.

Pan ddechreuodd Rowland Hughes glafychu gofynnai'r doctoriaid iddo a oedd wedi cael damwain fawr erioed. Fe gredai ef ei hun ei bod yn bosibl mai'r ddamwain hon a fu dechrau ei anhwylder.

Wedi gadael Rhydychen, cafodd Eirene le fel athrawes yn Finchley. Yr oedd gan Rowland flwyddyn arall yn y coleg, a byddai'r ddau yn cyfarfod yn Reading—hanner ffordd rhwng Llundain a Rhydychen. Ar Chwefror 15, 1930, dyweddïwyd hwy.

3

Aelod anghyson o Gymdeithas Dafydd ap Gwilym ydoedd Rowland yn ystod ei flwyddyn gyntaf yn Rhydychen, pan oedd Eirene yno—ei chwmni hi yn felysach na chymdeithas y Dafyddion. Cafodd ei ddiarddel unwaith am golli dau gyfarfod yn olynol heb ddigon o reswm, ond caniatawyd iddo ei le yn ôl, ac yn nhymor y gwanwyn, 1930, efe oedd ysgrifennydd y Gymdeithas.

Gŵr gwadd y Gymdeithas ar ddydd Gŵyl Dewi y flwyddyn honno ydoedd y Dr. E. Tegla Davies. Yn 1949, disgrifiodd Tegla ei atgof am ei ymweliad.[1] Gwelodd ar ôl cyrraedd mai ysgrifennydd y Gymdeithas ydoedd gŵr ifanc a gyfarfuasai ryw dair blynedd yn flaenorol gyda Kate Roberts yn Aberdâr, bachgen tawedog na feddyl-

---

[1] *Yr Herald a'r Genedl*, Hydref 31, 1949.

iasai ers hynny ddim mwy amdano. 'Ymserchais ynddo ar unwaith
pan gyfarfûm ag ef yn Rhydychen. Llanc sionc ydoedd yr adeg honno,
a direidi'n dawnsio yn ei lygaid. Âi ef a'i gyfaill J. E. Meredith â mi
oddi amgylch i ddangos rhyfeddodau'r colegau imi, a chofiaf mor
awyddus ydoedd am imi weld tri pheth—y cerflun dychrynllyd ond
cyfareddol hwnnw o Shelley yn llipryn marw, a'i wallt a'i ben a'i
aelodau ar chwâl, fel yr oedd pan adferwyd ef o'r môr wedi ei foddi ;
yr ystafell a feddiannwyd gan John Wesley ac O. M. Edwards—yr un
ystafell—pan oeddynt yn Rhydychen ; a Llyfr Coch Hergest yn
Llyfrgell Bodleian. Dangoswyd llawer o bethau eraill imi, ond pe
bawn yn colli popeth arall yr oedd am imi weld y rheiny '.

Ar gyfer y cinio y noson honno cyfansoddodd Rowland, gyda'r
parodrwydd a ddangosai ar amgylchiad o'r fath, bedwar englyn i
Tegla. Englynion ydynt, mae'n siŵr, a gyfansoddodd ar frys heb
lawer o ymboeni, ond yr oeddynt yn taro cywair y noson i'r dim.
Dyma un ohonynt :

> Dy lên a roes adloniant—dihafal
>   A difyr ei fwyniant ;
> Rhwymaist yn nefoedd rhamant
> Dy sêr yn bleser i blant.

Daeth Tegla wedi hyn yn gyfaill gwerthfawr iddo, ac ymddiriedai
Rowland lawer yn ei farn.

Nid ei englynion ar gyfer y Cinio ydoedd unig gynnig Rowland i
farddoni yn Gymraeg yn Rhydychen. Ceir dwy gerdd o'i waith, a
gyfansoddwyd yn y cyfnod hwn, yn *Y Llenor*, un yn rhifyn Gwanwyn
1929, a'r llall yn rhifyn Hydref 1930. Y gyntaf yw 'Yn Hwyr y
Dydd ', sy'n dechrau,

> A llaw'r haul yn lliwio'r wig,
> Dan ei aur cwsg Dinorwig :

Ymgais yw'r gân i ddisgrifio hud y machlud dros fynydd a llyn ;
harddwch natur a'i lliwiau a geir ynddi, heb ddim o'r cyferbynnu sydd
yn ei waith diweddarach, megis ' Harddwch ', rhwng prydferthwch
natur a rhinweddau dynol.

Y gerdd arall yw ' Cardod ', soned ' I Fardd "Yr Haf" ', yn crefu
arno, ' ar ran y rhai a wybu flys anorfod am bob defnyn o'i win, estyn
iddynt eto gwpan ei gynghanedd '. ' Yr oedd y bwriad yn dda, ond
nid oedd y soned ddim ', meddai amdani wedi hynny.

Ni chynhwyswyd yr un o'r ddwy gerdd hyn ganddo yn ei gasgliad *Cân Neu Ddwy*. Ond yr oedd cyfansoddi'r rhain a cherddi eraill— dwy o leiaf, ' Hen Fwthyn ', a ' Môr a Mynydd '—yn dangos nad ar lenyddiaeth Saesneg, o gryn dipyn, yr oedd ei holl fryd.

Arwydd arall o'i awydd i lenydda yn Gymraeg ydoedd iddo anfon stori i gystadleuaeth y stori fer yn yr Eisteddfod Genedlaethol yn Lerpwl yn 1929. Daeth y stori yn agos i'r brig, yn ôl y Dr. Tegla Davies a welodd y storïau trwy garedigrwydd cyfaill, a'i atgof ef ydoedd ei bod ' yn rhy glyfar yn ei stiwdanteiddiwch ', gan ychwan- egu : ' Y mae un peth yn sicr, na chroesodd fy meddwl gymaint ag unwaith fod posibilrwydd awdur *O Law i Law* a'i chymheiriaid yn y llanc a sgrifennodd y stori '.

4

Yn y cyfnod hwn, hefyd, y dechreuodd baratoi i ysgrifennu'r erthyglau ar bynciau llenyddol a gyfrannodd i'r cylchgronau Cym- raeg. Y gyntaf ohonynt oedd ' Henrik Ibsen ', a ymddangosodd yn *Y Traethodydd* yn rhifyn Hydref 1930. Y mae'n dechrau'r erthygl wych hon â chyfeiriad sy'n cysylltu gwaith y dramaydd Norwyaidd â datblygiad y ddrama yng Nghymru :

> Yng nghanol y ganrif ddiwethaf deffrodd cenedlaetholdeb brwd ond pur arwynebol yn Norwy. Darganfuwyd hen farddoniaeth, galwyd am burdeb iaith, chwifiwyd y baneri cenedlaethol o gylch dawns y gwerinwr a chododd cri am destunau o fywyd a llen- yddiaeth y wlad i'r bardd, i'r arlunydd ac i'r cerddor. Un o effeith- iau'r mudiad oedd agor yn 1851 y chwaraedy ym Mergen, ac i fod yn arolygwr arno gwahoddwyd gŵr ifanc digon tlawd a dinod, Henrik Ibsen. (O na wnâi Cymru rywbeth tebyg ! Onid oes lle, fel yng ngholegau'r Amerig, i chwaraedy yn ein colegau ni?).

> Yr oedd y syniad hwn yn un yr oedd wedi ei drafod gyda bechgyn y Chweched Dosbarth yn Aberdâr, ymhell cyn bod llawer o sôn am y Theatr Genedlaethol yr ydym, gobeithio, bron ddeugain mlynedd yn ddiweddarach, ar fin gweld ei sefydlu.

> Gwelir yn yr erthygl adlewyrchiad clir o ddiddordeb dihysbydd Rowland Hughes yn y ddrama. Yr hyn a werthfawrogai fwyaf yn Rhydychen, a mwy fyth yn Llundain, ydoedd cyfle i fynd i'r theatr, ac i astudio dramâu. Daliai ar bob cyfle.

Yr oedd Ibsen a Chekov ar ben ei restr o feistri mawr y ddrama. Edmygai y tu hwnt grefftwaith Ibsen. Yn yr erthygl y soniwn amdani, y mae'n pwysleisio ei feistrolaeth ar ffurf y ddrama, y modd y clymir pob cymeriad, pob sefyllfa, pob brawddeg wrth ei gilydd yn dynn, ac fel yr ymddengys y pletwaith cymhleth yn hollol syml. Cymer *Rosmersholm* fel esiampl wych o hyn, gan ychwanegu fod y neb a welodd Edith Evans yn portreadu Rebecca, fel y gwnaeth ef, wedi cael profiad bythgofiadwy.

Nid yw pob dramaydd na phob beirniad drama heddiw yn rhoi'r fath glod i'r dechneg sy'n gofalu bod pob rhan o ddrama yn ffitio i'w gilydd i'r dim, a phob cymeriad a sefyllfa yn anhepgor, fel y gwneid chwarter canrif yn ôl. Ac y mae Rowland Hughes, er y pwysigrwydd a osodai ar dechneg, yntau'n mesur mawredd Ibsen yng ngoleuni ei farddoniaeth, rhamant ei gynhyrchion cynnar, a'r *cyffro mewn enaid* a nodweddai ei waith. ' Enaid yw mater Ibsen ; drama enaid yw ei ddrama ef '.

Nodweddiadol yw ei fod yn diweddu'r erthygl gyda dyfyniad o raglen Gordon Craig pan gyflwynodd ef *Rosmersholm* :

Gadawed pawb ei gallineb y tu allan i'r ystafell chwarae, gyda'i ambarél a'i het a'i gôt uchaf ! Nid oes yma ond angen y teimladau tyneraf, y darn byw hwnnw o bob un ohonom. Yr ydym yn Rosmersholm, tŷ o gysgodion . . .

Beth a welwch o'ch blaen ? Ai darlun trist a digalon ? Edrychwch unwaith eto, a chwi ffeindiwch olygfa ryfeddol o lawen.

Chwi a welwch Fywyd fel y darlunnir ef gan Rebecca West, yn ewyllysio *gwneuthur* rhywbeth, yn rhydd hyd y diwedd.

Mae llythyrau Rowland Hughes yr adeg yma, yn enwedig y rhai a ysgrifennodd at J. O. Williams, Bethesda, yn llawn o hanes drama— beth a welodd, beth a ddisgwyliai ei weld, a chip ar feirniadaeth yma a thraw. Dyfynnodd Mr. Williams frawddegau ohonynt yn ei raglen radio ' Y Dewraf o'n Hawduron '.[1] ' Yr wythnos nesaf mae Othello yn yr O.U.D.S. a Komisarjevsky yn prodiwsio . . . Yr wythnos nesaf gobeithiaf fedru gweld ' Night at an Inn ' Dunsany, ' The Countess Kathleen ' Yeats, a ' Shadow of the Glen ' Synge . . . Yn Llundain gwelais rai dramâu campus—yn eu mysg Mrs. Patrick Campbell yn ' The Matriarch ', Phyllis Nielson Terry yn ' The Devil's Disciple ', (pur dda),

---

[1]Mawrth 1, 1950.

' *The Apple Cart* ' Shaw—y noson gyntaf. Wyddoch chi, mae'r ' *Apple Cart* ' yn wych o ran ffilosoffi, hiwmor, meddwl, ond yn fy marn i yn methu fel drama . . . Drama fwy a welais oedd ' *The Father* ', Strindberg, gyda Robert Lorraine a Dorothy Dix fel y prif gymeriad-au. O ! Anfarwol ! . . . Felly gwelwch fod fy stumog ddramatig yn cael digon o fwyd '.

Ac yr oedd ganddo, fel pan oedd ym Mangor, gynlluniau aneirif i ysgrifennu dramâu, nofelau, storïau ei hun. Eto yn ei lythyrau at J. O. Williams cawn : ' Yr wyf wedi dechrau ysgrifennu drama ar linellau Strindberg . . . Yr wyf wedi cyfieithu Act I *Three Sisters* Chekov i'r Gymraeg . . . Y mae gennyf stori fer ar y gweill yn ym-wneud â bywyd y tu allan i Gymru . . . Gwelaf fod drama newydd wedi ei hysgrifennu ar fywyd Charles a Mary Lamb. Rhywbeth tebyg yr hoffwn innau ei wneud â bywyd Shelley . . . Y mae gennyf blot neu ddau i sgrifennu drama arnynt . . . Mae gennyf gynllun nofel . . .'

Ni wyddai neb ond ei gyfeillion am y breuddwydion a'r dyheadau hyn. I lawer, ysgolor academaidd yn plygu dros ei lyfrau yn y llyfrgell ydoedd, yn gweithio oriau meithion ar ei thesis, ac yn astudio ag edmygedd orchestion y nofelwyr, y beirdd a'r dramawyr. Ond yn ei galon, yr hyn a garai'n fwy na dim fyddai bod yn llenor creadigol ei hun. Y tu mewn iddo yr oedd gwrthryfel rhwng y sgolor a'r llenor. Un foment breuddwydiai am fod ryw ddydd yn athro mewn prifysgol, yn awdurdod ar gangen neilltuol o lenyddiaeth Saesneg, hwyrach yn bennaeth coleg ; dro arall dyheai am ryddid o gaethiwed ei astudiaeth-au a hamdden i roddi ffurf a mynegiant i'r holl gynlluniau a ferwai yn ei ddychymyg.

Teimlai y carai gael swydd fel beirniad llenyddol ar un o bapurau neu gylchgronau Llundain, a bu'n gohebu â J. C. Squire ynglŷn â hyn. Hefyd, gobeithiai ar un pryd gael, trwy Edmund Blunden, le gyda ffyrm fawr o gyhoeddwyr, ond ni ddaeth dim o hyn. Mae'n ddiddorol ceisio dyfalu beth fuasai ei hanes pe cawsai un o'r swyddi hyn.

Yna, hysbysebwyd swydd darlithydd yn y Saesneg a'r Gymraeg yng Ngholeg Harlech. Ymgeisiodd amdani, ac apwyntiwyd ef, yn ddarlithydd i fyw i mewn, i ddechrau ar ôl gwyliau'r haf.

HARLECH
1930—1934

I

SEFYDLWYD Coleg Harlech yn 1927, a phenodwyd Ben Bowen Thomas (Syr Ben Bowen Thomas yn awr) yn Warden. Galwyd y coleg yn aml yn ' goleg yr ail gynnig '—coleg lle câi'r rhai, y bu raid iddynt adael yr ysgol yn gynnar a dechrau gweithio, gyfle newydd i droi i lwybrau dysg a diwylliant. Aeth amryw o'r myfyrwyr hyn ymlaen i'r brifysgol a llwyddo'n dda, ond prif amcan y coleg ydoedd cyfoethogi meddyliau'r myfyrwyr fel y gallent ddychwelyd i'w hardaloedd a'r adnoddau ganddynt i fyw bywyd llawnach, a bod yn arweinwyr yn eu cymdeithas.

Pan aeth Rowland Hughes yno, roedd y wlad yng ngafael y dirwasgiad, a chwarelwyr a glowyr di-waith ydoedd llawer o'r myfyrwyr. Ryw 33 oedd yno ar y pryd : erbyn heddiw mae dros gant. Rhoddodd y Parch. A. Leslie Evans, a oedd yn löwr o Landebïe cyn mynd i Goleg Harlech, ddisgrifiad byw o'r myfyrwyr a geid yno :[1] ' Roedd y mwyafrif ohonom yn llawn o syniadau *utilitarian* am bethau. Defnyddioldeb rhywbeth oedd ein clorian ni bob amser . . . Cerrig go arw oeddem ni i'w trin, heb ddarllen nemor ddim o lenyddiaeth Cymru na Lloegr. Roeddem ni'n rhy brysur yn pwyllgora, yn trefnu ein hundeb, a gwybod sut orau i drin ein bywyd, yn economaidd felly. Karl Marx oedd ein harwr ni '.

Gyda'r bechgyn hyn yr oedd Rowland Hughes yn hynod o hapus. Parchai hwynt, ac edmygai eu hymdrech ; fel y dywedai pan oedd yn Aberdâr fod ' pobl y De yn wych ', dyna hefyd oedd y farn a fynegai bob cyfle a gâi am fyfyrwyr Coleg Harlech. Ac yr oedd cyfarfod â'r bechgyn hyn yn bwysig yn ei ddatblygiad. Er ei fod o ardal y chwareli, ac yn adnabod bywyd yr ardal honno yn dda, prin y gellir dweud iddo ddod cyn hyn i gysylltiad â'r to ifanc o weithwyr, a oedd â'u hymateb i'w hamgylchiadau yn wahanol iawn i'r ' ymostwng i'r drefn ' a nodweddai lawer o'u tadau. Yng Ngholeg Harlech cafodd gyfle gwych i ddod wyneb yn wyneb â'r genhedlaeth newydd hon, a chlywed ei dicter, ei chwerwedd oherwydd siomi'r holl addewidion

---

[1] Rhaglen Radio, ' Y Dewraf o'n Hawduron '.

am ' fyd cymwys i arwyr fyw ynddo ', a'i dyheadau. Pe bai wedi ysgrifennu ei nofelau cyn ei daro'n wael, mae'n ddigon posibl y byddai'r darlun a dynnodd o ardaloedd y chwareli a chymoedd y De yn cynnwys mwy o ysbryd tri-degau'r ganrif hon, mwy o'r chwerwedd a'r ffyrnigrwydd, nag a geir ynddynt fel y maent.

I ddyfynnu'r Parch. A. Leslie Evans eto, yr hyn a wnaeth Rowland Hughes iddynt hwy ydoedd ' anadlu "llewych haul i dywyll leoedd" bywydau llwm ; agor drws i ni i mewn i geinder a chyfoeth gorau llenyddiaeth ein gwlad a Lloegr. Yn wir, ychwanegodd un dimensiwn i fywydau gweithwyr—*ceinder*, peth na welem ac na chredem ynddo yn nhor-calon ein bywyd bach cul o gwmpas ein pyllau glo. Dyna'n fyr yr hyn a wnaeth Rowland Hughes i ni yn Harlech, ac y mae bywyd yn llawer cyfoethocach i ni byth er hynny '.

Am ddarlun arall ohono trwy lygad myfyriwr ni ellir gwneud yn well na dyfynnu rhai o'r atgofion a gefais gan O. R. Williams, Dinorwig :

' Yn ei ddarlithiau yr oedd yn siaradwr cyflym, clir, deallus, trefnus ei draethiad. Nodweddid ef bob amser gan drefnusrwydd ym mhopeth. Deuai i'r ystafell ddarlithio yn sionc, gyda'i lyfrau a'i nodiadau dan ei gesail. Dodai hwy ar y bwrdd neu'r ddesg o'i flaen yn dwr, a throi atynt fel y dymunai wrth egluro pwnc arbennig. Roedd yn sgrifennwr nodiadau da, darllenadwy ar y bwrdd du pan ofynnid am hynny. Dilynai ei ddarlithoedd batrwm a gwead pendant. Ei ddau hoff fardd oedd R. Williams Parry a Keats. Roedd meddwl mawr ganddo o Dic Tryfan, J. O. Williams, T. H. Parry-Williams a Kate Roberts mewn rhyddiaith.

' Er yn ddarlithydd gwych, credaf mai ei gryfder i mi'n bersonol oedd ei ddawn fel athro yn y grwpiau seminar. Sgwrsiai yn gartrefol, gan drin a thrafod problemau a godai o'r traethodau, yn agos atom. Eglurai, ac âi allan o'i ffordd i weled ymdrech onest. Roedd y gallu ganddo i adnabod y sawl a roddai ei orau—er yn un gwael—yn ei waith. Gwerthfawrogai ymdrech onest, gywir, yn barod ei help, yn feirniad llym, eto yn llawn cydymdeimlad.

'Roedd ganddo ddawn arbennig i ddarllen barddoniaeth. Tynnai ddarlun clir o'r mater dan sylw.

' Un eiddil o gorfforaeth ydoedd i bob golwg, eto yn byrlymu o fywyd. Roedd yn ysgafn ei droed, cyflym ei gerddediad, ei feddwl, ei droed, ei law a'i gorff. Yn ddawnsiwr a cherddwr da. Crwydrodd lawer gyda Mr. Robert Richards, A.S.—athro yn y coleg ar y pryd—y ddau yn gyfeillion mawr.

'Roedd yn ymgomiwr cartrefol, yn wrandawr da, ac yn smociwr gwych ! Rhyw elfen o swildod ynddo ar ddechrau cyfathrach, ond hwnnw yn darfod wrth dyfu o'r gyfathrach. Gŵr diymhongar. Nid oedd dim lol o'i gwmpas. Ond yr oedd ei lond o hiwmor a mwynhâi stori a jôc gyda'r gorau.

' Hoffai chwarae *table tennis*. Yr oedd yn chwaraewr cyflym a pheryglus, yn sydyn ei symudiadau. Un anodd ei guro, ac o ddifri gyda'r gêm. Beth bynnag a wnâi, gŵr o ddifri ydoedd. Gweithiwr diflino a chwaraewr penigamp.

' Hoffai sôn am fywyd y chwarelwr a'i amgylchiadau. Llawer orig a dreuliwyd yn sgwrsio a rhannu profiadau am y bywyd hwn. Pefriai ei lygaid pan grybwyllwn am rai troeon trwstan ambell i gymeriad y gwyddwn amdano tua'r chwarel. Pwysodd ar rai ohonom i geisio cofnodi dywediadau a hanesion y bywyd hwn '.

Yn ystod y blynyddoedd hyn, byddai hefyd yn cynnal dosbarthiadau allanol dan nawdd Coleg y Brifysgol a Chymdeithas Addysg y Gweithwyr, yn Ffestiniog, Harlech a Thalsarnau. Fel y gwnâi ar gyfer ei ddarlithiau yn y coleg, paratoai'n ofalus iawn ar gyfer y dosbarthiadau hyn. Mwynhâi ef a'r efrydwyr hwy'n fawr.

Heblaw hyn, yr oedd yn ystod ei flwyddyn gyntaf yn Harlech yn gweithio i orffen ei thesis ar *The London Magazine*, a byddai'n treulio rhan helaeth o'i wyliau yn Llyfrgell yr Amgueddfa Brydeinig, gan letya pan fyddai yn Llundain, fel y dywedwyd, yn y *Caledonian Club*. Gorffennwyd y thesis, a chafodd radd B.Litt. Rhydychen yn 1931.

2

Priodwyd Rowland ac Eirene Williams yng Nghwm Ogwr ar Awst 26, 1933. Yr oedd yn bur nodweddiadol o Rowland iddo fynd i gryn helbul ar yr achlysur, er na wyddai Eirene ddim am hyn tan wedi hynny. Arhosai ef a'r Parch. A. J. George, a oedd yn eu priodi, gyda'i gilydd y noson cynt. Bore'r briodas gwelodd Rowland ei fod wedi anghofio ei grys gwyn, ac aeth i'r capel mewn crys glas, a tsiêt Mr. George drosto. Yno darganfuwyd nad oedd y dystysgrif yr oedd ei hangen ar gyfer y Cofrestrydd ganddo : gadawsai hi yn ei fag-teithio, a hwnnw, bellach, rywle ar ei ffordd i'r orsaf. Bu'n rhaid i

Ben Bowen Thomas ruthro o amgylch Cwm Ogwr i chwilio amdano tra âi'r seremoni ymlaen yn y capel. (Disgrifir yr un helyntion yn hollol yn hanes priodas Enid yn *Y Cychwyn*).[1]

Treuliwyd y mis mêl yn Shanklin, yn yr Isle of Wight, lle cafwyd tywydd ardderchog, a dychwelasant oddi yno â lliw haul yn drwm arnynt. I fyw ynddo yn Harlech yr oeddynt wedi cael byngalo, ' Bryn Twrog ', lle bach delfrydol, ar ben y graig, a Bae Ceredigion yn ymagor o'i flaen, a holl banorama mynyddoedd Eryri i'r gogledd.

Ymdaflodd Eirene ar unwaith i gynorthwyo gyda'r Urdd, a chael llawer o fwynhad gyda'r gwaith. Fe ysgrifennodd Rowland ddrama fechan ar gyfer y plant, a dysgodd Eirene hi iddynt ar gyfer Eisteddfod Genedlaethol yr Urdd ym Mae Colwyn. Daeth Rowland ei hun i rai o'r ymarferiadau olaf i gaboli tipyn ar y perfformiad. Yr ail wobr a gawsant ; y feirniadaeth oedd ' fod y plant wedi eu dysgu mor berffaith nes colli eu naturioldeb '. Dyna ganlyniad y sglein a gawsant gan yr awdur !

Parhâi Rowland yn ei ddiddordeb dwfn yn y ddrama. Dyma atgof y Parch. A. Leslie Evans eto : ' Roedd math o lwyfan yn neuadd wych y coleg, a theimlai Rowland Hughes ei bod yn bechod o beth fod y llwyfan mor segur. Aethom ati i ddysgu dramâu un-act Saesneg a Chymraeg. Cofiaf yn iawn amdano unwaith yn lluchio'r llyfr atom wrth rihyrsio'r ' Potsiar ', J. O. Francis. "Duwch annwyl dad!", meddai, "fuoch chi 'rioed yn potsio, deudwch ? Mae 'na gipars o gwmpas w'chi ! Rydach chi fel dynion pren yn union—mae'n anobeithiol gneud dim ohonoch chi. Rŵan te, yn enw'r nefoedd *actiwch* y peth da chi !" Wedyn, os dôi tipyn o siâp ar bethau— "Rwy'n meddwl mai yn yr Old Vic y byddwch yn diweddu'ch dyddiau, bois. Da iawn wir ! Daliwch ati !" '

Cynhyrchodd nifer o ddramâu un-act Saesneg, yn eu mysg ' *Riders to the Sea* ' J. M. Synge, awdur a edmygai yn fawr. Perfformiwyd dan ei gyfarwyddyd dair drama un-act Saesneg ym mis Mawrth 1933, ac adolygwyd y perfformiadau yn *Y Cymro*. Y mae'r adolygiad yn mynegi ei syniadau ef mor gywir fel y gellir yn hawdd gredu mai ef a'i hysbrydolodd :

Trwy'r perfformiad rhoddwyd pwyslais ar dri pheth :
(1) Mai gwell yw *awgrymu* golygfa ar lwyfan na'i hail-gynhyrchu

---

[1]Tud. 138—140.

yn ei manion ; hynny yw, ceisiwyd dilyn ysbryd llyfrau ardderchog
Mr. Gordon Craig ar y ddrama.

(2) Gwrthod ystumiau melodramatig o bob math, a rhoi sylw
arbennig i'r gair llafar, i lais a phwyslais, gan orfodi'r ystum i fod yn
arwyddocaol a chynnil.

(3) Mynnu diddordeb cynulleidfaol yn y cymeriadau llai yn
hytrach na rhoi cyfle, fel yn y chwaraedy arferol, i un neu ddau o
actorion i hawlio'r llwyfan.

Yn 1933, hefyd, ysgrifennodd gyda J. O. Williams ddrama un act,
' Y Tegell ', cyfaddasiad o stori gan J. O. Williams a ymddangosodd
gyntaf yn rhifyn Nadolig *Y Genedl* rai blynyddoedd ynghynt. Cy-
hoeddwyd y ddrama at ddiwedd y flwyddyn, a chafodd groeso mawr
gan yr adolygwyr. ' Drama un act wirioneddol ddigrif, gyda chraffter
a sylwadaeth yn sylfaen i'w hiwmor ', ydoedd barn *Y Goleuad* ; ' darn
o fywyd gwerth ei bortreadu ', meddai Dyfnallt yn *Y Tyst* ; a ' nid
wyf yn meddwl fod ei doniolach yn yr iaith ', meddai Llew Owain yn
Y Genedl.

Digwyddai ambell anghaffael yn ystod y perfformiadau. Ar un
achlysur, mewn perfformiad o ' Y Tegell ', wrth chwythu'r tân i
geisio berwi'r tegell, dechreuodd y llwyfan fynd ar dân. Dro arall,
cynhyrchai drama gyda chwmni lleol y tu allan i'r coleg. Un o uchel-
bwyntiau'r ddrama, tua'r diwedd, oedd y teleffôn yn canu, ac un o'r
cymeriadau'n codi'r derbynnydd i ateb. Yn yr ymarferiadau, cymryd
arnynt fod teleffôn yno a wnaethant, ond ar gyfer y perfformiad
cyhoeddus cafwyd teleffôn iawn oddi wrth swyddfa'r post. Canodd y
teclyn, a gafaelodd yr actor yn ffwdanus ynddo. Yna, troes at y
gynulleidfa—' at y gynulleidfa, meddylia ! ' arferai Rowland ei
ddweud, a loes yn ei lais—a gofyn iddynt, ' Sut ydach chi'n iwsio'r hen
beth 'ma, deudwch ? '

3

Gweithiwr caled iawn ydoedd Rowland yn Harlech fel ym mhob-
man arall ar ôl dyddiau'r ysgol. Ond cafodd, hefyd, fwy o adloniant
yno nag yn ystod unrhyw gyfnod o'i fywyd wedi hynny.

Golff ydoedd ei ddifyrrwch pennaf, a byddai'n treulio llawer pryn-
hawn ar faes enwog St. David's. Gyda'i chwarae, fel gyda'i waith, yr

oedd bob amser wrthi o ddifrif. Ond nid oedd hyn yn atal yr elfen ddireidus ynddo rhag chwarae ambell i gast. Crybwyllodd un o'r myfyrwyr wrtho ei fod yn awyddus i chwarae golff, ond na wyddai sut i ddechrau. Cynigiodd Rowland ar unwaith fynd ag ef rownd y maes golffio, a'i roi ar ben y ffordd. Cychwynasant allan, y myfyriwr yn cario bag llawn o glybiau, a Rowland, gyda manylder mawr, yn egluro pob strôc. Y canlyniad fu i Rowland gael cadi di-dâl am y prynhawn, ond y disgybl fawr iawn elwach.

Ni fu amynedd, â phethau bach na mawr, erioed yn un o rinweddau Rowland. Dechreuodd ddysgu ei wraig i chwarae golff, ond ffrwydrol ydoedd cwrs y gwersi ; daeth pen ar yr hyfforddiant un dydd, mwy cyffrous na'i gilydd, pan adawodd hi ef ar y *links* a mynd adref ei hunan yn ddicllon. Tebyg i hyn—fel gyda llawer gŵr a gwraig arall—fu hanes diweddarach ei gynnig i'w dysgu i yrru modur : ni ddysgodd erioed dan ei gyfarwyddyd, ond ni chafodd drafferth i feistroli'r gelfyddyd heb gymorth ei gŵr.

Daliai'n gerddwr mawr. Câi rhai o'i fyfyrwyr drafferth i gadw gydag ef pan gaent wahoddiad i fynd am dro ; nid yw uwchlaw amheuaeth nad rhan o ddireidi Rowland ydoedd cyflymu wrth ganfod nad oedd ei gydymaith yn gerddwr rhy dda. Yr oedd Robert Richards, a fu cyn ac wedi hynny yn aelod seneddol dros Ddwyrain Sir Ddinbych, hanesydd ac awdur *Cymru'r Oesoedd Canol*, ar staff y coleg ar y pryd. Yr oedd Rowland ac yntau'n gyfeillgar iawn, a cherddodd y ddau lawer yng nghwmni ei gilydd.

Aeth i fyny'r Wyddfa lawer gwaith yn ystod y cyfnod hwn, weithiau gyda pharti o fyfyrwyr y coleg. Yn nes gartref, cerddai'n aml y tair milltir i Lanbedr, ac yna i Gwm Nantcol, at gapel Salem, a anfarwolwyd yn narlun enwog Curnow Vosper, a'r darlun ei hun yn destun cân Rowland Hughes, ' Salem ', am Sian Owen Ty'n-y-fawnog, ' a wisgai'r siôl a'i hurddas benthyg '—benthycwyd y siôl ar gyfer y llun oddi wrth wraig y ficer—a'r ' cwmni gwledig ar ddi-arffordd hynt ', yr enwir pump ohonynt yn y gerdd. Ac yr oedd y Gerddi Bluog—er na chredir heddiw fod i'r lle y cysylltiad a dybid iddo unwaith ag Edmwnd Prys ; Maesygarnedd, cartref y Cyrnol John Jones, brawd-yng-nghyfraith Oliver Cromwell, ac un o wŷr amlwg digwyddiadau cyffrous yr ail ganrif ar bymtheg yn Lloegr ; a'r Las Ynys, cartref Ellis Wynne, bob un yn fannau pererindod ganddo o dro i dro.

4

Wedi iddo orffen ei waith ar gyfer gradd B.Litt., Rhydychen, dechreuodd adolygu llyfrau'n gyson yn Y Cymro, ac ysgrifennu erthyglau i'r Efrydydd.

Teifl ei adolygiadau oleuni gwerthfawr ar duedd ei feddwl a'i syniadau ar y pryd. At hyn, maent yn hynod ddiddorol : mae eu darllen, un ar ôl y llall, yn rhoddi darlun byw iawn o fywyd llenyddol Cymru yn nechrau'r tri-degau gan un a oedd yn hyddysg yn llen-yddiaeth orau Cymru, Lloegr a'r Cyfandir.

Un peth sy'n amlwg iawn yn adolygiadau ac erthyglau Rowland Hughes : pa beth bynnag fo'r testun, mae o hyd yn ei gysylltu â Chymru, a'i gwestiwn parhaus wrth sôn am waith gwych mewn llenyddiaeth neu unrhyw ffurf ar ddiwylliant yw : ' Pam na chaiff Cymru yr un peth ? ' O hyd mynegir yr un syniad yn ei ysgrifeniadau : bron na theimlwn, gyda'r gallu sydd gennym i edrych yn ôl heddiw, fod elfen broffwydol yn ei eiriau, yn rhagfynegi'r hyn a geisiodd ei wneud yn ddiweddarach yn ei nofelau.

Yn un o'r adolygiadau cyntaf, dan y pennawd ' Nofel am Dref ', y mae'n canmol Anna Priestly, nofel Saesneg gan Evelyn Herbert, merch ifanc o Fryn-mawr. Wrth sôn am y darlun o fywyd yng Nghymru a roddwyd gan amryw nofelwyr yn Saesneg, gofidia :

Nid oes neb eto, ysywaeth, a lwyddodd i ddatguddio darn o'r bywyd cenedlaethol mewn cymeriadau effro a diddorol fel y gwnaeth Mary Webb, er enghraifft, wrth drin bywyd y gororau.

Yna ychwanega :

Y mae angen tri pheth pwysig ar nofelydd—sylwadaeth fanwl ar fywyd, dychymyg a chydymdeimlad i gyfieithu'r sylwadaeth yn weledigaeth, a meistrolaeth ar ffurf y nofel, ar y gamp o ysgrifennu.

Ac wrth derfynu'r adolygiad hwn dywed :

Wrth ddarllen y nofel rymus hon, gofid i Gymro yw teimlo nad oes ymgais at beth tebyg yn Gymraeg. Gwyddom fod o'n cwmpas gyfoeth o adnoddau i nofel a drama, ond ni sieryd ein cyfnod ni mewn nofel gynnes a chyfoethog. Pa bryd y daw dilynydd Daniel Owen ? Rhydd Y Cymro groeso iddo pan ddêl.

Cawn yr un thema mewn erthygl ' Cyfle Dramawyr Cymru ' yn y *Western Mail* yn Rhagfyr 1932 :

Ein hangen cyntaf ym myd y ddrama yw rhyw Ddaniel Owen a gweledigaeth ganddo o gyfoeth bywyd pobl gyffredin, un a all ein perswadio, unwaith ac am byth, fel y gwnaeth J. M. Synge yn Iwerddon, fod deunydd dramâu godidog ym marddoniaeth syml profiadau a chymeriadau yr awn heibio iddynt bob dydd.

Wrth adolygu argraffiad newydd o *Drych y Prif Oesoedd* gan Bodfan (1932), y mae'n sôn am yr orgraff newydd a gaed yn ddiweddar, gan ddyfynnu R. Williams Parry, ' Heddiw medrai'r prentis amrytaf ddysgu Syr Owen Edwards sut i sbelio '.

Dadl yw hon nid yn erbyn cywirdeb iaith, ond dros fentro y tu draw i hynny. Dylai ein hysgrifenwyr yn Gymraeg, fel rhai o lenorion Lloegr, greu brawddegau â thrydan ynddynt, llunio, fel Syr Owen Edwards, ddarnau o ryddiaith a fydd yn gafael yn nychymyg y darllenydd ac yn aros yn ei gof.
Yr arddull yw y dyn ei hun, ond rhaid wrth astudiaeth o ryddiaith orau ein cenedl. Dylai pob ysgrifennwr ieuanc aros uwch dalennau llyfr fel *Drych y Prif Oesoedd* gan ddarganfod gyda syndod melys y cyffelybiaethau dihafal, y geiriau cryfion fel ' mingam ', ' safnrhwth ', ' diwyrgam ', ' ceinioca ', a'r ymadroddion hyfryd fel ' canu'r cyrn cychwyn ', ' barcud chwibl-sur egr ', ' gyrru ar bedwar carn gwyllt ', ' bwgwth ar flaen tafod ', ' o anfodd ei ên ', ' dan dderi caeadfrig '.

Dan y pennawd, ' Dramaydd yn tynnu beirniaid yn ei ben ', ac mewn adolygiadau eraill, y mae'n mynegi un erthygl hanfodol o'i gred lenyddol, gan gondemnio awdur sy'n haeru bod ei ddramâu yn ' cyfleu cenadwri '.

' Nid yw'r ddrama mwy na'r symffoni yn dysgu na phrofi dim ', meddai J. M. Synge, prif ddramaydd Iwerddon, ac ategir ei eiriau gan brif feirniaid Ewrop heddiw. Mewn llythyr at gyfaill ysgrifennodd Anton Chekov, dramaydd enwog Rwsia, hefyd fel hyn : ' Rydych yn camgymryd rhwng dau beth, *codi* problem a *datrys* problem. Â'r cyntaf yn unig y mae a wnelo'r artist '. Dywedodd hyd yn oed Henrik Ibsen mai ei waith a fu disgrifio yn hytrach na dysgu dynoliaeth.

Gwir y clywir ambell un fel Shaw yn dadlau yn wahanol weithiau, ond gŵyr pawb y gwrthbrofir syniadau Shaw gan ei ddramâu ef ei hun. Y mae cymeriadau Shaw ar eu gorau pan anghofia'r awdur eu troi'n bregethwyr neu'n ddiwygwyr cymdeithasol.

Yn ei adolygiadau mae ei gydymdeimlad llenyddol yn eang. Rhydd yr un croeso i waith da gan awduron sy'n credu mewn realaeth ag i'r awduron rhamantus—yn ystyr ehangaf a gorau'r gair. Y mae'n rhydd oddi wrth ragfarn rhai beirniaid sy'n ceisio rhoi'r argraff mai'r unig lenyddiaeth o wir werth yw'r math a ddigwydd fod yn ffasiynol ganddynt hwy ar y foment.

Mewn erthygl yn *Y Genedl* yn Ionawr 1933, dywed i brofiad a gafodd ar bont Westminster ei yrru yn ôl i ddarllen ' Y Ddinas ', pryddest fuddugol y Dr. T. H. Parry-Williams yn Eisteddfod Bangor, 1915. Sonia am R. Williams Parry yn hawlio'r lle blaenaf i ' Y Ddinas ' ymysg pryddestau Cymraeg, ac wedi ystyried pryddestau eraill, mynega yntau'r farn nad oes yn yr un ohonynt y cryfder cyhyrog a ddengys bardd ' Y Ddinas '. ' Realaeth yw ei nod, a chyda pwyntil y realydd y darlunia drueni tlodi a chyfoeth y ddinas fawr '. Pwysleisia fel y mae'r bryddest, er ei hanobaith dwfn, yn aros yn y dychymyg, ac y dylem feithrin ein synnwyr beirniadol yng Nghymru fel y bo gan bwy bynnag a farno neu a gollfarno waith fel ' Y Ddinas ' egwyddorion sylfaenol mewn beirniadaeth lenyddol.

Yna, mewn adolygiad ar gyfrol o farddoniaeth Saesneg, y mae'n rhoi ei le i ramant mewn llenyddiaeth :

> Chwilia rhai ohonom erbyn hyn am realaeth mewn barddoniaeth, ac y mae'r duedd yn adwaith naturiol yn erbyn sentiment llawer o ddarnau rhamantus ac arwynebol beirdd fel Tennyson. Campus yw realaeth onest a didwyll, a gallwn ni yng Nghymru bwyntio at ' Y Ddinas ' y Dr. T. H. Parry-Williams fel enghraifft i ymfalchïo ynddi. Ni all neb, er hynny, ddianc oddi wrth y gwir ramant, syndod y dychymyg a hoffa'r cain a'r tyner. Yn y pen draw, yn y math uchaf ar gelf, efallai nad yw realaeth a rhamant ond yr un peth '.

Ac eto, wrth adolygu argraffiad yn 1934 o *Saint Greal* gan Thomas Parry :

> Hyfryd weithiau yw medru dianc o fyd trefn a gwlad ofalus ein nofelau a'n storïau at chwedlau â'r dychymyg at drugaredd yr annisgwyl sydyn.

Am ragymadrodd Thomas Parry dywed : ' Ni fu eto ysgrif mor gryno a gofalus am hanes twf y chwedlau am Arthur '.

Yn *Cymeriadau* T. Gwynn Jones yr hyn a wêl Rowland Hughes yw teyrnged i'r ' gwŷr tawel ', dynion a chanddynt y rhinweddau a glodforodd ef trwy ei holl waith llenyddol :

> Yn oes ffrwst a dadlau, amheuthun yw'r atgofion am wŷr tawel, syml a diymffrost, llenorion a meddylwyr, a heddwch fel heddwch y mynyddoedd yn eu myfyr, a suon rhyw aberoedd pell yn eu llais.

> Ac y mae yn arddull yr Athro yr un tawelwch. Nid yw'n rhaid iddo gau ei ddwrn ar neb, na chyhoeddi y geilw sylw at destunau pwysig. Sieryd mewn islais mwyn, a chlustfeiniwn ninnau fel rhai yn dilyn gŵr cyfarwydd trwy ddrysau eglwysi neu demlau hen. Lle mae tynerwch ni fynnwn frysio.

Y mae'n diolch yn arbennig am yr ysgrif ar ' ŵr diymhongar arall na welodd Cymru hyd yn oed eto ei werth. Dic Tryfan oedd hwnnw, tad y stori fer ar ei gorau, artist o ddifrif yn cyfieithu ei weledigaeth o fywyd y chwarel i gymeriadau hynod a diddorol '.

Y cyfnod hwn yn Harlech ydoedd yr adeg pan ddaeth Rowland Hughes i wybod am waith R. Hughes Williams, ' Dic Tryfan ', Edmygai yn fawr storïau byrion y cynchwarelwr o Rostryfan yn Sir Gaernarfon, na chafodd erioed fawr o gyfleusterau addysg. Roedd eisoes wedi cyhoeddi erthygl gynhwysfawr ar R. Hughes Williams yn *Yr Efrydydd* adeg cyhoeddi *Storïau Richard Hughes Williams* gan Wasg Wrecsam yn 1932.

Yn yr erthygl hon ceir, fel yng nghymaint o ysgrifau Rowland Hughes yn y cyfnod hwn, ddatganiad clir o'r syniadau a'i llywiodd ef yn ei gwrs llenyddol yn ddiweddarach. Dyma un paragraff ohoni :

> Darllened Cymry ieuainc y gyfrol, a rhodder iddi astudiaeth fanwl mewn ysgol a choleg. Sylwer ar gynildeb yr awdur, ar ei ddewis o symudiadau a brawddegau a rydd arbenigrwydd a bywyd i gymeriad, ar ei ddull syml ond effeithiol o greu awyrgylch. Y mae gwersi llenyddol pwysig yng ngwaith y crefftwr diymffrost hwn. Ceir hefyd rannau mor llawn o arabedd ag unrhyw beth a ysgrifennodd W. W. Jacobs erioed. Troer i'r storïau ' Pitar ' a ' Robin Bwt ' i brofi hynny.

Wrth drafod un o nofelau Rhys Davies, y mae'n chwyrn oherwydd y darlun sarhaus a roddir i'r byd o'r Cymry ; atgofir ni am ei safiad yn y coleg amser ymweliad Caradoc Evans :

Ar y safbwynt annheg ac angharedig y mae'r bai am y duedd i foddio balchder y Sais trwy barddu o Cymru. Y mae gan bob nofelydd, wrth gwrs, hawl i ddewis ei ddeunydd a rhyddid i'w drin fel y myn, ond heb ryw gymaint o garedigrwydd fel sylfaen i'w weledigaeth prin y llwydda.

Ymbalfalai Thomas Hardy yng nghanol cysgodion tywyll yn aml iawn wrth weu ei ddychymyg am gymeriadau 'Wessex'; gwyddai hefyd ystyr realaeth chwyrn wrth drin yr annymunol a'r aflan. Ond gorweddai ei galon yn Dorchester ymhell cyn ei chladdu yno.

Pan ddaw ryw Hardy i Gymru heddiw, gwêl ei beiau mor amlwg â neb, a darlunia hwy yn ddigon eofn, ond gŵyr fod ei ddarlun yn wan ac anorffen hyd nes y bo'i weledigaeth yn ddigon eang i gymryd i mewn y da yn ogystal a'r drwg, y dymunol fel yr atgas.

Ysgrifennodd hefyd yn ystod y cyfnod hwn, fel y crybwyllwyd, nifer o erthyglau i'r *Efrydydd*, a oedd ar y pryd dan olygyddiaeth y Dr. Tegla Davies. Y rhai cyntaf, a ymddangosodd, yn 1932, ydoedd cyfres o dair ar Anton Chekov. Fel y cofir, yr oedd cyn hyn wedi ysgrifennu ar Henrik Ibsen yn *Y Traethodydd*.

Personol iawn, yn dangos tueddiadau ei feddwl ef ei hun a'i syniadau am werthoedd llenyddol, yw holl ysgrifau Rowland Hughes. Yn yr erthyglau hyn, er mai am Chekov fel dramaydd y bwriada ysgrifennu, mynega ei edmygedd ohono i ddechrau fel meistr ar y stori fer, ac yna mynega unwaith eto ei gred mai pethau syml, cyffredin bywyd yw deunydd crai llenyddiaeth fawr. Am ddramâu Chekov dywed :

Y mae'r deunydd mor syml ac mor gyffredin nes synnu ohonom fod cymaint o fywyd ac o farddoniaeth ynddo dan ddwylo Chekov. Nid â fel amryw o ddramawyr diweddar i chwilota yn nyfnder rhyw gymeriad anghyffredin. Nid ydyw'n darganfod ac yn ceisio egluro rhyw brofiadau cymhleth y buasai Freud yn falch o roi barn arnynt ; ni welwn broblem yn rhoi naid o lyfr ar Feddyleg ac yn gwisgo cnawd ac esgyrn. Nid oes gan yr awdur ychwaith resymeg finiog Ibsen. Hiraeth, unigrwydd, cydymdeimlad—y pethau mwyaf cyffredin mewn bywyd a roddir inni, fel yn nramâu J. M. Synge. Ac onid y syml a'r cyffredin, wedi'r cwbl, sydd yn fwyaf arhosol ?

Wedi hyn ysgrifennodd dair erthygl ar R. Williams Parry dan y teitl ' Bardd "Yr Haf"—a'r Gaeaf '. Dyry paragraff cyntaf yr erthyglau hyn gyweirnod y cyfan :

' Anturiaethau'r enaid ym mro'r campwaith ' oedd un disgrifiad a roes Anatole France o feirniadaeth lenyddol, a heb ymddiheuro, yn ysbryd diffiniad felly y ceisiaf ysgrifennu ar waith Mr. R. Williams Parry. Ef yw fy hoff fardd Cymraeg. Nid dal yr wyf ei fod yn fwy na Dafydd ap Gwilym neu'r Athro T. Gwynn Jones. Teg yw'r rhos a theg yw'r lili, ac er imi estyn fy nwylo heddiw am y rhosyn, ni fentrwn ddweud fod ei dlysni'n fwy cyfoethog neu'n fwy arhosol na harddwch y lili. Yn unig gwn mai rhosyn dihafal ydyw.

Yma eto datblyga un o'i hoff themâu, fod tawelwch ym mhob darn o lenyddiaeth gwir fawr :

Yn eu darnau gorau, tywys beirdd mawr y byd ni gerllaw y dyfroedd tawel : hyd yn oed pan fo'r nwyd yn uchel, gorwedd haen o dawelwch o amgylch gorchestwaith.

Nid gweiddi, nid areithio, nid pregethu yw barddoni—dyna ddywed cerddi cyfoethog Mr. R. Williams Parry wrthym.

Dyfynna ddarlun cynnar Keats o farddoniaeth,

' *Tis might sleeping on its own right arm* '.

Delfryd pob athrylith yw symlrwydd tawel. ' Nerth mewn hanner cwsg ' a welodd Keats, ond o graffu ar y darlun cawn olwg ar gawraidd gyhyrau'n gorffwys yn naturiol ar ôl ymdrech y frwydr am fynegiant.

5

Tra oedd yn Harlech daeth Rowland Hughes i gysylltiad am y tro cyntaf â'r B.B.C., a hynny trwy Sam Jones.

Apwyntiwyd Sam Jones (y Dr. Sam Jones erbyn hyn) i'r B.B.C. yn 1932 yn rhan-amser, ac yn amser-llawn yn 1933. (Amser ei benodi, gofynnodd Admiral Carpendale, un o benaethiaid y B.B.C., iddo'n bur chwyrn, ' Why do you speak Welsh ? ' Wedi eiliad o syfrdandod, atebodd yntau, ' Why do you speak English ? ')

Un o'r llythyrau cyntaf a gafodd Sam Jones wedi ei benodi ydoedd un oddi wrth Rowland Hughes yn ei longyfarch, ac yn dweud ei fod yn sylweddoli gymaint o waith oedd o'i flaen, ac yn cynnig bod o help os gallai. Roedd Sam Jones yn falch iawn. Nid oedd neb wedi sgrifennu yn Gymraeg ar gyfer y radio o'r blaen, ac nid oedd fawr neb yn cynnig cynorthwyo.

Ysgrifennodd yn ôl i ddiolch, gan ofyn a gâi ddod draw i Harlech i weld Rowland. Bu'n aros tridiau ym Mryn Twrog, yn trafod y math o raglenni yr oedd angen amdanynt, ac yn cynllunio. Fel canlyniad, ysgrifennodd Rowland Hughes nifer o raglenni, ac felly y dechreuodd y cydweithrediad a'r cyfeillgarwch rhwng Rowland Hughes a Sam Jones a barhaodd ar hyd y blynyddoedd. Yng ngeiriau'r Dr. Sam Jones cafodd gymaint o gymorth gan Rowland Hughes yn y dyddiau hyn â chan neb.

Rhaglen radio gyntaf Rowland Hughes ydoedd ' Yr Hogyn Drwg', drama un-act a seiliwyd ar un o storïau Richard Hughes Williams. Darlledwyd hon, hanes bachgen ofer sy'n troi'n arwr yn y twnel wedi'r tirgwymp, ym mis Ionawr 1934 ; yn yr un rhaglen darll-edodd y Dr. Kate Roberts un o'i storïau byrion, 'Heddiw a Ddoe'. Sonia'r Dr. Sam Jones ei bod yn ffaith drawiadol fod y ddrama radio Gymraeg gyntaf hon wedi ei seilio ar waith un Richard Hughes (Williams), a'r ddrama radio gyntaf yn Saesneg, ' Danger', wedi ei hysgrifennu gan Richard Hughes arall, awdur A High Wind in Jamaica, a'r ddwy yn ymdrin â damwain dan y ddaear.

Wedi dechrau ar waith ar gyfer y radio, daliodd Rowland Hughes ati o ddifri. Cafwyd ganddo gyfaddasiad Cymraeg o ' Midsummer Morning' gan A. O. Roberts, y llenor disglair o Benrhyndeudraeth a fu farw'n ifanc yn Rhufain yn Chwefror, 1932 : ysgrifenasai Rowland Hughes erthygl arno i'r Efrydydd cyn hyn. Ym Mehefin 1934 darlled-wyd ' Y Tegell', y ddrama seiliedig ar stori J. O. Williams y soniwyd amdani eisoes. Y mis canlynol ceir ' Ellis Wynne o Lasynys ', ' dych-mygaeth sy'n ceisio taflu golwg ar Ellis Wynne yn ei ardal ac yn 'ei waith. Dilynir ef ar y ffordd o Lasynys trwy Harlech i Lanfair. Yr olygfa, wrth gwrs, yw tafarn Ty'n Llan, Llanfair, a thrinir yno faterion eglwysig a chymdeithasol '.

Yn Awst, darlledwyd rhaglen arall o'i waith, ' Ogof Arthur '— ei drydedd raglen o fewn tri mis. Yn y rhaglen hon y mae cwmni o bobl a ddaeth i'r Eisteddfod Genedlaethol yn crwydro i fyny ochr mynydd, a thrwy ddamwain dônt o hyd i Ogof Arthur. Y mae un ohonynt yn ddigon eofn i ganu'r gloch fawr, gan ddeffro Arthur a'i farchogion.

5

Yr oedd Rowland Hughes, felly, yn byw bywyd llawn, prysur a diddorol yn Harlech, gyda'i waith fel darlithydd yn y coleg, ac yn y dosbarthiadau allanol, a hamdden ganddo, fel gŵr a allai lenwi pob munud o'i amser, i lenydda, gwneud enw iddo ei hun fel beirniad llenyddol ac awdur erthyglau, ac yn awr y radio yn rhoi cyfle newydd iddo. At hyn, yr oedd ganddo ei adloniant, chwarae golff yn y prynhawniau, crwydro'r ardal ac ambell dro at yr Wyddfa a mynydd-oedd Eryri.

Ond dechreuodd deimlo fod bywyd yn Harlech yn gyfyng a chlwm. Nid oedd yn hawdd mynd oddi yno i weld drama, na hyd yn oed i'r sinema. Heb gar, teimlai fod Harlech yn anghysbell ; roedd y trên olaf o'r Bermo yn gadael am hanner awr wedi wyth, a'r trên olaf o Borthmadog, lle'r âi ef ac Eirene i'r sinema ambell ddydd Sadwrn, oddeutu'r un amser.

Ac yr oedd yn uchelgeisiol. Fe'i tynnid o hyd i dri chyfeiriad. Y mae Syr Ben Bowen Thomas wedi rhoddi disgrifiad da o'i agwedd yr adeg hon : ' Yn Harlech i bob diben y dechreuodd ei yrfa gyhoeddus. Bwlch yn ei yrfa academaidd oedd y cyfnod yn Aberdâr. Ar ddechrau ei yrfa yr oedd llawer gallu yn ymladd am yr oruchafiaeth yn ei enaid, ac achosai hynny fwy na'r cyffredin o anniddigrwydd ynddo.

' Daethai o gartref a wyddai am ansicrwydd cynhaliaeth. Roedd sicrwydd, a bod uwchlaw digon, felly'n ystyriaeth bwysig. Cafodd yrfa academaidd ddisglair. Paratoesai eisoes ddau thesis a chael graddau ymchwil amdanynt. Onid oedd bod yn ddarlithydd ac athro mewn prifysgol yn bosibl iddo ? Ym Mangor buasai'n Llywydd y Myfyrwyr, ac am flwyddyn cafodd wybod beth oedd llywyddu mewn pwyllgorau ac arwain dirprwyaethau. Gallai weld ei hun y tu ôl i'w ddesg, cystal gweinyddwr â'r gorau. Ac yn Rhydychen swynwyd ef gan y to ieuainc o lenorion Saesneg. Cyhoeddodd erthyglau beirniadol mewn cylchgronau fel y *London Mercury*. Onid oedd dyfodol iddo yntau fel llenor Saesneg ? '

Yn sicr, felly, nid ystyriai Rowland Hughes Goleg Harlech yn ddinas barhaol. Hyd yn oed yn 1932 yr oedd wedi cynnig am swydd prifathro ei hen ysgol, Brynrefail. Gyda'r lletchwithrwydd â'i nodweddai'n aml, anfonodd gopi o'i gais at aelodau'r Pwyllgor Addysg â stamp ceiniog a dimai ar yr amlen ; nid oedd hynny'n ddigon, ac yr oedd toll i'w dalu ar bob llythyr. Digon prin bod hynny wedi ennyn teimladau ffafriol tuag at yr ymgeisydd.

Yn ystod haf 1934 ymgeisiodd am swydd Warden y Mary Ward Settlement yn Llundain. Galwyd ef i gyfweliad, a'i wraig i ddod gydag ef ; cynhaliwyd y cyfarfod yn Nhŷ'r Arglwyddi, hynny wedi ei drefnu gan Lord Kilbracken, llywydd Llywodraethwyr y Sefydliad.

Gyda Staff a Myfyrwyr Coleg Harlech, 1931
(Mae T. Rowland Hughes ar y dde, a'r ci ar ei lin)

Er bod y llywodraethwyr am weld gwraig yr ymgeisydd, ni bu galw arni i ddweud dim yn ystod y cyfweliad. Mae'n amlwg i'r ddau ohonynt blesio'r llywodraethwyr, oherwydd penodwyd Rowland i'r swydd ar gyflog o £300 y flwyddyn a byw'n ddi-dâl mewn fflat y tu mewn i'r Sefydliad.

Roedd Rowland wrth ei fodd. Teimlai ei fod o'r diwedd wedi llwyddo i gael ei draed dano mewn swydd gyfrifol ym mhrifddinas Lloegr, lle byddai mewn cysylltiad agos â llenorion a gwŷr blaenllaw'r wlad. Byddai ynghanol mudiadau pwysig ym myd llenyddiaeth a'r ddrama, a chyfle ganddo i ddatblygu ei ddiddordebau, a pheth hamdden ganddo i lenydda. I Lundain, uwchlaw pobman, y carai fynd ; yno yr oedd ffynhonnell a chalon y bywyd llenyddol,— diddordeb pennaf ei fywyd. Ni allai ei obeithion fod yn uwch. Ond siomiant chwerw fu'r cyfan.

Yn ystod y gwyliau hwnnw, trefnodd Rowland ac Eirene i dreulio wythnos o wyliau yn Aberdaron, ac aros yn y *Ship Hotel*. Yn anffodus, troes y tywydd yn wlyb a gwyntog. Aethant ar draws i Ynys Enlli, lle oedd bob amser â swyn i Rowland ; rhaglen ar yr ynys ydoedd ei raglen gyntaf ar ôl iddo ymuno â'r B.B.C. Ond cododd storm, a theimlent yn ffodus i gyrraedd yn ôl yn ddiogel. Yna cafodd Eirene anhwylder ar ôl ymdrochi yn y môr oer, a gadawsant Aberdaron ar y dydd Iau, heb orffen eu hwythnos yno.

Yn ystod y gwyliau hwnnw, hefyd, yr oedd yn gofalu am un o'r Ysgolion Haf yn y Coleg ar y Ddrama, ac fe'i cawn yn ysgrifennu at un o'i gynfyfyrwyr i gydnabod llythyr o longyfarch ar ei swydd newydd. ' Llawer o ddiolch. Nid af i Lundain hyd fis Medi, ac efallai y caf eich gweld eto yn ystod yr haf . . . Gan mai fi fydd yn gofalu am bawb am 'thefnos y pryd hwnnw bydd gennyf hawl, meddwn wrthyf fy hun, i gloi pob ffenest am 10.30, a gofyn i grwydriaid y "brwyn a'r llynnau" ddod i mewn trwy'r simdde '.

Rhoddwyd cyhoeddusrwydd helaeth i'r penodiad yn y Wasg. Yn yr adroddiad yn y *Liverpool Daily Post* nodwyd y byddai, ' fel Warden y Mary Ward Settlement, hefyd yn Gyfarwyddwr y Tavistock Little Theatre, a fu am lawer blwyddyn yn cyflwyno dramâu gorau pob gwlad. Y mae'r Mary Ward Settlement yn ganolfan pwysig i addysg pobl mewn oed yn Llundain, ac mae'n hyfforddi hefyd raddedigion ar gyfer y gwaith hwnnw. Sefydlwyd ef yn 1891 gan Mrs. Humphry Ward '.

Mewn gair o gyflwyniad iddo i Gymry Llundain yn y *Ddolen*, dywed Syr Ben Bowen Thomas : ' Dyma un o sefydliadau addysg pwysig y brifddinas, a chyfrifoldeb nid bychan a fydd goruchwylio ei waith. Cynhelir dosbarthiadau amrywiol i bobl mewn oed ; gwneir gwaith diddorol gyda'r ddrama yn y chwaraedy a berthyn iddo ; trefnir darlithoedd gan rai o wŷr amlycaf y dydd, ac yno y caiff amryw o raddedigion gyfle i ymgydnabyddu â gwaith cymdeithasol ac addysg pobl mewn oed. Y mae'n rhaid wrth ddoethineb, cyd-ymdeimlad a gweledigaeth i gyfeirio gweithgarwch fel hwn . . . Teimladau cymysg sydd yng Nghymru wrth ffarwelio â Mr. a Mrs. Hughes—dros dro '.

A dywedai'r *Genedl* : ' Brodor o Lanberis, Arfon, ydyw Mr. Hughes, ac y mae ei yrfa addysgol wedi bod yn nodedig o ddisglair. Gresyn fod ein dynion ieuainc disgleiriaf yn gorfod gadael Cymru '.

LLUNDAIN
1934—1935

Yn niwedd Awst, 1934, aeth Rowland Hughes a'i briod i Lundain, lle'r oeddynt i fyw mewn fflat yn y Mary Ward House, yn Tavistock Place, sy'n troi o Southampton Row. Dywed Eirene iddi fethu â hoffi'r lle o'r dechrau. Doedd dim llonydd yn y fflat rhag y myfyrwyr a'u sŵn o fore tan hwyr. A gwaith gweinyddol yn unig a gâi Rowland.

Roedd dros ddwy fil o fyfyrwyr yn mynychu'r dosbarthiadau, ac eistedd mewn swyddfa, trefnu a phwyllgora ydoedd ei fywyd ar hyd y dydd, yn gwbl groes i'w natur. Ni châi amser i ddarllen na chreu, ac yr oedd yn bellach nag erioed o'r cyfle y tybiodd iddo ei gael i ddiwallu'r angerdd creadigol a'i gwnaethai mor anniddig. Nid oedd ganddo ddim amynedd â'r gwaith, codai problemau'n barhaus, a daeth i sylweddoli'n bendant nad oedd ynddo elfen o gwbl at fod yn weinyddwr. Aeth gwaith gweinyddol yn atgas hollol ganddo ; ac oddi ar yr amser hwn, yr oedd i ddyn fod yn weinyddwr medrus, neu'n bwyllgorwr da, onid oedd ganddo ryw gymhwyster arall a wnâi iawn am hynny, yn dueddol o ennyn ei ddirmyg.

Rhaid cyfaddef, hefyd, fod ganddo, mae'n sicr, drymach dyletswyddau nag y gellid disgwyl i un dyn eu cyflawni'n llwyddiannus. Pan ymddeolodd, rhannwyd y gwaith, ac apwyntiwyd dau i gymryd ei le. Beth bynnag am hynny, bu raid iddo ef a'i briod wynebu llawer problem annisgwyl. Er enghraifft, cyn diwedd y tymor cyntaf, aeth y bursar yn wael, a bu'n rhaid i Eirene, nad oedd cyn hynny erioed wedi paratoi pryd i fwy na rhyw hanner dwsin o bersonau, fynd yn gyfrifol am holl ddarpariaethau bwyd y sefydliad.

Yr oedd y ddau ohonynt, pan aethant i Gwm Ogwr dros y Nadolig, yn teimlo'n sâl a blinedig. Yn ystod yr ail dymor, aeth pethau hyd yn oed yn waeth. Nid oedd Eirene yn dda, a gwelai hi Rowland yn edrych yn wael, yn methu â chysgu, ac yn amlwg yn dioddef dan y straen.

Dan amgylchiadau hapusach, buasai ei waith gyda'r Tavistock Little Theatre yn hyfrydwch mawr iddo. Yr oedd y theatr hon, a wnaeth lawer o waith arbrofol pwysig, yn gysylltiedig â'r Mary Ward Settlement, ac ef, fel Warden y Sefydliad, ydoedd Cyfarwyddwr y theatr. Rhydd rhaglen y dramâu a berfformiwyd mewn tri mis, rhwng Ionawr a Mawrth 1935, syniad da o safon uchelgeisiol y theatr. Wedi dechrau gyda phantomeim, ceir '*Medea*' Euripides, '*Hamlet*', '*The Skin Game*', John Galsworthy, '*The Path of Glory*', L. du Garde Peach, '*The Three Sisers*' Chekov a '*The Witch*' John Masefield Y tristwch ydoedd fod Rowland Hughes wedi ei lethu i'r fath raddau â gwaith gweinyddol nes gwneud ei gysylltiad â'r theatr hon yn ddim ond un baich ychwanegol.

Y cysur pennaf a gâi Rowland a'i briod mewn sefyllfa hollol ang-hydnaws ydoedd cyfle i gyfarfod llawer o bobl ddiddorol. Trefnid nifer o ddarlithiau cyhoeddus yn y Sefydliad, a gwahoddid gwŷr amlwg iawn i siarad. Un o'r rhai mwyaf diddorol ydoedd y Dr. C. E. M. Joad, a ddaeth yn enwog wedi hynny yn y Seiadau Holi poblogaidd a gynhelid yn ystod y rhyfel ac am flynyddoedd wedyn. Daeth ef yn gyfaill mawr i'r ddau. Am gyfnod, bu'n darlithio ar Athroniaeth bob nos Fawrth, ac wedi'r dosbarth deuai i fyny i'r fflat am sgwrs a swper. Un o'i nodweddion ydoedd y byddai'n bwyta pob tamaid o siocled a gâi o fewn ei gyrraedd.

Ymwelydd arall hynod dderbyniol ydoedd L. A. G. Strong, yr awdur, gŵr yr oedd gan bawb a'i hadwaenai air uchel iawn iddo. Fel athro y dechreuodd ei yrfa, a thra oedd yn y swydd honno yr ysgrifennodd ei nofelau cyntaf. Yr oedd ef yr union fath o ŵr yr oedd Rowland Hughes yn falch o ddod i gysylltiad ag ef. Un cof amdano yw y byddai bob amser yn darlithio ar ei eistedd.

Ymwelydd gwahanol iawn ydoedd William Joyce, a ddaeth yn adnabyddus yn ystod y rhyfel fel 'Lord Haw-Haw', y gŵr a ddarlled-ai'n gyson o'r Almaen yn erbyn Prydain, gan beri mwy o ddifyrrwch nag o fraw, er gwaethaf ei holl ddarogan. Daeth i'r Mary Ward Settlement i draddodi darlith mewn cyfres, '*Whither Britain?*' Ymddangosodd mewn crys du, ac yr oedd craith ddofn ar draws ei wyneb. Parodd ei syniadau ffasgaidd gynnwrf mawr, a bu'n rhaid mynd ag ef allan drwy gefn yr adeilad.

Gorfu i Rowland Hughes roi'r gorau i adolygu llyfrau'n gyson yn *Y Cymro*, er iddo ail-afael yn y gwaith am ryw bythefnos yn ystod y gwyliau, a chroesawu *Y Fantell Fraith* gan I. D. Hooson, *Awel Dro*, y gomedi dair-act gan 'Ieuan Griffiths' (D. Matthew Williams), a chondemnio *Seneddwr ar Dramp* Rhys J. Davies, A.S., gan ddweud y dylai hyd yn oed Seneddwr prysur gofio am gywreinrwydd pobl gyffredin sydd am ddarllen llyfr teithio.

Yr adeg hon, cyhoeddwyd *Yr Hogyn Drwg* gan Wasg Wrecsam—
ei addasiad o stori R. Hughes Williams a ddarlledwyd ar y radio y
flwyddyn flaenorol. Meddai un adolygydd : ' Y mae Mr. T. Rowland
Hughes, sy'n adnabyddus fel beirniad craff, a lluniwr dramodau, wedi
troi'r stori yn ddrama, ac mae wedi cael hwyl ar y gwaith. Y mae
digon yn ei thri chymeriad, ond arfer cynildeb, i greu darlun nas
anghofir. Drama fer un-act ydyw, ac y mae'n wahanol i'r un ddrama
sydd wedi ei chyhoeddi hyd yn hyn '.

Yn nechrau'r flwyddyn 1934, pan oedd yn Harlech, yr oedd
Rowland wedi derbyn gwahoddiad i baratoi a darlledu nifer o raglenni
Cymraeg i'r ysgolion. Nid oedd yn glir iawn ar y dechrau pa beth a
ddisgwylid ganddo, ac ysgrifennodd i holi'r Dr. R. T. Jenkins, a oedd
yn aelod o'r Cyngor Darlledu i'r Ysgolion. Cafodd ateb nodwedd-
iadol gan y doethur ffraeth hwnnw :

' Y mae'n wir fy mod ar y Pwyllgor y soniwch amdano, ac yn wir,
o ran hynny, mai myfi a roes lawenydd mawr i Bwyllgor mewn
penbleth, gan awgrymu enw rhyw Rowland Hughes fel darlledydd.
Ond y funud honno, mewn llwyr ymddiried fy mod wedi ennill
pris fy nhocyn trên i Lundain a'm lojin am noson trwy dynnu'r
Pwyllgor felly o'i gyfyngder, euthum i gysgu ar unwaith, ac nid oes
gennyf unrhyw atgof pa destun yr oeddid am ei roi i'r dyn Hughes
yma i draethu arno. Yr argraff sydd ar fy meddwl, wrth geisio cofio'r
drafodaeth a arweiniodd i'r cynnig, yw hyn ; mai rhyw fath o ' Great
Stories of the World ', yn hytrach na ' Great *Books* of the World ' oedd
y syniad. Ond dylai Edgar Jones wybod, gan ei fod ef yno'n swyddog-
ol yn cymryd nôts. Gwnewch yn siŵr o'r peth gydag ef. Cofiwch
mai i blant y mae'r sgyrsiau, felly gochelwch lyfrau fel ' Boston ar
Bedwar Cyflwr Dyn ', neu'r ' *Origin of Species* '. Wedi ichwi gael
sicrwydd gan Edgar, ysgrifennwch eto '.

' Storïau Mawr y Byd ', yn wir, ydoedd y testun, ac ar ôl i Rowland
fynd i Lundain fe'u darlledwyd, ddeuddeg ohonynt, ar brynhawniau
Llun. Y prynhawniau hyn ydoedd yr adegau hapusaf yn ei fywyd yn
Llundain, cyfle i ddianc oddi wrth waith a aethai'n fwrn, a threulio
orig mewn gorchwyl a roddai bleser mawr iddo.

Cyhoeddwyd *Storïau Mawr y Byd* gan Wasg Aberystwyth yn 1936.
Y storïau a gynhwysir yw ' Iliad ' Homer, Odyseus, Ioseff, Iason,
Branwen Ferch Llŷr, Cuchulain Arwr Iwerddon, Y Tywysog Ahmad,
Beowulff, Arthur, y Saint Greal, Cân y Nibelung, Cân Roland. (Fe

sylwir i Rowland Hughes ymwrthod yn llwyr â'r ' j ' yn y llyfr hwn : heblaw'r ddwy enghraifft yn y teitlau hyn, ceir ganddo hefyd Ierusalem Iaffa, Beniamin, &c.).

Fel y dywedodd un adolygydd, y mae'r gyfrol hon yn rhoi ' cystal syniad am storïau traddodiadol y gwledydd ag a geir yn unman, ac yn cymharu'n ffafriol iawn â llyfrau tebyg yn Sᵻesneg. Cyfrol yw i greu diddordeb mewn plentyn i wybod mwy am lenyddiaeth gynnar ei wlad ei hun a gwledydd eraill '.

Wrth baratoi'r storïau, dangosodd Rowland ei drylwyredd arferol. Er enghraifft, galwyd ar ei wraig i dreulio llawer o amser yn Llyfrgell yr Amgueddfa Brydeinig yn gwneud yn siŵr o rai pwyntiau, ac yn casglu peth o'r deunydd ar gyfer y storïau a'u cefndir.

Dengys y llyfr ddawn Rowland Hughes i sgrifennu'n fyw a syml ar gyfer plant. Y mae'n gosod pob stori yn ei chefndir mewn modd esmwyth a diddorol, ac yna'n dewis ei hanfodion i'w cyflwyno'n gofiadwy. Gellid dyfynnu llawer enghraifft o addasrwydd ei arddull. Cymerer un—dechrau hanes Arthur :

> A fuoch chi'n gwneud caseg-eira ryw dro ? Y gaeaf diwethaf, gwelais fachgen wedi gwneud un lawer mwy nag ef ei hun. Wrth iddo'i gwthio drwy'r eira, cynyddai o hyd nes mynd ohoni yn y diwedd yn rhy fawr iddo'i symud o gwbl. Go debyg i'r gaseg-eira honno fu hanes y brenin Arthur. Cychwynnodd y chwedl tua'r chweched ganrif, ac aeth yn fwy o hyd.

Bu un cysylltiad arall â rhaglenni'r B.B.C. gan Rowland Hughes yn ystod ei flwyddyn yn Llundain. Paratoi, mewn cydweithrediad â Sam Jones, arolwg o'r flwyddyn ar gyfer Dydd Gŵyl Dewi, 1935, ydoedd hyn, a darlledwyd y rhaglen ar y rhwydwaith cenedlaethol y diwrnod hwnnw am wyth o'r gloch. Roedd y math hwn o raglen yn beth cwbl newydd ar y pryd, a chafodd groeso mawr gan y gwrandawyr ac yn y Wasg.

Ond mynd yn fwy diflas o hyd a wnâi ei ddyletswyddau swyddogol i Rowland. Er mwyn ceisio ychydig orffwys a thawelwch, dechreuodd ef ac Eirene ddianc i fwrw'r Sul mor aml ag y gallent i un o drefi glan môr De Lloegr. Ond rhaid oedd dychwelyd erbyn bore Llun, ac wynebu'r diflastod am wythnos arall.

Yn ystod tymor yr haf, gorfu i Eirene fynd adref i Gwm Ogwr am beth amser. Pan ddaeth Rowland i'r stesion i'w chyfarfod yn ôl, dywedodd wrthi ei fod wedi anfon ei ymddiswyddiad at bwyllgor y

Sefydliad. Rhaid oedd gwneud hynny yr adeg honno er mwyn gallu gadael yn yr haf. Beth bynnag a ddigwyddai, yr oedd yn benderfynol nad arhosai yno flwyddyn arall. Oni ddeuai cynnig mwy derbyniol, gallent eu dau gael swyddi mewn ysgolion. Cytunai Eirene yn llwyr â'r hyn a wnaethai.

Ond daeth cyfle newydd bron ar unwaith. Cafodd Rowland air oddi wrth E. R. Appleton, pennaeth Adran Cymru a'r Gorllewin o'r B.B.C., yn gofyn iddo alw. Dywedodd wrtho fod y B.B.C. yn bwriadu gwneud nifer o benodiadau i ofalu am raglenni Cymru, a holodd a oedd ganddo ddiddordeb mewn cynnig. Yn naturiol, yr oedd ganddo ddiddordeb mawr. Cyn hir, apwyntiwyd ef ar gyflog o £500 y flwyddyn, a rhoddwyd dewis iddo ofalu naill ai am sgyrsiau'r B.B.C. yng Nghymru neu am raglenni nodwedd. Dewisodd raglenni nodwedd.

VII

Y B.B.C.
1935—1945

I

Yr oedd apwyntiad T. Rowland Hughes i'r B.B.C. yn 1935 yn un o saith penodiad newydd. O'r diwedd cytunasai'r Gorfforaeth Ddarlledu i apwyntio staff i ofalu am raglenni Cymraeg. Ond ni phenodwyd pennaeth i'r B.B.C. yng Nghymru hyd 1937, ac ar Orffennaf 4, yr un flwyddyn, y cafodd Cymru donfedd iddi hi ei hun.

Bu'r frwydr i sicrhau cydnabod cymaint â hyn ar hawliau Cymru yn un hir. Agorwyd Gorsaf Ddarlledu Caerdydd yn 1923, ond aeth bron ddeng mlynedd heibio cyn penodi yr un Cymro Cymraeg i'r staff. Sam Jones oedd hwnnw, a benodwyd, fel y dywedwyd eisoes, yn rhan-amser yn 1932, ac yn amser-llawn yn 1933.

Yn niwedd 1923, aeth Cylch Cinio Caerdydd i weld E. R. Appleton, Cyfarwyddwr yr Orsaf yng Nghaerdydd, a threfnu gydag ef i fynd yn gyfrifol am raglen Gymraeg bob pythefnos. Dan y trefniant hwn y caed y gwasanaethau crefyddol Cymraeg cyntaf ; y Parch. R. S. Rogers, o Gapel Gomer, Abertawe, ydoedd y cyntaf i bregethu yn Gymraeg ar y radio.

Yn 1928, apwyntiodd y Brifysgol ddirprwyaeth i fynd at Sir John Reith, pennaeth y B.B.C., i geisio rhaglenni Cymraeg rheolaidd, a'i thonfedd ei hun i Gymru. Cymerodd naw mlynedd o drafod cyn sylweddoli hyn. Yn ôl y Dr. Sam Jones, y Sais yr ydym yn fwyaf dyledus iddo am ei waith y tu ôl i'r llenni ydoedd R. A. Rendall. Hanes nas ysgrifennwyd eto yw hwnnw, a dylid ei gofnodi.

Y swydd y penodwyd Rowland Hughes iddi oedd Cynhyrchydd Rhaglenni Nodwedd, ond ymledodd ei waith yn raddol a naturiol i gynnwys dramâu hefyd, gan nad oedd cynhyrchydd dramâu Cymraeg ar y staff yng Nghaerdydd.

Yr oedd ar y dechrau yn hollol ddibrofiad yn y swydd, ac yn wir, tystiolaeth rhai actorion, a oedd wedi hen ymgydnabyddu â gwaith radio, yw nad oedd ganddo fawr iawn o syniad beth i'w wneud. 'Roedd rhai ohonynt wedi cymryd rhan mewn rhaglenni Saesneg o Gaerdydd ers wyth neu naw mlynedd, ac ystyrient ei hunain yn gryn feistri ar y grefft. Yr oedd tuedd, hefyd, i gymryd yn sbort y newyddyn a benodwyd i'w cyfarwyddo, a ymddangosai braidd yn orddifrifol. At hyn, ystyrient ef yn ddiniwed mewn rhai pethau : er enghraifft, nid oedd fel pe bai'n deall ambell i jôc yn eu mysg a ddibynnai ar *double-entendre*. Ar y dechrau, hefyd, ymddangosai yn anodd closio ato ; fel y dywedwyd gan rai ymhob cyfnod o'i fywyd, un ydoedd a dueddai i gadw wrtho'i hun, ac nid oedd yn ymgyfeillachu'n rhwydd ag eraill. Y swildod a oedd ynddo, a hyn yn gwrthdaro'n rhyfedd â'i hunan-hyder a'i benderfyniad i ddod i'r amlwg, oedd yn cyfrif am yr argraff gyntaf hon a geid yng Nghaerdydd. Er y ceisiai ymddangos yn hyderus a meistrolgar, gwyddai mai dibrofiad ydoedd, mewn gwirionedd, yn nhechneg y gwaith newydd, ac yr oedd gormod o falchder ynddo i ddangos hynny. Nid oedd hyn yn gwneud pethau'n esmwyth iddo ef nac i'r rhai a weithiai gydag ef.

Ond buan y daeth newid. Gyda'r dygnwch a ddangosodd gyda phopeth yr ymgymerai ag ef, dysgodd Rowland Hughes ei grefft, a dysgodd hi'n drylwyr. Gorfu i'r actorion profiadol a'i cymerasai'n ysgafn ar y dechrau gydnabod iddo ddod yn gynhyrchydd da iawn. Fel y deuent i'w adnabod yn well, tyfai cyd-ddealltwriaeth gynnes a chyfeillgarwch rhyngddynt. Meddylient yn uchel ohono, ac ar ei ran yntau, gyda'i frwdfrydedd cynhenid, credai eu bod hwy yn wych, ac yr oedd ei deyrngarwch iddynt yn ddifesur.

O'r dechrau ei nôd ydoedd perffeithrwydd. Ni allai oddef gwaith esgeulus. Ymroddai ef ei hun i'r gorchwyl o gynhyrchu rhaglen â'i holl egni, heb arbed amser nac ynni, a disgwyliai i'r rhai a gymerai ran gydag ef fod yr un mor ymgysegredig. Arbrofol ydoedd llawer o'r gwaith, heb batrymau sefydledig i'w dilyn, ac oherwydd hynny yn fythol newydd a diddorol. Amser cyffrous, helbulus, diddorol ydoedd ym myd darlledu, a rhai fel Rowland, yr oedd ganddynt ran ynddo yn, teimlo eu bod yn *byw* o ddifri, a bod gwir ystyr i'w gwaith yn y byd newydd a oedd yn ymagor.

Rhoddodd ei wraig, ddisgrifiad byw o'i fywyd a'i agwedd yn yr amser hwn : ' Roedd wrth ei fodd, ac yn gweithio fel blac. Galwai ar yr actorion i weithio'n galed, ond roedd yn gweithio'r un mor galed ei hun. Ni wnâi dim y tro iddo ond y gorau.

' Ar ôl cynhyrchu rhaglen, deuai i'r tŷ ac edrych yn fy wyneb. Ni ddywedwn ddim nes iddo gael pryd o fwyd yn gyntaf, ac yna y trin a'r trafod.

' Ambell dro roedd yn ras wyllt i gael rhaglen yn barod : rhywbeth wedi digwydd i awdur y rhaglen, hwyrach, neu ei gyfraniad heb gyrraedd y nôd. Wedyn byddai rhaid sgrifennu, ac ail sgrifennu, hyd oriau mân y bore ar brydiau, a'r wraig yn gorfod awgrymu ambell dro, ysgrifennu ac actio !

'Ond yr oedd yn amser diddorol, cyffrous, a phobl ddiddorol o'n cwmpas ac yn y tŷ'.

Ei raglen gyntaf fel cynhyrchydd ydoedd 'Ynys Enlli', a ysgrifennwyd ganddo ef ei hun. Darlledwyd hi ar Tachwedd 30, 1935. Disgrifiwyd y rhaglen yn y *Radio Times* fel 'Rhaglen ddramatig yn ceisio cyfleu hud a rhamant yr ynys hen. Awn am dro i Enlli'r Sant, Enlli'r Môr-Leidr, Enlli'r Pysgotwr a'r Tyddynwr—ac i Enlli cwyn a rhu'r môr'.

Dyma'r gyntaf o gyfres o raglenni yr oedd disgwyl mawr amdanynt yng Nghymru. Nodweddiadol o'r hyn a geid yn y Wasg ydoedd sylw un papur dyddiol : 'Y mae carwyr y ddrama yn y rhandir a wasanaethir gan orsaf Adran y Gorllewin o'r B.B.C. yn disgwyl yn awchus am raglenni'r gaeaf. Gydag ad-drefnu'r orsaf, daeth gwelliant mawr yn agwedd trefnwyr y rhaglenni tuag at y ddrama'.

Trewir ni gan y toreth o raglenni a gyfarwyddwyd gan Rowland Hughes yr adeg hon, y mwyafrif ohonynt yn rhaglenni sylweddol, a olygai lawer o amser a gofal i'w cynhyrchu. 'Hunllef o raglenni' ydoedd ei ddisgrifiad ef o'r sefyllfa flynyddoedd yn ddiweddarach. Mewn ychydig dros ddwy flynedd, rhwng Rhagfyr 1935 a diwedd 1937, bu 94 o'r rhaglenni hyn, naw ohonynt, yn ystod y flwyddyn gyntaf, wedi eu hysgrifennu ganddo ef ei hun—hyn ar ben ei waith fel cynhyrchydd, darllen sgriptiau, ceisio awduron i sgrifennu ar gyfer y radio a'u cyfarwyddo, a theithio o amgylch y wlad i gasglu deunydd.

Ymysg y rhaglenni a ysgrifennodd ar ôl 'Ynys Enlli' yr oedd 'Rhowch Galennig', rhaglen flwyddyn newydd ; 'Ogmore Vale', darlun o lofa, un o gyfres dan y teitl 'Old King Coal' ; 'Urdd Gobaith Cymru'—hanes y mudiad ; a '*John Frost, the Newport Chartist*', cywaith rhyngddo ef a G. P. Ambrose. Rhaglen arall ar y cyd gyda G. P. Ambrose ydoedd '*Daughters of Rebecca*', ar yr helyntion a fu'n sail y ddrama dair-act a ysgrifennodd flynyddoedd yn ddiweddarach ar helyntion Beca.

Ym mis Mawrth 1936, gyda Sam Jones, cynhyrchodd 'Noson Lawen' o Fangor : 'Gwŷs a gwahoddiad i drigolion pob Cwmwd yng Nghymru i dreulio Noson Lawen. Deuwch i sŵn y delyn a gwrandewch ar alaw, stori-ysbryd, adroddiad a dawns wrth dân mawn un o geginau'r hen wlad'. Dyma'r Noson Lawen gyntaf ar y radio, rhagflaenydd y gyfres nodedig dan ofal Sam Jones a fu'n rhan mor bwysig o fywyd Cymru yn union wedi'r rhyfel.

Er ei ofal a manylder mawr gyda phob rhaglen, âi weithiau i beth helbul. Darlledodd Raglen Ddramatig ar Eisteddfod Corwen, 1789, dan y pennawd ' Y 'Steddfod Gyntaf ', ac ysgrifennodd Bob Owen, Croesor, y llyfrbryf hynod a'r cymeriad diddan i'r *Genedl* i longyfarch ' awdurdodau'r diwifr ' ar ddarlledu'r Eisteddfod mor ddiddorol, ond yn protestio, o eigion ei galon, ' yn erbyn traethiad mor eglur o anghywir ag a wnaed yn rhaglen y B.B.C. mai Eisteddfod Corwen yn 1789 oedd yr Eisteddfod gyntaf i'r cyhoedd erioed '. Brysiodd i geisio eu hargyhoeddi nad cywir yr haeriad—rhoddodd enghreifftiau cynharach, gan ddechrau gydag Eisteddfod ym Machynlleth, Mehefin 24, 1706, ac yn Nhafarn y Gath, Llandegla, Mawrth 14, 1719.

Ond anaml y câi neb gyfle gyda gwaith Rowland Hughes fel yr un y neidiodd Bob Owen ato. Dengys gohebiaeth rhyngddo ef a'r Athro T. Gwynn Jones y gofal a gymerai gyda phethau bychain. Gyda Sam Jones yn cyfarwyddo, darlledwyd ' Bore Gŵyl Ifan ', cyfaddasiad Rowland Hughes o ' Midsummer Morn ' A. O. Roberts, a ddarlledwyd yn flaenorol pan oedd ef yn Harlech. Yn y *Radio Times* dywedwyd i'r ddrama gael ei seilio ar hen ofergoel Gymreig, sef ' I bwy bynnag a wylio wawr Gŵyl Ifan o ben yr Wyddfa, daw cariad neu angau neu wallgofrwydd '. Pan oedd yn cyfaddasu'r ddrama, ysgrifenasai Rowland Hughes at y Dr. T. Gwynn Jones i holi am y dywediad : byddai'r mwyafrif ohonom, er heb ei glywed, wedi ei dderbyn fel dywediad. Roedd yr ateb a gafodd yn ddiddorol : ' Ni chlywais i erioed mo'r goel a grybwyllwch ynglŷn â'r Wyddfa, ac nis gwelais mewn llyfr. Gwelais y goel y byddai i'r sawl a gysgai noswaith ar ben Cadair Idris ddeffro naill ai o'i gof neu'n brydydd (yr un peth yn ymarferol). Nid wyf yn cofio clywed na gweld dim am y trydydd posibilrwydd ynglŷn â Chadair Idris. Os yw ar gael yn rhywle, tebycaf gennyf mai gan rai o'r Saeson, a Chymry, *raconteurs*, a fydd yn sgrifennu pethau o'r fath, gan daclu a newid tipyn arnynt er mwyn bodloni rhyw chwilen ben, y byddid debycaf o'i chael. Y mae digon o'r rheiny, rhai â digon o ddiddordeb ond heb ddigon o gydwybod wyddorus i beidio â dywedyd ond a glywsant, na digon o drefn a gonestrwydd i enwi eu carn—teip barddonllyd (gwerinllyd hefyd) Glasynys yn Gymraeg '.

Bu cryn dipyn o ohebu rhwng Rowland Hughes a'r Dr. T. Gwynn Jones ynglŷn â rhaglenni radio, ond nid ymddengys i lawer o ffrwyth ddod ohono. Yn haf 1936, gwahoddodd ef T. Gwynn Jones i lunio rhaglen i ddathlu canmlwyddiant geni Daniel Owen. Yn niwedd Mehefin ysgrifennodd yr Athro ato i ddweud iddo gael mis o salwch ; buasai wedi ysgrifennu i ofyn am ei ryddhau oni bai i Rowland ddweud yn ei lythyr diwethaf ei fod yn dibynnu arno. Gyda'r llythyr y mae'r Athro yn anfon cynllun ar gyfer sgript, o ddeunaw tudalen, gan ddweud nad oedd yn fodlon arno, ac nad oedd ynddo ef ei hun egni na dychymyg oherwydd y salwch, ond y byddai'n ceisio ei orffen erbyn canol Gorffennaf. Mae'n amlwg nad oedd Rowland Hughes yn ystyried y cynllun yn foddhaol ; ac nid oedd ef yn un a dderbyniai, oherwydd cyfeillgarwch, neu enw'r awdur, raglen na thybiai ei bod yn deilwng. Ymhen pedwar diwrnod ceir llythyr arall oddi wrth T. Gwynn Jones yn diolch am ei ryddhau. Yna mae'n sôn am waith a ysgrifennodd dair blynedd ynghynt ar draddodiad Cantre'r Gwaelod ar gyfer pasiant yn Aberystwyth, gan awgrymu y gellid ei gynhyrchu ar y radio. Ond nid ymddengys i ddim ddod o'r cynnig hwn ychwaith.

Nid oedd pob llenor mor barod, o bell ffordd, i gydsynio â chais i ysgrifennu ar gyfer y radio. Un o'r rhai mwyaf ' anodd ', fel y gellid disgwyl, ydoedd R. Williams Parry, hoff fardd Rowland Hughes. Ysgrifenna yng Ngorffennaf 1936 : ' Yr unig gysur sydd gennyf wrth eich gwrthod fel hyn yw fy mod yn credu y gwyddech ymlaen llaw mai felly y byddai ! Mae sgrifennu darn "to order", er teilynged y gwrthrych y tro hwn, yn gwbl annichon i mi. Pes addawn, byddwn mewn gwewyr hyd onis gorffennwn : a minnau newydd ddechrau ar fy ngwyliau ! Beth am Gynan ? Y mae ef *in season* drwy'r flwyddyn, ac yn perarogli'n hyfryd hefyd, chwarae teg iddo '.

Rheswm gwahanol oedd gan D. J. Williams, Abergwaun, ar Hydref 11, 1936, dros fethu addo cymryd rhan mewn rhaglen o storïau am ' Shemi Wad ', celwyddwr gogoneddus o Abergwaun. ' Yn ôl pob tebyg, fe fyddaf i o fewn diwrnod neu ddau yn ddiogel o dan glo'r llywodraeth. Bydd y prawf yn dechrau ddydd Mawrth nesaf— drennydd. Ymadrodd addas iawn i mi'r dyddiau hyn yw'r geiriau, ' Ychydig amser a chwi a'm gwelwch '.

Ond methwyd â chael dyfarniad yn y prawf hwn, a gohiriwyd carchariad y Dr. D. J. Williams am ei ran gyda Saunders Lewis a'r Parch. L. E. Valentine yn llosgi'r sied yn yr ysgol fomio yn Llŷn. Felly yr oedd ef yng Nghaerdydd ddiwedd Rhagfyr yn adrodd hanes ' Shemi Wad '.

Tra oedd yn aros y prawf, ysgrifennodd Saunders Lewis ei ddrama, *Buchedd Garmon*. Darlledwyd hi ar Mawrth 2, 1937, a'r awdur ei hun yn y carchar, y gerddoriaeth wedi ei threfnu gan Arwel Hughes, a Rowland Hughes yn cyfarwyddo. Yn y penderfyniad i ddarlledu'r ddrama hon ar y pryd yr oedd gan Rowland Hughes ran bendant : bu ymddygiad y B.B.C. tuag at yr awdur yn llawer mwy anrhydeddus nag eiddo'r coleg lle bu'n ddarlithydd, Coleg y Brifysgol, Abertawe. Trysorodd Rowland Hughes dudalen o bapur, ac arno yn llaw Saunders Lewis, ac wedi ei arwyddo ganddo :

' Pennill olaf Buchedd Garmon, a ddarlledir noswyl Ddewi :

> Llawen fo Cymru'n awr,
> Byth bythoedd fe saif ei ffydd ;
> Daeth ar ei thywyllwch wawr,
> Ac o garchar ofn daeth yn rhydd '.

Yng ngohebiaeth yr amser yma, ceir Tegla Davies, wedi ei wahodd i ddramaeiddio *Y Dreflan*, yn addo ymgymryd â'r gwaith ar yr amod fod Rowland Hughes yn galw i'w weld yn ei gartref ym Mangor i roddi cyfarwyddyd iddo ynglŷn â chrefft paratoi drama ar gyfer y radio, ac yn cynnig hefyd lunio rhaglen ar atgofion a gafodd ym Manceinion gan hen wraig a oedd yr un oed yn union â Daniel Owen, ac a fagwyd y drws nesaf iddo—atgofion hollol wahanol i'r disgrifiad a rydd y cofiannau o fachgen tawel, dwys.

Ceir hefyd J. T. Jones yn ysgrifennu o Colombo, lle'r oedd yn golygu *The Times of Ceylon*—ac yn aelod o'r *Ceylon Planters' Rifle Club*—yn methu â chydsynio â chais Rowland Hughes iddo ysgrifennu rhaglen. Yr oedd digon o ddeunydd cân neu ddrama yn yr hyn a welodd, ' Ond, gyfaill, nid wyf yn credu y gwnaf i'r un. Yma, ar briffordd gorllewin a dwyrain, ar lwybr coch yr ymerodraeth, y mae sŵn y cenhedloedd yn beth gwahanol iawn i'r hyn ydyw gartref, ac y mae pethau sy'n edrych yn fawr acw yn edrych yn fach iawn y fan hyn. Y mae'n dda medru bod yn llonydd, a gwrando. 'Wna cant a mil o siarad ddim lles i Gymru ar hyn o bryd. Y mae hi eisoes yn boddi mewn geiriau '.

2

Yn 1936, oddeutu'r un amser ag yr ymddangosodd *Storïau Mawr y Byd*, ailddechreuodd Rowland Hughes adolygu llyfrau yn *Y Cymro*. Un o'r rhai cyntaf ydoedd *Traed Mewn Cyffion* Kate Roberts, a

diddorol yw sylwi, yn wyneb ei ddatblygiad diweddarach ef ei hun
fel nofelydd, ar y rhinweddau y mae'n cyfeirio yn arbennig atynt :

> Yn y nofel hon aeth pobl gyffredin yn anghyffredin o ddiddorol,
> ac er na ddigwydd dim byd mawr yn eu bywyd, y mae'r darlun
> ohonynt yn ymddangos yn anghyffredin o rymus.   Rhoes yr
> awdur fynegiant i ardal yn Arfon, yr un mynegiant clir a chroew ag
> a roes Jack Jones i lowyr y Rhondda a Merthyr. . . . Myn yr awdur
> *weld* a *chlywed* a *chyffwrdd* pethau cyn eu disgrifio : dyna gyfrinach
> gwir artist ym mhob oes.

Gwahoddwyd ef i siarad ar ' Y Ddrama Radio ' yng nghyfarfod
blynyddol Undeb Prifysgol Cymru yn yr Eisteddfod Genedlaethol
yn Abergwaun yn Awst yn 1936.   Pwnc cymharol newydd ydoedd
hwn : pennawd un papur Saesneg ydoedd, ' *Knowledge of a New Art* '.
Dywedir yn aml fod dylanwad ysgrifennu ar gyfer y radio yn amlwg
iawn ar waith llenyddol Rowland Hughes, ac y mae'n werth edrych
ar rai o'i sylwadau ar y grefft honno :

> Rhaid i'r awdur ymwrthod â thriciau'r apêl i'r dyrfa, a siarad yn
> glir a chywir wrth yr unigolyn.
> Melys yw'r cynildeb a'r symlrwydd y rhaid iddo anelu atynt.
> Oni ofynnir i frawddeg ddigri neu drist ei chyfiawnhau ei hun heb
> gymorth ystumiau wyneb a chorff ?   Y mae gofyn felly i bob un a
> ysgrifenno roi praw trwyadl ar bob llinell, eu rhoi fel dur yn ffwrn ei
> ddychymyg, eu cyfiawnhau iddo'i hun i'r eithaf.   Ni thâl mân
> siarad yma.
> Yng Nghymru ein hangen mawr yw nid y dychymyg a fedr
> greu sefyllfaoedd annisgwyl ac anghyffredin, ond hwnnw a wêl fod
> rhai pethau syml yn aros yr un ym mhob oes.   Y mae gwên a
> deigryn, hiraeth a siom, yn fwy parhaol a diddorol nag unrhyw
> athroniaeth y gellwch chwi ei weu o'u hamgylch.   Yn y pethau
> sylfaenol ac arhosol hynny y mae bywyd a gobaith pob celfyddyd.

Y flwyddyn ddilynol, cynhelid yr Eisteddfod ym Machynlleth.
Dyry disgrifiad y *News Chronicle* am y dydd Iau yn ystod yr wythnos
syniad da am yr awyrgylch : ' Yr oedd heddiw yn un o'r dyddiau
mwyaf dramatig yn holl hanes yr Eisteddfod.   Yn fuan wedi hanner
nos dinistriwyd gorsaf drydan y dref gan dân.   Parlyswyd gwasan-
aethau golau a phŵer y cylch, a mesurau arbennig i gyfarfod â'r

argyfwng yn unig a achubodd y cyngerdd heno a'r dramâu rhag tywyllwch llwyr.

' Yn yr Eisteddfod ei hun llifai 15,000 o bobl y tu mewn ac o amgylch y Pafiliwn i glywed wythfed anerchiad a deugain Mr. Lloyd George fel llywydd yr wyl genedlaethol.

' Enillodd Mr. T. Rowland Hughes, mab i chwarelwr, sy'n awr ar staff y B.B.C. yng Nghymru, y gadair a roddwyd gan Gymry yn Awstralia. Clywyd fod un o'r awdlau a anfonwyd i'r brif gystadleuaeth yn waith un o arweinwyr y Blaid Genedlaethol sy'n awr yng ngharchar Wormwood Scrubs.'

Wythnos yn union cyn dydd y cadeirio y clywsai Rowland am ei fuddugoliaeth—llythyr swyddogol oddi wrth Ysgrifennydd yr Eisteddfod, a chyda'r un post lythyr oddi wrth J. Breese Davies, Dinas Mawddwy, cadeirydd y Pwyllgor Llên. ' Er mwyn cadw'r gyfrinach, doeth efallai a fydd ichwi gadw draw oddi wrthym nes bydd popeth drosodd. Felly dyma fy llaw ichwi i aros yr amser pan gawn "ysgwyd llaw nes codi llwch" . . . Ceisiodd amryw fy holi i, druan diniwed, ond cofiais mewn pryd am ateb Jones y Plismon i Farged yn *Enoc Huws*, "Y mae'n debyg iawn i law". Gair i gall ! '

Cafwyd anerchiad Mr. Lloyd George, a'r areithiwr yn ysgubol yn ei effaith ar y dorf : daeth cymeradwyaeth fwyaf byddarol yr Eisteddfod i'r datganiad, ' Does yr un Cymro sy'n fyw heddiw fyth bythoedd yn mynd i ddilyn elor yr iaith Gymraeg '. Disgrifiodd y siaradwr safle'r cenhedloedd bychain a godwyd o gaethiwed i ryddid i ddysgu'r byd mai ar lwybr heddwch yn unig y ceir cynnydd a hapusrwydd— ond yr oedd y llwybr, meddai'r siaradwr yn ddifrifol, yn mynd yn gulach beunydd.

Yna aethpwyd ymlaen at seremoni'r cadeirio. Testun cystadleuaeth yr Awdl ydoedd ' Y Ffin '. O'r pymtheg awdl a dderbyniwyd, yr orau ydoedd eiddo ' Llŷr '.

Cyfaddasiad o Chwedl Branwen oedd gan yr awdur hwn. ' Cyfaddasiad ', meddai'r Parch. J. T. Job, a draddodai'r feirniadaeth, ' am ddarfod i'r bardd anturio newid cryn dipyn ar chwedl Branwen, ferch Llŷr. Ac o bosibl y gellir cyfreithloni hynny ar dir *Art* ' (*sic*)— datganiad digon rhyfedd gan feirniad yn yr Eisteddfod Genedlaethol, pan yw llenorion mawr y byd ym mhob oes wedi cyfaddasu hen chwedlau a hanesion i greu llenyddiaeth newydd. ' Rhyw fath o alegori a fwriadwyd i ddisgrifio loes ac angerdd pob hiraeth a fu erioed ', meddai'r Athro J. Lloyd Jones. ' Efallai mai ei phrif ogoniant yw'r disgrifiadau rhagorol a geir ynddi, ac sydd yn brawf digamsyniol o ddawn arbennig i dynnu darluniau byw a lliwus mewn geiriau '.

Nid un o'r cyfansoddiadau yr honna ambell fuddugwr iddo ei chynhyrchu mewn tridiau ydoedd ' Y Ffin '. Rhoddwyd peth o hanes ei chyfansoddi gan wraig y bardd : ' Yn y bathrwm yn y bore y byddai'n cyfansoddi—a'i lais yn taranu wrth flasu gair neu frawddeg. Bob nos, hefyd, ar ôl swper, âi â Mot y ci am dro—Mot yn cario ffon, a Rowland yn adrodd ei farddoniaeth. Dywedai fod yr awen yn dod yn rhwydd wrth gerdded. Mae'n rhyfedd meddwl gymaint a gyfansoddodd wedyn pan na allai gerdded dim ! '

I orffen ei hysgrifennu aeth am lonyddwch yn sŵn y môr i ' Worm's Head Cottage ' ym mhen pellaf Penrhyn Gŵyr. Ysgrifennodd rannau helaeth o'r ail ganiad ar y cyntaf yn y mesur penrhydd wedi ei gynganeddu. Yng ngeiriau'r awdur, ' yr oedd yn rhaid wrth ryw fesur anwastad a thoredig i gyfleu siom anniddig Branwen wrth weld y wawr yn torri ar y ffin heb ddim ond niwl lle y rhoes ei breuddwyd hi ' heirdd hwyliau ' a ' chynnwrf rhwyfau '. Gwelodd yr awdur wedyn na chaniateid y mesur hwn yn ôl y rheolau, ac felly troswyd y llinellau i fesurau cydnabyddedig cywydd, englyn a thoddaid. Diddorol yw sylwi y ceir yn yr awdl fel yr anfonwyd hi i'r gystadleuaeth, ddisgrifiad o *ddiwedd* dydd, eithr disgrifiad o'r *wawr* yn glasu a geir yn y fersiwn benrhydd gyntaf. Dyma ychydig linellau o'r fersiwn honno :

> Fy mreuddwyd a gipiwyd i'r gwynt,
> a'i hyder ef gyda'r wawr
> oer, unig a grinodd ;
> gwywodd, crinodd fel cri
> aderyn yn rhwyd oerwynt
> neu fel llef yng ngafael y lli.

Ymysg y lluniau lawer o'r cadeirio a ymddangosodd yn y papurau y bore wedyn, y mwyaf diddorol, mae'n siŵr, oedd yr un â Lloyd George, gyda'i fywiogrwydd cyfareddol, yn gafael yng ngharn y cledd a ddelid uwch ben y bardd buddugol. Ac er mai cymharol fyr o gorff ydoedd Rowland Hughes, ymddengys yn y llun o'i ben a'i ysgwyddau'n dalach na Lloyd George. Llun diddorol arall yw'r un o Rowland Hughes a J. O. Williams, Bethesda, ei gyfaill llenyddol, a enillodd y Fedal Ryddiaith yn yr un Eisteddfod. Ar gopi o'r llun, ysgrifennodd Rowland, ' Hogia'r Ugain Punt '—cyfeiriad chwareus at y wobr ariannol a gafwyd gyda'r Gadair a'r Fedal.

Hen Fwthyn.

Dim ond pedwar mur afrosgo
Heb addurn, heb lun, heb dô,
A'r drain a'r mieri'n crwydro
Dro ganwaith ei aelwyd o!

Dim ond pentwr o feini tawel
Heb adlais, na lleddf na llon,
I stori'n dail yn yr awel
A stori'n llyn yn y don!

Mynegi mae dau aderyn
Fod gwanwyn mewn llwyn gerllaw,
A thori'w̄on a lleisiau bechgyn
A gwag garreg-ateb draw.

Ond mae'n pedwar mur mor dawel
Heb unddynt ochenaid na chân,
Er fod haul o syfoeth gorwel
Yn rhoi'r cymylau ar dân.

Dyna sŵn hen gorn y chwarel
Yn gollwng holl weithwyr bro;
Mae'n oedi'n y bwthyn tawel
Er fod drain yn ar ei aelwyd o!

———·——— (Herald Cg. Pasg. 1929.)

Llawysgrifen T. Rowland Hughes, 1929

Ar wyliau yn Llydaw, 1939
Gyda hen grwydryn wrth Eglwys Gwengamp

Daeth ennill y gadair ag ugeiniau o delegramau a llythyrau i lon-
gyfarch Rowland, ac ymddangosodd cyfeiriadau parhaus ato yn y
Wasg fel ' Y Prifardd '.   Prin y cyrhaeddodd yr un o'r papurau eraill
uchaf bwynt *Seren yr Ysgol Sul*, a gyhoeddid gan ei enwad ef ei hun, y
Bedyddwyr, a welai ddirgel ffyrdd Rhagluniaeth yn yr achlysur :
' Wedi colli Gwili y dywedasom fel Enwad, "Wel, nid oes i ni
brifardd mwy". Meddai eraill, "Fe ddaw un yn y man", gan enwi gŵr
ifanc neu ddau, heb enwi Mr. Rowland Hughes o gwbl, sydd yn
drefnydd dramâu a phethau eraill o dan y B.B.C. yng Nghaerdydd.
I'r lliaws, yn ddiau, ystorïwr, dramodwr, darlithydd dysgedig a llawer
peth arall yw ef ; ond wele Ragluniaeth yn dywedyd na chaem fod
heb brifardd, a thaflodd wefr yr awen i galon Mr. Hughes '.

' *One barbaric chair in crate* ' ydoedd y disgrifiad ar bapur cwmni'r
rheilffordd a gludai'r gadair i Gaerdydd, a mynnai gyrrwr y fen fod
angen dwsin o ddynion i'w chario i'r tŷ. Tueddai Rowland i gytuno
â'r disgrifiad hwn. Ond yr oedd y bwriad y tu ôl i roddi cadair drom
fel hon yn haeddu ei ganmol, canys arwydd o ddiddordeb ac ewyllys
da Cymry Brisbane, Awstralia oedd hi, a'i chost bron yn £150. Ar
ei chefn y mae panel a luniwyd fel darlun cyfansawdd o Gymru yng
nghof alltud am ei wlad.

3

Blynyddoedd prysur a llwyddiannus yn hanes Rowland Hughes
gyda'r B.B.C. oedd y ddwy flynedd rhwng Eisteddfod Machynlleth a
dechrau'r rhyfel yn 1939, blynyddoedd ac yntau'n gallu teimlo'n
llawn hyder ynddo ei hun fel cynhyrchydd, a chanmoliaeth frwd ac
eang i'w raglenni. Blynyddoedd ydoedd y rhain, hefyd, pan lwydd-
odd, er mai prin ydoedd ei oriau hamdden, i fodloni peth o'r ysfa a
oedd ynddo i lenydda, i ysgrifennu ar gyfer cyfryngau heblaw'r radio,
a barddoni. Blynyddoedd llawn, prysur, llwyddiannus ; a ffawd, i
bob golwg allanol, yn gwenu ar yrfa ddisglair. Ond blynyddoedd
oeddynt, hefyd, a gymylwyd gan yr arwyddion cyntaf o'r gwaeledd
a'i goddiweddodd.

Ym mis Awst 1937, wedi'r Eisteddfod, aeth Rowland ac Eirene am
wyliau i'r Swisdir, y tro cyntaf i'r ddau ohonynt fod ar y Cyfandir.
Yn Lugano, trwy un o'r cyfarfyddiadau annisgwyl sy'n digwydd mor
aml ar wyliau, daethant ar draws Mr. (Syr yn awr) a Mrs. Ifan ab
Owen Edwards, hwythau yno ar eu gwyliau. Ychydig ynghynt yr

oedd Rowland ac Eirene wedi eu synnu wrth glywed seiniau ' Hen
Wlad fy Nhadau ' yn dod o un o'r gwestai yn y dref. Heb sôn
am hyn, trefnwyd i'r pedwar ohonynt gyfarfod yn y gwesty hwn, ac
aeth Rowland yno ymlaen llaw i drefnu i'r gerddorfa daro'r anthem
genedlaethol wrth iddynt fynd i mewn. Mawr ydoedd syndod a
mwynhad sefydlydd yr Urdd a'i briod wrth glywed ' Hen Wlad fy
Nhadau ' yn eu croesawu.

Wedi dod yn ôl i Gaerdydd, bwriodd Rowland Hughes i'w waith
gyda mwy o ynni ac asbri nag erioed. Erbyn hyn yr oedd R. Hopkin
Morris wedi ei benodi yn bennaeth y B.B.C. dros Gymru. Yr oedd
ganddo ef a Rowland Hughes barch ac edmygedd mawr, y naill o'r
llall. Yn wir, ym meddwl Rowland Hughes, cymerodd Rhys Hopkin
Morris ei le yn y dosbarth dethol o'i arwyr, a gynhwysai R. E. Jones,
Llanberis a'r Parchedig A. J. George,—ond heb yn hollol gyrraedd y
safle aruchelaf a roddid i R. Williams Parry. Gŵr o argyhoeddiadau
dyfnion, anhyblyg yn ei ddiffuantrwydd, siaradwr gwych a meddyliwr
praff, ydoedd R. Hopkin Morris. ' Nid oedd—ac ni chwenychai fod—
yn bwyllgorwr ', meddai'r Dr. Alun Oldfield-Davies amdano, ac yn
hyn o beth teimlai Rowland Hughes fod ei bennaeth o'r un anian ag
ef ei hun : cynyddu o hyd a wnâi ei ddibristod o'r ' pwyllgorddyn '.
Ychwanega'r Dr. Alun Oldfield-Davies : ' Cyfrifid ef gan ei gyd-
gyfarwyddwyr yn ddyn annwyl, ond yn ddyn ar ei ben ei hun—yn
ddyn od . . . Ond Rhys Hopkin Morris a fu'n dŵr cadarn i amddiffyn
hawliau Cymru ac ennill amodau teg a theilwng i'r Staff yng
Nghymru '.[1]

Bu Rhys Hopkin Morris—a'r Dr. Alun Oldfield-Davies wedi
hynny—yn deyrngar dros ben i Rowland Hughes yn ystod cyfnod ei
waeledd.

Gwelwyd yr arwyddion cyntaf o'i afiechyd ychydig cyn y Nadolig,
1937. Oddeutu'r amser hwnnw, yr oedd cynhadledd yng Ngreg-
ynog, Sir Drefaldwyn, a daeth Rowland Hughes oddi yno gan
ddweud fod rhyw gloffni wedi ei daro. Gwaethygu a wnâi'r cloffni, a
bu'n mynd o feddyg i feddyg i geisio meddyginiaeth, ac o'r diwedd at
arbenigwr yn Llundain. Yn 1938, cafodd Eirene, ei wraig, wybod mai
multiple sclerosis oedd arno, ac mai tywyll iawn ydoedd y rhagolygon.
Ni chafodd Rowland ei hun wybod natur ei afiechyd am flwyddyn
arall.

[1]*Y Genhinen*, Cyf. XII, Rhif 1, 1961—62.

Yr amser hwn y dechreuodd y cydweithrediad clos rhwng Rowland Hughes a P. H. Burton (y gŵr a gychwynnodd Richard Burton ar ei yrfa). Yr oedd P. H. Burton ar y pryd yn athro yn Ysgol Ramadeg Port Talbot. Cyfarfu ef a Rowland Hughes gyntaf pan oedd Burton yn cynhyrchu ' A Pageant of Margam Abbey ' gyda'r ysgol. Ar y dechrau, nid oedd gan Burton lawer o amynedd â'r dyn o'r B.B.C. a fynnai fod o gwmpas. Ond, o dipyn i beth, perswadiodd Rowland Hughes ef i ddod i'r stiwdio yn Park Place, Caerdydd i gynorthwyo, dan enw o fod yn un o'r actorion. Ond, yn ôl tystiolaeth rhai o'i gyd-actorion, yr oedd yn llawer gwell cynhyrchydd nag actor ar y radio. Cyn hir byddai llais yn dod o'r ystafell lle'r oedd y cyn-hyrchydd yn gwrando, yn galw am P. H. Burton, ac yno gyda Rowland Hughes y byddai ef wedyn yn cynorthwyo. Yr oedd Burton yn werthfawr, hefyd, oherwydd ei wybodaeth o gerddoriaeth Ychydig a wyddai Rowland Hughes am hyn, a daeth i ddibynnu fwy-fwy ar gyngor P. H. Burton ynglŷn â'r miwsig ar gyfer y rhaglenni.

Dechrau ydoedd hyn ar gyfathrach a ddaeth yn bwysig iawn yn hanes Rowland Hughes : yn nyddiau ei nychdod bu'n dibynnu'n drwm ar gymorth P. H. Burton.

Ysgrifennodd P. H. Burton, hefyd, nifer o raglenni ar gyfer y radio. Un arall y llwyddodd Rowland Hughes i'w gael i lunio rhaglenni ydoedd Jack Jones, awdur Rhondda Roundabout. Ei raglen gyntaf ydoedd ' Morlais Castle Daydream '—hanes un o'r pedwar cant ar ddeg o ddynion di-waith ym Merthyr ar y pryd yn dianc mewn breuddwyd i orffennol cyffrous a lliwgar yr hen gastell sy'n awr yn adfail uwch y dref, yna ei gyfaill yn dod ato ac yn ei atgoffa am y presennol llwm. Rhaglen neilltuol o boblogaidd ganddo oedd ' Butties ', un o gyfres am dri chymeriad doniol, diddan, yn llawn hiwmor ynghanol eu caledi. Yn y rhaglen hon, gwelid y cymeriadau yn codi uwch y dirwasgiad a'r diweithdra i fynnu hwyl a miri dros y Nadolig.

Ym mis Mai, 1939, cynhyrchwyd ' Best Welsh ', rhaglen uchelgeisiol a luniwyd gan Rowland Hughes a Jack Jones—rhaglen am dwf y diwydiant glo, a'r newid ar fyd a ddaeth yn y Rhondda yn ystod can mlynedd : am ddiweithdra'r cyfnod, y diboblogi a'r cyni, ond dewrder y trigolion o hyd yn tywynnu drwodd, yn llawn hiwmor, a'r corau'n mynnu canu, ac yn paratoi i fynd i'r Eisteddfod. I baratoi'r rhaglen hon treuliodd Jack Jones a Rowland Hughes lawer o ddyddiau yn y

Rhondda. Y darlun o'r Rhondda a dynnwyd yn ' *Best Welsh* ' yw'r darlun a geir yn *William Jones*.

Yn niwedd 1936 cafodd y B.B.C. yng Nghymru ei men-recordio gyntaf—dim ond deunaw mis cyn hynny y dechreuwyd arbrofi gyda'r rhai cyntaf ym Mhrydain—a daeth hyn â phrysurdeb a phosibiliadau ehangach. ' Y mae cyffro newydd ar y priffyrdd a'r caeau yng Nghymru ', meddai'r *News Chronicle*. ' Gall y pentref mwyaf di-nod neu'r dref fwyaf diymhongar ddeffro unrhyw fore a darganfod fod men recordio'r B.B.C. wedi cyrraedd, a bod eu talentau lleol i gael eu darlledu i'r holl fyd '. Gwelid Rowland Hughes yn aml yn awr ar ben step y fen recordio, a thyrfa o'i gwmpas ar sgwâr tref marchnad, o flaen Neuadd y Mwynwyr yn un o'r cymoedd, yn nociau Caerdydd, neu yn unrhyw le y gallai fod rhaglen ddiddorol yno. Gyda'r fen hon y cynhyrchodd ' *Summer in Wales* ', cyfraniad Cymru i gyfres ar y donfedd genedlaethol Brydeinig, ' *Summer over the British Isles* ' : yr agwedd (annisgwyl o bosibl) a ddewiswyd i ddarlunio ysbryd yr haf yng Nghymru ydoedd y gwersylloedd di-ri a oedd eisoes wedi ymddangos dros wyneb y wlad, o'r gwersylloedd gwyliau masnachol ar yr arfordir hyd at wersylloedd i'r di-waith, a gwersylloedd yr Urdd.

Rhaglen y dylid cyfeirio ati yw ' Gwener y Grog ', a ddarlledwyd adeg y Pasg, 1938, a'r un dydd darlledwyd yr un ddrama yn Saesneg dan y teitl ' *Joseph of Arimathea* '. Fersiwn ddiwygiedig ydoedd o ddrama dan yr un teitl Cymraeg a luniodd Rowland Hughes yn 1936. Yr hyn sy'n ddiddorol yw'r newid yn ffurf a phwyslais y ddrama o un perfformiad i'r llall. Y cymeriadau yn 1936 oedd : Ioan Marc, Simon Pedr, Teulu o Iddewon, y Dyrfa. Yn 1938, y prif gymeriadau, yn eu trefn ar y rhaglen, ydoedd : Joseph o Arimathea, Leah ei wraig, Ruth ei ferch, Ioan Marc, Simon Pedr. Digwyddai'r ddrama yn y ddwy raglen mewn ystafell ar y ffordd i Galfaria ar fore'r Groglith. Gwelir fel y daeth Joseph o Arimathea, nas enwir ymhlith y cymeriadau yn y rhaglen gyntaf, i gymryd y lle blaenaf yn yr ail raglen. Bu gan Rowland Hughes am flynyddoedd ddiddordeb mawr yng nghymeriad Joseph o Arimathea. Nid rhyfedd iddo, pan oedd yn meddwl am ysgrifennu nofel grefyddol yn 1945, gynllunio *Yr Ogof* gyda'r gŵr hwn yn ffigur canolog.

Uchafbwynt ymdrech arbennig, y fwyaf uchelgeisiol hyd yn hyn, gan y B.B.C. yng Nghaerdydd i ddathlu dydd Gŵyl Dewi, 1938, ydoedd ' *Wales* ', rhaglen ar gân gan Rowland Hughes, a'r gerddoriaeth gan Arwel Hughes. Yn y rhaglen, a ddarlledwyd dros Brydain gyfan, ceir cerflun o Ddewi Sant yn Eglwys Gadeiriol Tyddewi yn dod yn fyw, a grŵp o ymwelwyr sy'n cynrychioli gwahanol agweddau ar fywyd Cymru yn dweud wrtho am gyflwr y genedl heddiw. 'Ymdrech onest i fwrw llinyn mesur dros Gymru fel y mae, ac nid i seilio ffantasi ramantus ar orffennol gogoneddus', ydoedd cyflwyniad y rhaglen yn y *Radio Times*.

Nid oedd dim ond canmoliaeth i'r rhaglen hon, a hynny o'r radd flaenaf. 'Y rhaglen orau a ddarlledwyd erioed o orsaf Cymru', meddai'r *Cymro*; a dywedodd Joyce Grenfell yn yr *Observer* mai dyma'r rhaglen bwysicaf a gafwyd ar y radio ers amser maith.

Fe blesiodd y rhaglen yr awdurdodau yn Llundain i'r fath raddau fel y darlledwyd hi eilwaith i bob rhanbarth ym Mhrydain, ac wedi hynny ar y rhaglen i'r Gymanwlad, gyda Robert Speaight yn cymryd y brif ran.

Ceir syniad da o'r gerdd o'r llinellau canlynol. Wedi sôn am heddwch, â'r bardd ymlaen :

> They have told of a wine-red sun on the brine,
>   On the moor a curlew's cry.
> They have seen the dawn and a lonely pine
>   Shadowed against the sky.

Ac yna :

> Have they not heard the throb of the plane
>   As it swoops from hill to shore ?
> Have they not smelt in the drift of rain
>   The lurking fumes of war ?

Ar gyfer y rhaglen hon y cyfansoddodd Arwel Hughes y dôn y cenir emyn Rowland Hughes, 'Tydi a roddaist', arni. Dymuniad Rowland Hughes ei hun oedd cael yr 'Amen' hirestynedig ar y diwedd.

Wedi hyn, cynlluniodd Rowland ac Arwel Hughes i gyfansoddi oratorio ar 'Job', ac aethant i Paignton gyda'r bwriad o gydweithio arni. Ond ychydig o waith a wnaethpwyd, ac ar ben y diffyg cynnyrch, cafodd Rowland ei ddal ar y ffordd yn ôl yn gyrru'n rhy gyflym, a dirwywyd ef.

Rhaglen arall y bu'n gyfrifol amdani, yn Rhagfyr 1938, ydoedd yr Eisteddfod Radio, y gyntaf erioed, a rhagflaenydd Eisteddfod Genedlaethol 1940, a gynhaliwyd ar yr awyr oherwydd i'r rhyfel ei gwneud yn amhosibl dilyn y trefniadau arferol.

4

Awdur y daeth Rowland Hughes yn gyfeillgar iawn ag ef yn y cyfnod hwn ydoedd Geraint Goodwin, y nofelydd a'r ysgrifennwr storïau byrion o sir Drefaldwyn. Darlledwyd nifer o'i storïau, a pherswadiodd Rowland ef i ysgrifennu rhai rhaglenni ar gyfer y radio ; bu hefyd ar un pryd yn ceisio trefnu i gyhoeddi casgliad o'i storïau.

Ymdrechodd Geraint Goodwin i ddal i ysgrifennu er gwaethaf y darfodedigaeth a'i goddiweddodd. Bu'n ddifrifol wael am fisoedd cyn marw yn 1941 yn 38 mlwydd oed. Heblaw gohebu llawer ag ef, byddai Rowland yn ymweled ag ef mor aml ag y câi gyfle, a thystia llythyrau Goodwin i'r modd y byddai ymweliadau a llythyrau siriol Rowland yn ail-ennyn ei ddiddordeb mewn bywyd. Yn llythyrau gwraig Geraint Goodwin, ac yntau'n anabl i ysgrifennu erbyn hynny, trist yw darllen iddi glywed am afiechyd Rowland Hughes, a deall fel yr oedd yn ceisio codi calon Goodwin er ei fod yn dioddef yn dost ei hun.

Ceir mesur edmygedd Rowland Hughes o Geraint Goodwin yn yr ysgrif goffa a ysgrifennodd amdano. ' Collodd Cymru ', meddai, ' ei hawdur mwyaf dawnus, y nofelydd a'r weledigaeth gliriaf a'r arddull fwyaf sensitif '. Dyfynna eiriau Goodwin mewn ymgom ag ef sy'n sôn am ddwy elfen yn natur y Cymro : un elfen yn ei annog i wneud sioe fawr ar lwyfan bywyd, ac yna elfen arall, ddyfnach, fwy real a pharhaol—cariad ar bethau syml, at y pridd, y cartref, a'r cartref yn golygu y gegin. Dywedai fod Goodwin yn sôn yn aml am y ddamcaniaeth hon, ac yn ei chymhwyso at ei waith ef ei hun—ei lyfrau cyntaf, a ysgrifenasid yn Llundain, yn ymgais gŵr ifanc i ddangos ei glyfrwch, ac anelu at weld ei enw mewn llythrennau breision yn y penawdau, ond wedi hynny daeth iddo ymwybyddiaeth ddyfnach o'i Gymreictod, a'i ddiddordeb dihysbydd mewn pethau syml, yr hen a'r parhaol.

Hawdd yw canfod llawer o Rowland Hughes ei hun yn hyn.

Dechreuasai Rowland Hughes erbyn hyn ysgrifennu erthyglau achlysurol i'r *Western Mail*, rhai dan ei enw ei hun, ac eraill dan y ffug-enwau ' Y Lloffwr Llwyd ', a ' Sion Ifan y Crydd '.

Un o'i erthyglau cyntaf yn y papur hwn, dan ei enw ei hun, ym mis Tachwedd 1937, ydoedd ' Storïwr Digrif a Anghofiwyd ', erthygl am W. J. Griffith, yr Henllys Fawr. Y flwyddyn ddilynol cyhoeddodd, trwy Wasg Aberystwyth, *Storiau'r Henllys Fawr*, detholiad o storiau

W. J. Griffith, gyda Rhagair ganddo ef ei hun. 'Wele saith stori â digrifwch melys yn fwrlwm trwyddynt', meddai yn y Rhagair, 'a'r cymeriadau yn rhai nad anghofir mohonynt yn rhwydd, storïau y gellir troi iddynt drachefn a thrachefn, fel y troir i rannau o *Rhys Lewis*, i chwerthin eto am ben helbulon pobl Llanaraf . . . Ni wn i am neb Cymro â chymaint o ddigrifwch yn ei natur ag oedd yn awdur y storïau hyn'.

Ysgrifennodd, hefyd, dan enw 'Y Lloffwr Llwyd', lithoedd ar y gwyliau a dreuliodd ei wraig ac yntau yng Nghernyw yn 1938, ac yn Llydaw yn 1939. Erbyn y gwyliau yn 1939 yr oedd Rowland Hughes wedi mynd yn gloff iawn. Nid oedd ei farn am Lydaw yn uchel, a mynegodd hi'n onest. 'O'i chymharu â Chymru, y mae'r wlad o leiaf ganrif ar ôl yr oes ; yn wir, y mae rhannau ohoni yn peri i ddyn dynnu darlun o Gymru, masnach ac eglwys, yn y ddeunawfed ganrif'.

Cawn un disgrifiad yn yr erthygl hon sy'n ein hatgoffa am Ella a'i gŵr, Jim, yn *O Law i Law*, 'y ddimeiwerth o ddynes yn tafodi ei ffordd drwy'r pentref, a'r cawr o ddyn yn ei hercian hi ar wib o'i blaen' :

Gwelais un olygfa ddigri y noson honno. Wrth ddychwelyd drwy'r sgwâr, wele glamp o ddyn cryf, esgyrniog yn feddw gorn. Clywn sŵn clocsiau cyflym y tu ôl imi, ac aeth gwraig fechan, denau heibio gan siarad wrthi ei hun.

Ni wyddwn y gallai gwraig mor fechan siarad mor uchel ac â'r fath huodledd. Cododd y cawr yn araf a throes tua thref mor addfwyn ag oen, a hithau yn ei ddilyn a'i chwipio â geiriau pigog, llym bob cam.

Yn y *Western Mail*, hefyd, y cyhoeddodd yn y blynyddoedd hyn amryw ddarnau o farddoniaeth a gynhwyswyd wedi hynny yn *Cân Neu Ddwy*, yn eu mysg 'Gwanwyn' sy'n dechrau,

'Mi wellaf pan ddaw'r gwanwyn :
    Bu'r gaeaf 'ma'n un hir',

'Gwên', a than yr enw 'Harddwch' y gerdd benrhydd adnabyddus a elwir 'Blychau' yn y gyfrol. Yn y *Llenor* yn 1942 y cyhoeddodd y gân a elwir yn awr yn 'Harddwch'.

Yn *Heddiw*, yn Awst, 1939, y cyhoeddwyd 'Hen Weinidog',
    Ni regodd fyd
    a welai weithiau fel pe'n stremp i gyd,
    .   .   .   .

Ymddengys fel cerdd goffa, ond y mae'r gŵr a'i symbylodd yn fyw heddiw (1968), y Parchedig Daffon Davies, Penydarren, ar y pryd. Aeth Rowland Hughes yno i ddarlithio ar R. Williams Parry, a'r argraff a wnaeth y gweinidog arno a barodd iddo lunio'r gerdd.

Ym 1938, hefyd, gwahoddwyd Rowland Hughes i annerch Cynhadledd Flynyddol Undeb Bedyddwyr Cymru yng Nghaernarfon ar y testun 'Y Beibl Cymraeg'.

Un o'r rhaglenni radio a gynhyrchodd ar ddechrau 1939 ydoedd 'Breuddwyd Bardd' gan Gwilym R. Jones, 'trem i'r flwyddyn newydd', a'r bardd heb fod yn bell o'i le yn ei welediad :

> Rho inni ar lom drumell
> Arwydd gwawr amseroedd gwell :

Cynhaliwyd yr Eisteddfod Genedlaethol yn Ninbych y flwyddyn honno, a chymylau rhyfel yn prysur ymgasglu. Trefnodd Rowland Hughes raglen gyda Sam Jones ar 'Ddinbych cyn yr Wyl', a threuliodd yr wythnos yn cynorthwyo i gynhyrchu 'O Faes yr Eisteddfod', ac yn cyfarfod llawer o'i hen gyfeillion.

Yna'n ôl i Gaerdydd, a pharatoi ar gyfer rhaglenni'r hydref. Ond, yn nechrau Medi, daeth y rhyfel. Un o'r pethau amlycaf yn rhifyn cyntaf y mis o'r *Radio Times* ydoedd cerdd, ' *Black-Out* ', a llun cath ddu ar ben wal yn y tywyllwch. Ymbalfalu yn y tywyllwch y bu'r B.B.C., hefyd, am beth amser. Ar wahân i'r newyddion, dilewyd y rhaglenni arferol bron i gyd—yn eu plith bob rhaglen a drefnwyd gan Rowland Hughes ar gyfer yr wythnosau nesaf.

5

Effaith cyntaf y rhyfel ar y radio fu rhoddi pen disymwth ar bron y cwbl o'r rhaglenni arferol. Darlledid y newyddion, wrth gwrs, a'r gwrando'n fwy eiddgar nag y bu erioed, ond ar wahân i hyn ychydig iawn a geid am rai wythnosau ond miwsig ysgafn a rhaglenni megis Sandy Macpherson ar yr organ. Fel y dywedwyd yn ddiweddarach, cnociwyd cynllunwyr rhaglenni'r B.B.C. oddi ar eu traed gan ergyd na thaniwyd mohoni.

Teimlai Rowland Hughes yn fwy rhwystredig na'r mwyafrif o'i gydgynhyrchwyr, a gresynai wrth y cynnyrch annheilwng a gynigid i'r wlad. Aeth i gyfarfod â rhai o benaethiaid y Gorfforaeth Ddarlledu yn Evesham, lle'r oeddynt ar y pryd, wedi eu symud o Lundain er mwyn diogelwch, a mynegodd yn groyw ei bod yn bryd i'r B.B.C.

ymysgwyd o'r marweidd-dra a ddaeth drosti. Dylent ail-ddechrau gweithio ar unwaith, a chynhyrchu rhaglenni o safon. Mwy na hyn, yr oedd ganddo raglen i'w chynnig. Esboniodd ei syniad—rhaglen am yr ardaloedd glofaol, ac awdurdodwyd ef i'w pharatoi, i'w darlledu nos Fercher, Hydref 18. Hyn fu dechrau ailgychwyn rhaglenni nodwedd ar y radio : i Rowland Hughes, ac i Adran Gymraeg y B.B.C. yr oedd y wlad yn ddyledus. ' Y rhaglen o Gymru am y Mwynwyr oedd y darn cyntaf o realedd i'n cyrraedd ', meddai Grace Wyndham Goldie, gohebydd drama y *Listener*, wrth edrych yn ôl yn Rhagfyr 1939 ar gynnyrch y B.B.C. er dechrau'r rhyfel.

Bu hyn yn gychwyn cyfnod pan enillodd Adran y B.B.C. yng Nghaerdydd glod eithriadol iddi ei hun dros Brydain gyfan, a T. Rowland Hughes, yn anad neb, ydoedd cynhyrchydd y rhaglenni a ddaeth i'r fath fri. Dan amgylchiadau rhyfel, cafodd gyfle, nas cawsai onibai am hynny, i gynhyrchu rhaglenni a dynnodd sylw'r holl wlad. Derbyniai'n aml lythyrau o bencadlys y B.B.C. yn gwerthfawrogi ei waith, a mwy derbyniol fyth, gydnabyddiaeth trwy godi ei gyflog. Ond rhaid cofio mai'r pris a dalwyd am y sylw ehangach hwn i'r rhaglenni o Gaerdydd ydoedd lleihad difrifol yn nifer a hyd y rhaglenni Cymraeg a gynhyrchid. Cwtogwyd yr amser a roddai'r B.B.C. i'r Gymraeg i ychydig funudau'r dydd.

Ysgrifennodd y Dr. Alun Oldfield-Davies :[1] ' Ym mlynyddoedd y rhyfel yr oedd galw cyson am raglenni ar y rhwydwaith cenedlaethol, a'r rheini yn Saesneg, ac yn ystod y blynyddoedd cyntaf enillodd Rowland Hughes enw a bri fel cynhyrchydd, a dyma'r cyfnod y cydweithiai'n agos â Jack Jones fel ysgrifennwr, a Phil Burton fel ysgrifennwr ac fel actor.

' Beth oedd cyfraniad Rowland Hughes i dwf a datblygiad darlledu yng Nghymru ? Gosod safon, gofalu am waith glân a chyson, ennill enw da i Gymru fel man lle gellid llunio a chynhyrchu rhaglenni radio a oedd yn deilwng o'u lle ym mhatrwm cyffredinol rhaglenni'r B.B.C. Cyfyngwyd ar ei weithgarwch yn Gymraeg gan amodau rhyfel, ond yr amodau hyn hefyd a agorodd y drws iddo i ennill ei blwyf ym Mhrydain. Bu'r cyfyngu ar ei waith yn Gymraeg yn foddion i ledu ei orwelion ac ehangu maes ei ddylanwad. Ac rwyf yn lled gredu ei fod yntau'n croesawu hyn ar y pryd. Eto, pan ddaeth y dydd iddo gefnu

---

[1]' Y B.B.C. a Chymru—Cipolwg dros Chwarter Canrif ', *Y Genhinen*, Cyf. XII, Rhif 1, 1961.

ar raglenni radio, a rhoi'r gorau i'w waith fel cynhyrchydd oherwydd
ei wendid corff, trodd yn gyfan gwbl i'r Gymraeg'.

Rhydd y Dr. Alun Oldfield-Davies hefyd ddisgrifiad byw o berson-
oliaeth Rowland Hughes fel y'i gwelid ar y pryd gan ei gydweithwyr
yn y B.B.C., ac awgrym i esbonio un elfen amlwg yn ei bersonoliaeth :
'Dygnwch tawel, di-ildio, yn ymylu ar brydiau ar ystyfnigrwydd,
ac ymdrech barhaus at gyrraedd safon broffesiynol oedd prif nodwedd-
ion Rowland Hughes. Yr oedd ysfa greadigol yn ei enaid ond corff
gwan ac eiddil. Doedd ganddo ddim ynni ac egni corff i gyfateb i'w
ynni meddyliol. Hyn mi gredaf sy'n egluro pam y croesawai gyd-
weithio â gwŷr cadarnach eu nerth corfforol nag yntau. Yr oedd fel
pe bai'n sugno nerth a chryfder oddi wrthynt hwy. Hyn sy'n cyfrif
pam y llwyddodd mor dda i weithio gyda dynion fel Jack Jones a
Philip Burton a'r Athro Gwyn Jones'.

Gwendid cynyddol, y cloffni'n gwaethygu, ydoedd hanes Rowland
Hughes yn y cyfnod hwn, ac yntau'n ymladd yn ei erbyn ac yn
cynhyrchu ei waith radio mwyaf aeddfed a gorffenedig. Er gwaethaf
ei wendid, gweithiai oriau meithion wrth ei ddesg neu yn y stiwdios
yn Park Place, Caerdydd, ac ar brydiau, er mwyn cael ychwaneg o
dawelwch, âi ag ambell awdur, megis Jack Jones, gydag ef i 'Ger-y-
Llyn' i weithio ar raglen. Teithiai'r wlad, hefyd, i edrych am ddeun-
ydd ar gyfer rhaglenni, ac am awduron ac actorion. Byddai'n gyrru
ei gar ei hun tan tua diwedd 1941, yna aeth yn anabl i wneud hyn ;
wedi hynny bu ei wraig yn gyrru am gyfnod nes rhoi'r gorau i'r car
oherwydd prinder petrol.

6

Y rhaglen y cyfeiriwyd ati fel man ailgychwyn rhaglenni nodwedd
ar y radio ydoedd *Home Fires Burning*. Cyn gynted ag y llwyddodd
Rowland Hughes i sicrhau cytundeb y B.B.C. i'w chynhyrchu,
cafodd afael ar Jack Jones, ac aethant ati eu dau i'w pharatoi. Disgrifid
hi yn y *Radio Times* fel darlun radio o gymdeithas lofaol 'rhywle yng
Nghymru', ac o'r adwaith yn y lofa a'r cartref i amgylchiadau'r rhyfel.
Cafodd y rhaglen groeso brwd. 'Y rhaglen gyntaf o ddiddordeb
arbennig i Gymru (ar wahân i'r newyddion a chyhoeddiadau) er
dechrau'r rhyfel' : 'Yn union fel roedd y rhan fwyaf ohonom yn
dechrau meddwl am beth roeddym yn talu deg swllt y flwyddyn,
cawsom wledd annisgwyl gan y B.B.C. nos Fercher pan gynhyrchwyd

ar yr awyr stori ryfeddol am y gwir fywyd Cymreig, yn gyforiog o ysbrydiaeth, hwyl a chalondid—mor fyw yn ei diddordeb nes peri inni anghofio'r blac-owt digalon, a phopeth a gynrychiola' : dyma rai o sylwadau'r papurau newydd ar y pryd ; ac ar ddiwedd y flwyddyn, y mae W. E. Williams yn y *Listener* yn cyfeirio'n arbennig at y rhaglen fel un o ychydig gynhyrchion y B.B.C. yn 1939 y buasai'n barod i roi medal iddi.

Ysgrifennodd Jack Jones lawer iawn o raglenni radio yn y blynydd-oedd nesaf, a Rowland Hughes yn eu cynhyrchu. Yn eu mysg roedd *Man of Song* i ddathlu can-mlwyddiant y Dr. Joseph Parry yn 1941— yr hedyn, o bosibl, y tyfodd ohono lyfr diweddarach Jack Jones, *Off to Philadelphia in the Morning* ; a *Bidden to the Feast*, seiliedig ar nofel o'r un enw gan Jack Jones, gyda Clifford Evans a Rachel Thomas yn actio'r prif rannau.

Bu canmol mawr ar y rhaglenni hyn, a llawer un arall o'u gwaith, ond ceid cam gwag weithiau, ym marn y beirniaid. Er enghraifft, ym mis Medi 1941, ysgrifennodd Jack Jones a Rowland Hughes raglen, *The Home Front*, yn disgrifio sefyllfa'r diwydiant glo yn wyneb yr angen i gynhyrchu mwy o lo. Ysgrifennodd W. E. Williams yn y *Listener* (yn gywir iawn, gellid tybio) am ddiffyg diffuantrwydd y rhaglen oherwydd bod y mwynwyr Cymreig wedi eu gosod i fynegi teimladau a oedd yn hollol annaturiol iddynt. ' Er enghraifft, gwnaed iddynt awgrymu mai eu prif amcan yn y rhyfel ydoedd rhyddhau y mwynwyr yn y gwledydd a feddiannwyd gan y gelyn. Rhywbeth a roddwyd yn eu genau, yn amlwg, ydoedd hyn yn hytrach na rhyw-beth a godai o'u calonnau. A llu o enghreifftiau tebyg '.

Ond eithriad ydoedd hyn, ac anaml y teimlid fod rhaglen a gyn-hyrchwyd gan Rowland Hughes yn fethiant. Pan ddigwyddai, âi Rowland yn bur ddigalon ; naturiol ddigon ydoedd hyn o gofio ei afiechyd, a'r ymdrech lafurus a olygai iddo ddal ati. Y mae geiriau'r Dr. Alun Oldfield-Davies a ddyfynnwyd uchod, sy'n sôn am ei ddygnwch, 'yn ymylu ar brydiau ar ystyfnigrwydd ', yn awgrym-iadol. Nid oedd ei berthynas â phob un o'i gydweithwyr yn y B.B.C. bob amser yn un hapus iawn : gallai fod yn ystyfnig ; yr oedd, o'i ddyddiau cynnar, yn ddi-amynedd, a'r diffyg amynedd yn cynyddu bellach oherwydd ei wendid. Nodweddir ei nofelau, a ysgrifennwyd yn ddiweddarach yn ei lesgedd mawr, gan garedigrwydd a chyd-ymdeimlad—yn ormodol felly, medd rhai— eithr ni fyddai awgrymu mai'r rhinweddau tyner hyn yn unig a geid ynddo ond megis llunio darlun o ryw sant y byddai Rowland Hughes y cyntaf i'w ddilorni. Perthynai iddo fesur helaeth o'r nodweddion hyn ; ond yr oedd, hefyd, ochr arall i'w gymeriad. Yn hanfodol, gŵr eangfrydig a hael ei gydymdeimlad ydoedd, ond gallai fod ar achlysur yn biwis. Yr oedd weithiau yn hawdd ei dramgwyddo, ac y mae o leiaf un enghraifft o awdur yr arferid ei wahodd yn fynych i ysgrifennu rhaglenni radio yn pechu yn ei erbyn ar bwynt a ymddengys yn ddibwys, ac oherwydd hynny heb gael cynnig gwaith wedyn am gyfnod hir. Ond y syndod yw, nid bod ffaeleddau dynol yn dod ar brydiau i'r wyneb, ond yn hytrach ei fod, dan ei afiechyd blin, wedi cyflawni'r fath swm o waith caboledig, gan ennill edmygedd, teyrngarwch a hoffter y rhai a weithiai gydag ef.

Ni ellir byth anghofio cyfraniad amhrisiadwy Eirene, ei wraig, yn yr argyfwng. Gwyddai hi ers amser, bellach, am natur ei afiechyd, ac nad oedd gwella i fod yn ôl y meddygon ; yntau erbyn hyn yn gwybod beth oedd arno, ond yn gobeithio o hyd am wellhad, yn aml yn ddigalon ac yn anodd ei godi o'i iselder ysbryd, ond—gyda'i hysbrydiaeth a'i chefnogaeth hi—o hyd yn ymegnïo o'r newydd, ac yn bwrw iddi'n ddewr i gynhyrchu rhaglen ar ôl rhaglen.

Cynhyrchiad a dynnodd gryn sylw, yn Chwefror 1940, ydoedd *Proud Valley*, cyfaddasiad ar gyfer y radio o ffilm newydd Ealing Studios a Paul Robeson yn chwarae'r brif ran—Negro digartref yn canu trwy un o gymoedd Cymru, nes canu ei ffordd i galonnau'r bobl. Yn y ffilm hon y gwnaeth Rachel Howell Thomas enw mawr iddi ei hun : camodd yn syth o berfformiadau mewn rhaglenni radio ac fel amatur ar y llwyfan i ran bwysig gyda Paul Robeson. Croesawyd hi gan y beirniaid fel darganfyddiad pwysig ym myd y ffilmiau, a dywedodd Paul Robeson ei hun na fu erioed yn cymryd rhan gyda gwell actores naturiol.

Cawn Rowland Hughes yn fuan wedyn, ymysg llawer o raglenni eraill, yn cynhyrchu *Branwen*, drama fydryddol gan Llewelyn Wyn Griffith, gyda cherddoriaeth gan Mansel Thomas, a'r *Manchester Guardian* yn dweud fod darllediad nodedig arall wedi dod o Gymru, a oedd yn awr yn darparu'n gyson rai o'r rhaglenni gorau a geid ar y radio.

7

Ond er mor brysur yr oedd Rowland Hughes wrthi yn cynhyrchu rhaglenni radio, o hyd yr oedd yr ysfa i ysgrifennu a chreu ynddo.

Cyfaddasodd ar gyfer y radio, *Poison Pen*, drama Richard Llewelyn am lythyrau di-enw. Yna ceir ef yn fforddio amser i ddarlithio i ambell gymdeithas ddiwylliadol ; yn Chwefror 1940, darlithiodd i'r *Poetry Society* yn y Sefydliad Addysgol ym Mhont-y-pŵl ar ' *Verse for Radio* '. Pennawd yr adroddiad am y ddarlith yn y *Monmouthshire Free Press* ydoedd ' *Shakespeare Wrote for Radio* ' : yr hyn a ddywedodd y darlithydd oedd fod amodau'r llwyfan yr ysgrifennodd Shakespeare ar ei gyfer yn debyg iawn i'r amodau a wynebai'r bardd oedd yn ceisio ysgrifennu ar gyfer y radio.

Hefyd, yr oedd yn parhau i ysgrifennu i'r *Western Mail*, dan y ddau ffug-enw ' Y Lloffwr Llwyd ' a ' Siôn Ifan y Crydd ', a weithiau dan ei enw ei hun. Ysgrif ddiddorol gan ' Y Lloffwr Llwyd ' ydoedd ' Athro o Gymro yn Ail-Adnabod Pobl y Wlad ', erthygl y sonnir amdani eto, sy'n datgan yn groyw y syniadau sy'n ddiweddarach yn elfen lywodraethol yn holl nofelau Rowland Hughes.

Hanes sgwrsio a digwyddiadau yng ngweithdy'r crydd a geir gan ' Sion Ifan y Crydd ', y cwbl ar ffurf stori, a'r un cwmni o gymeriadau sefydlog yn ymddangos ym mhob erthygl. (Y mae'n ddiddorol sylwi nad oedd y crydd a'i weithdy wedi *llwyr* golli ystyr tua 1940. Pa ddiben fyddai i neb sôn am weithdy'r crydd fel man ymgynnull wrth y genhedlaeth hon ?) Yn un ohonynt, 'Tragwyddol Heol i'r Beirdd', y mae'r cwmni wedi ymgynnull i drefnu rhaglen eisteddfod y cylch, sydd i'w chynnal—rhyfel neu beidio—a cheir peth dychan digri ynglŷn â'r cynnig i adael testun cystadleuaeth y gadair yn agored. Sgit ydoedd hyn ar benderfyniad Pwyllgor yr Eisteddfod Genedlaethol, 1940 i wneud felly ; yr hyn na ddywedid ydoedd fod y gŵr a sgrifennai dan enw ' Sion Ifan ' yn paratoi i anfon awdl i'r gystadleuaeth. Ymysg y cwmni yn y gweithdy yr oedd un gŵr a oedd bob amser am ' wneud i ffwrdd ' â phopeth.[1] Un o'i gynigion y tro hwn i wella'r Eisteddfod oedd ' gwneud i ffwrdd â'r merched '.

Atgofir ni am un agwedd ar fywyd y cyfnod gan erthygl a ysgrifennodd yn 1940 dan y pennawd, ' Rhowch Lyfr yn eich Poced ', hanes amdano ei hun yn cael ei ddal un noswaith gan ' sŵn y cyrn a

---

[1]Cymharer Bob Gruffydd yn *William Jones*.

sŵn y cacwn uwchben ', ac yn treulio oriau ymhlith cwmni cymysg
yn un o'r llochesau yn ystod cyrch awyr ar y ddinas.

Un o gymwynasau Rowland Hughes i Gymru yn 1940 ydoedd
awgrymu cynnal ' Eisteddfod yr Awyr '. Yr oedd Eisteddfod Gened-
laethol 1940 wedi ei chyhoeddi ym Mehefin 1939, i'w chynnal ym
Mhenybont-ar-Ogwr, a'r rhaglen wedi ei hargraffu. Ond gyda
dechrau'r rhyfel yn 1939 gofynnodd y pwyllgor lleol, oherwydd yr
anawsterau, i Gyngor yr Eisteddfod ohirio Eisteddfod Penybont hyd
ddiwedd y rhyfel. Yna penderfynodd y Cyngor, rhag bod bwlch yn
hanes yr Eisteddfod, ei chynnal am dridiau yn Aberpennar, lle'r oedd
pafiliwn helaeth y gellid ei ddefnyddio.

Aethpwyd ymlaen â'r trefniadau, a derbyniwyd y cyfansoddiadau
ar gyfer y cystadleuthau. Ond, a hithau bron yn ddiwedd Mehefin,
penderfynwyd bod cynnal yr Eisteddfod yn Aberpennar yn an-
ymarferol, oherwydd (a) anawsterau teithio, (b) anawsterau lletya a
phorthi a (c) y peryglon o gasglu miloedd i un canolfan—yn wyneb
yr argoelion fod cyrchoedd awyr ffyrnig yn erbyn y wlad hon ar fin
dechrau.

Yn yr argyfwng hwn, ar awgrym Rowland Hughes—a gofiai,
wrth gwrs, am yr Eisteddfod Radio a drefnwyd ganddo yn 1938—
daeth swyddogion y B.B.C. ymlaen â chynnig i drefnu'r Eisteddfod
ar yr awyr. Derbyniodd Cyngor yr Eisteddfod y cynnig hwn yn
llawen.

Rhaid oedd, wrth gwrs, gyfyngu'n ddirfawr ar raglen arferol yr
Eisteddfod. Penderfynwyd bod yn rhaid darlledu y tri pheth y credid
na allai mwyafrif y genedl ddychmygu am Eisteddfod Genedlaethol
hebddynt—y brif gystadleuaeth gorawl, y corau meibion, ac anerchiad
y Llywydd, David Lloyd George. Heblaw hyn, ceid crynodeb o'r
beirniadaethau, ac enwau'r buddugwyr.

Rowland Hughes yn bennaf a oedd yn gyfrifol am y trefniadau.
Cafwyd beirniadaeth cystadleuaeth y Gadair ar y dydd Sadwrn, yr
unig dro i hyn ddigwydd. Y beirniaid ydoedd R. Williams Parry,
G. J. Williams a'r Parch. William Morris ; darlledodd G. J. Williams
grynodeb fer o'r feirniadaeth. Roedd tri ar hugain wedi cynnig, pob
un yn canu ar destun gwahanol gan fod y testun yn agored. Y gorau
ydoedd ' Cynnor ', a ganodd ar y testun ' Pererinion ', sef pererinion
yn Nhyddewi yn sefyll o flaen delw'r Sant. Y mae'r Sant yn holi am ei
wlad, a hwythau'n ateb. R. Hopkin Morris, pennaeth y B.B.C. yng
Nghymru, a agorodd yr amlen a gynhwysai enw priod ' Cynnor ', a

chyhoeddodd mai'r bardd buddugol ydoedd T. Rowland Hughes—y gŵr y clywyd ei lais ychydig funudau ynghynt yn cyhoeddi enwau'r buddugwyr mewn cystadleuthau barddonol eraill. Yn lle'r gadair bren, drom arferol, cyflwynwyd i'r bardd gadair arian fechan, bedair modfedd o uchder, ar ffurf cadair o ddechrau'r unfed ganrif ar bymtheg.

Fe welir fod y rhaglen radio fydryddol Saesneg, ' *Wales* ', a ysgrifennwyd gan Rowland Hughes ar gyfer Gŵyl Dewi 1938, y gerddoriaeth gan Arwel Hughes, ar yr un llinellau'n hollol â'r awdl fuddugol ' Pererinion '.

Beirniadaeth ddiddorol iawn a geir gan R. Williams Parry, yn gymysg o gondemnio hallt a chanmoliaeth frwd. Gofynna a oedd raid i'r bardd fynd i gymaint trafferth i ddyfeisio'i gynllun cyn darlunio cyflwr moes a chrefydd, awen a chân, yng Nghymru'r ugeinfed ganrif. Bid a fo am hynny, anodd yw darllen y darn holiadol o'r awdl heb gofio am fardd arall (James Elroy Flecker, er nas enwir gan R. Williams Parry) a ofynnodd gwestiynau digon tebyg—bardd ifanc o Sais yn cyfarch olynydd iddo a allai fod yn astudio'i gân hynafol ef ymhen mil o flynyddoedd :

> But have you wine and music still,
>   And statues and a bright-eyed love,
> And foolish thoughts of good and ill,
>   And prayers to those who sit above ?

Yna mae'n sôn am atebion barddonllyd y dyrfa sydd wrth yr allor yn Nhyddewi. ' Pa siawns sydd i artist yn y fath gwmni ? Oherwydd artist ydyw'r dyn, a chanddo lygad paentiwr a chlust prydydd. Y pethau a gyffry ei awen, sydd mor nerthol pan gyffroer, ydyw'r pethau sydd eisoes yng ngwaelod ei feddwl cyn iddo erioed boeni ynghylch cynllun i'r awdl hon. Gweledigaethau gwiw . . . ' Drwy hydref hen bentrefydd '. Ai fel hyn yr anedlir melyster i'r glust ac o'r glust i'r galon ? Ie, hyd yn oed mewn awdlau—ar brydiau : megis y gwna'r bardd hwn pan fo yn ei awen : pan ddechreuo ddangos ei hud, fel y gŵr yn y fabinogi. Tra pery ei hyrddiau o ysbrydiaeth y mae ei gelfyddyd y tu hwnt i ddim a ddyfeisiodd crefftwyr ysbeidiol eraill y gystadleuaeth '.

Daeth 'Eisteddfod yr Awyr' felly i ben gyda llwyddiant personol i Rowland Hughes : yr oedd wedi ennill y Gadair yn yr Eisteddfod Genedlaethol am yr ail waith. Ond y tristwch oedd fod y cloffni'n gwaethygu, a chyflawni ei ddyletswyddau yn golygu ymdrech gynyddol.

9

Tyfai'r cydweithrediad rhwng Rowland Hughes a P. H. Burton fel yr âi Rowland yn fwy analluog i gerdded. Ysgrifennodd Burton nifer o raglenni, rhai ohonynt ar y cyd gyda Rowland Hughes, a hefyd, fel y dywedwyd eisoes, byddai'n aml yn cael galw arno, yn answyddogol, i gynorthwyo gyda'r cynhyrchu.

Rhaglen a dynnodd sylw eithriadol dros yr holl wlad ydoedd ' The San Demetrio '. Rhaglen ddramatig ydoedd hon am long-cludo-oel, a oedd yn hwylio mewn convoy ac a drawyd gan y gelyn a'i rhoi ar dân. Bu un ar bymtheg o'r criw mewn cwch agored am ddeuddydd, ac yna daethant ar draws y llong eilwaith, o hyd yn nofio. Aethant ar ei bwrdd, a llwyddo i ddiffoddi'r tân. Heb gwmpawd na map na siart, llwyddasant yn wyrthiol i'w hwylio am filoedd o filltir-oedd i borthladd yn y wlad hon.

Yr oedd prif swyddog y llong yn byw yn Port Talbot, lle'r oedd P. H. Burton yn athro, a chafodd Burton lawer o'r manylion ganddo ef. Ar sail hyn, lluniodd ei raglen am y fordaith hir a gofir fel epig yn hanes y môr. Ystyriai Rowland Hughes ei hun—a chytunai llawer beirniad gydag ef—mai'r rhaglen hon oedd un o'i gynyrchiadau gorau.

Pan glywodd un o gyfarwyddwyr y B.B.C. yn Lloegr y rhaglen, rhoddwyd gorchymyn ar unwaith i ddileu rhai o'r rhaglenni ar gyfer trannoeth, a'i hail ddarlledu. Darlledwyd hi wedyn am y drydedd waith ym mis Gorffennaf 1942. Gwnaeth un o'r cwmnïau-ffilmiau, hefyd, ffilm o'r rhaglen—y ffilm gyntaf erioed i'w gwneud o sgript rhaglen radio. Tybiodd Rowland Hughes a P. H. Burton y caent swm sylweddol am hyn, ond ychydig iawn a gawsant.

Er mai yn Saesneg yr oedd toreth mawr rhaglenni Rowland Hughes yn y cyfnod hwn, yr oedd hefyd yn gyfrifol am ddarpariaeth brin, ond cyson, o raglenni Cymraeg. Y rhaglen Gymraeg gyntaf iddo ei chynhyrchu wedi dechrau'r rhyfel ydoedd ' Hedd Wyn ', rhaglen ddramatig gan J. Ellis Williams, ar ddydd Gŵyl Dewi 1940. O hyn ymlaen cafwyd rhaglenni Cymraeg; ond rhaglenni byrion, rhwydd oeddynt—storïau byrion, ran fwyaf. Dyma rai enghreifftiau o'r nifer fawr a ddarlledwyd : ' Bethesda'r Fro ', gan W. J. Gruffydd ; ' Chwythwr yr Organ ', stori gan Eynon Evans wedi ei chyfieithu

Gyda phanel y B.B.C., a Rhys Hopkin Morris yn gwylio

Paratoi ar gyfer darllediad, Awst 1940
(*O'r chwith i'r dde* : Davey Davies, Nan Davies, John Griffiths,
Enid Jones, T. Rowland Hughes, Glyn Jones)

Rhys Hopkin Morris yn ei longyfarch ar ennill y Gadair
yn Eisteddfod Genedlaethol 1940

ac yn cael ei darllen gan Rowland Hughes ; ' Ma's â'r Gole 'na ' gan S. L. Owen (stori a drefnwyd, fel trwy ryw rag wybodaeth ryfedd, yn wreiddiol ar gyfer wythnos gyntaf y rhyfel) ; ' Pobol Tŷ Nesaf ' gan J. O. Williams ' ' Noswyl ', stori gan Rowland Hughes ei hun ; ' Dirgelwch ' gan T. Gwynn Jones ; ' Cap Wil Tomos ', Islwyn Williams, a ' Dwy Ffrind ' gan Kate Roberts.

Ymysg awduron eraill y cyflwynodd ef eu storiau gwelir enwau Cynan, T. J. Morgan, Gwilym R. Jones, Jane Ann Jones, Caradog Pritchard a Jac L. Williams.

Gofalodd hefyd am roi lle i'r beirdd, a chafwyd rhaglenni o gerddi diweddar Alun Llywelyn-Williams, Iorwerth Peate, W. D. Williams, Geraint Bowen, R. Williams Parry, W. J. Gruffydd, Caradog Pritchard, T. H. Parry-Williams, Cynan, Dewi Emrys, E. Prosser Rhys, J. M. Edwards ac eraill, heblaw rhaglenni lle rhoid cyfle i feirdd ifainc llai adnabyddus ddangos eu dawn.

Yn Rhagfyr 1941, cyhoeddodd *Storïau Radio*, detholiad o ddeuddeg stori, yn cynnwys ' Noswyl ', ei stori ef ei hun. Yn rhyfedd iawn, er iddo ar hyd y blynyddoedd ymddiddori gymaint yn y Stori Fer, a chynllunio i ysgrifennu amryw o dro i dro, hon, hyd y gwyddys, yw'r unig Stori Fer iddo ei chyhoeddi. Y mae'r Rhagair i'r gyfrol hon yn bwysig a cheir sôn amdano wrth ystyried ei nofelau.

10

Trosglwyddid pob elw o gyhoeddi *Storïau Radio* i gronfa'r Urdd, ac nid dyma'r unig gymwynas a wnaeth Rowland Hughes â'r Urdd yn y cyfnod hwn. Heblaw llawer rhaglen radio ar waith yr Urdd, bu'n hael ei gyfraniad llenyddol i gylchgronau'r mudiad. Yn Rhagfyr, 1941, yn *Cymru'r Plant* yr ymddangosodd ' Dau Dderyn To ', y cyntaf o'r caneuon a gyhoeddwyd wedi hynny yn *Caneuon Siôn*. Yn ystod y misoedd dilynol cyhoeddwyd yn yr un cylchgrawn ' Hyrdi-Gyrdi ', ' Siôn ', ' Ble Mae Siôn ? ' ac eraill.

Ychydig iawn o'r rhai a oedd yn adnabod Rowland Hughes, hyd yn oed y rhai a'i hadwaenai'n bur dda, a fyddai'n disgwyl ei weld yn sgrifennu'r caneuon ysgafn, digri i blant a geir yn *Caneuon Siôn*, sy gan mwyaf yn adrodd hanes bachgen bach a'i gi Siôn, er bod ambell un ohonynt heb y ci, megis ' Dau Dderyn To ', sy'n dechrau :

Dau dderyn to ar ben y tŷ,
Dau dderyn to yn trwsio'u plu,
A chath fach wen a chath fach ddu
Yn gwylio'r ddau ar ben y tŷ.

Ysgolheigaidd ydoedd tuedd meddwl Rowland Hughes : efô, o
bosibl, ydoedd y mwyaf academaidd o ran natur a gyrfa addysgol o
holl nofelwyr Cymru, a naturiol fyddai synnu braidd wrth ei weld yn
ceisio mynd i mewn i feddwl plentyn bach, ac yn llwyddo fel y
gwnaeth yn y caneuon hyn.   Ond yr oedd hyn yn hollol gyson â'i
bersonoliaeth.   Mawrygai symlrwydd fel un o'r prif rinweddau, fel y
sylwasom droeon, ac nid rhyw osgo a gymerodd arno ydoedd hyn.
Yr oedd yn rhan annatod ohono, ac i ryw raddau yr oedd y symlrwydd
hwn fel symlrwydd plentyn.   Nid anghofiodd ei blentyndod ei hun, a
hwyrach fod byd dychymyg a breuddwydion plentyn yn fwy byw
iddo yn aml na llawer o'r bywyd a oedd o'i gwmpas yng Nghaerdydd.
A'r hyn a gasâi'n fwy na dim, yn enwedig mewn plentyn, ydoedd
annaturioldeb a ffuantwch.

Y mae hanes amdano ef a'i briod yn dod o'r capel un bore Sul, a
rhyw fachgennyn yn dod atynt gan ymroi mewn ffordd braidd yn
fursennaidd a gwenieithus i drafod y gwasanaeth.   Ni ddywedodd
Rowland ddim wrtho, ond wedi iddo eu gadael dywedodd wrth ei
wraig y byddai'n llawer gwell ganddo weld y bachgen yn cicio tun
ar hyd y stryd fel rhyw fachgen arall.

Nid rhyfedd fod y caneuon a luniodd i blant yn sôn am gi, oherwydd
yr oedd ei wraig ac yntau'n hoff iawn o gŵn.   Bu ganddynt gi,
Chum, yn Harlech, ond collwyd hwnnw pan aethant i Lundain.
Cyn gynted ag yr ymsefydlodd y ddau yng Nghaerdydd cawsant gi
arall, Mot, yr enwocaf o'r cŵn a fu ganddynt, yr ' hen gyfaill a fu'r
ffyddlonaf erioed ', a geir yn ' Coeden Afalau ', y gân gyntaf yn *Cân
Neu Ddwy*.

Cyhoeddwyd *Caneuon Siôn* yn Llyfrau Pawb yn Rhagfyr, 1943, y
gerddoriaeth gan Davey Davies, a'r lluniau gan Dewi Prys Thomas.

Yn ystod 1942, hefyd, yr ysgrifennodd Rowland Hughes lawer o'r
farddoniaeth a gyhoeddwyd wedi hynny yn *Cân Neu Ddwy*. Blwydd-
yn ydoedd hon pan oedd ei iechyd yn gwaethygu'n ddifrifol, a'r hen
elyn yn tynhau ei afael : hwyrach bod rhywbeth awgrymog yn y
ffaith iddo yn yr argyfwng hwn droi gymaint at farddoniaeth—
cyfansoddi llu o ddarnau byrion a chynifer ohonynt yn cynnwys
nodyn tyner a gobeithiol.

Y flwyddyn hon, yn *Y Llenor*, y cyhoeddwyd ei gerdd ' Salem '. Yr
oedd ganddo ddiddordeb mawr yn y llun a beintiwyd gan Curnow
Vosper er pan fu'n byw yn Harlech. Y darlun hwn, ' Salem ', ydoedd
pwnc yr ysgrif gyntaf a ysgrifennodd yn 1938 i'r *Western Mail* dan
enw ' Y Lloffwr Llwyd ' ; yno dywed, "Darn o farddoniaeth bywyd
gwledig Cymru ydyw, ' Cerdd yr Hen Addolwyr ' mewn lliwiau
cain". Yn niwedd yr erthygl y mae'n sôn am lun arall gan Curnow
Vosper, ' Dydd Marchnad ', sy'n awr yn yr Amgueddfa Genedlaethol
yng Nghaerdydd, a Siân Owen yn hwnnw hefyd, ond yn ei chlocsiau
ac ' nid yn rhodres ei siôl wych '. Ymddangosodd ei soned ' Salem '
yn *Cymru'r Plant* hefyd, ac yno yn ogystal gwelir ei gân arall am Siân
Owen, dan y pennawd ' Dydd Marchnad '—ond ' Steil ' yn *Cân Neu
Ddwy*. Ceir drwyddi'r syniad a fynegodd ' Y Lloffwr Llwyd ' yn ei
erthygl yn 1938 :

> Yr wyf fi'n falch fod cysgod gwên
> Ar d'wyneb yn y gegin hen,
> A'th fod di'n llonnach yn y llun
> Ohonot yn dy siôl dy hun.

Yn *Y Llenor*, hefyd, yn 1942, yr ymddangosodd ' Harddwch ' a
' Y Pren Ceirios ' ; cafwyd ' Yr Hen Fyd ' yn *Y Faner* ; ' Y Plên ' yn y
Western Mail ; ac yn *Y Tyst* yr ymddangosodd darnau na chyhoeddwyd
mohonynt yn *Cân Neu Ddwy*. At hyn, y flwyddyn hon y cyhoeddwyd,
yn rhaglen Cymanfa Ganu'r Llungwyn yn Nhreorci, yr emyn sydd
erbyn hyn mor adnabyddus, ' Tydi a Roddaist ', ar y dôn gan Arwel
Hughes.

II

Blwyddyn dywyll iawn yn hanes personol Rowland Hughes
ydoedd 1942, yr afiechyd yn gwaethygu, ac yntau'n mynd o feddyg i
feddyg heb ddim gwellhad. Bu am dri mis, o Dachwedd 1942 hyd
Chwefror, 1943, mewn *Nature Cure Clinic*, Tempsford Hall, yn
swydd Bedford, yn talu'n ddrud am ei le—bron £400, swm a fyddai'n
werth pedair gwaith cymaint yn nhermau arian heddiw. Yr oedd
yn casáu'r lle. Âi'r ddaear fflat, heb fryn na chodiad yn unman, a'r
wlad yn ddim ond gerddi marchnad, aceri o fresych ac ysgewyll
Brysel, ar ei nerfau, a pheri digalondid ac iselder ysbryd. Yma ceisiodd
lunio pryddest ar y testun ' Rhosydd Moab ' ar gyfer Eisteddfod

Bangor : nid rhyfedd, ac yntau mor isel, na welodd y beirniaid ddigon o deilyngdod ynddi.

Pan ddaeth o'r lle hwn, ni phwysai ond chwe stôn deg pwys. Yr oedd yn wan, wedi ei lethu'n llwyr gan siomiant, ac yn anodd ei gael i ymysgwyd o'r felancoli a'i goddiweddodd.

Mawr fu gwroldeb a chadernid Eirene, ei wraig, yn ceisio ei gael i gymryd diddordeb mewn bywyd unwaith yn rhagor. Fe gynigiodd ei ymddiswyddiad i'r B.B.C., ond gwrthododd Rhys Hopkin Morris â'i dderbyn. Hanes brwydr yn erbyn anallu corfforol, ei goesau'n methu â'i ddal, a'i lywodraeth ar ei aelodau'n pallu, yw hanes ei flynyddoedd olaf gyda'r B.B.C.

Am gyfran helaeth o'r amser hwn, gwnâi ei waith yn y tŷ gan na allai fynd i'r stiwdios yn Park Place ; P. H. Burton, ran amlaf, a fyddai'n gofalu am y cynhyrchu yn y stiwdio, ac yn dod i ' Ger-y-llyn ' i ymgynghori â Rowland Hughes ynglŷn â'r rhaglenni. Ceisiodd Rowland ddal ymlaen gyda'r gwaith hyd yr eithaf. Mynnodd ar un achlysur fynd i Lundain gyda pharti o actorion radio Caerdydd— canys aent yno weithiau i gynhyrchu rhaglen arbennig. Yr oedd mor ddiallu fel y bu raid i P. H. Burton, yn llythrennol, ei gario o stiwdio i stiwdio yn *Broadcasting House.*

Nid oedd yr un feddyginiaeth o ddim lles. Rhoddodd gynnig ar bopeth y gellid meddwl amdano, seilio ei ffydd o hyd ar ryw driniaeth newydd, a chael ei siomi bob tro. Soniwyd ar ddechrau'r hanes hwn fod yn nhad Rowland Hughes gryn duedd at hupocondria, a'i fod â'i drwyn yn barhaus yn nhudalennau meddygol *Llyfr Pawb ar Bob Peth.* Yr oedd elfen gref o'r un natur yn Rowland : cyn belled yn ôl â'r amser pan oedd yn Rhydychen, ac wedi hynny yn Harlech, câi un mympwy ar ôl y llall ynglŷn â'i iechyd. Ceir sôn ganddo am ' *short fast* ' ; golygai hyn fyw am bedwar neu bum niwrnod a phob pryd yn ddim ond un afal neu chwe eirinen sych. Yna clywir am ' *long fast* '. Cyn iddo fynd yn wael, byddai'n cael rhyw chwilen ryfedd bob hyn a hyn ynglŷn â bwyd. Bu cyfnod pan gredai fod yn rhaid iddo fwyta pob tamaid o fwyd yn hollol sych. Cyfnod arall pan geisiodd fyw ar foron wedi eu gratio a dim arall ; aeth Eirene yn wael dan yr oruch-wyliaeth hon, a daeth ei thad yno a mynd â hi adref yn ddi-oed.

Yn *William Jones*[1] ceir hanes ymweliad â'r doctor cwac, Watkins, yn Ynys-y-gog, gyda'i eirfa chwyddedig. Sail y disgrifiad hwn

---

[1]Tud. 178, *et seq.*

ydoedd ymweliad Rowland ei hun a gŵr yn byw ym Mhontyberem, a oedd yn bur adnabyddus yn y cylch, a phelenni ganddo i wella bron bopeth. Wedi bod ato credai Rowland iddo ddod ar draws y pelenni gwyrthiol hyn yng nghatalog ffyrm a werthai gyffuriau patent.

Bu bron iddo gael ei berswadio i roi cynnig ar ddulliau oedd, hyd yn oed, yn fwy anghonfensiynol. Clywodd am ŵr a oedd yn proffesu gallu iacháu trwy ffydd : y cwbl yr oedd angen ei wneud ydoedd i'r claf ysgrifennu ei enw ar bapur a byddai'r gŵr hwn yn rhoi'r enw ar ryw allor a oedd ganddo. Yna ceid llythyr oddi wrth y dyn, a'r claf yn gwella. Cafodd Rowland ei annog gan rai cyfeillion, mae'n syn meddwl, i ohebu â'r gŵr hwn, ond bu'n ddigon doeth i beidio.

Yn ddiweddarach aeth ddwywaith yn y trên yn ei gadair olwyn, ei wraig gydag ef, a'i thad yno i gynorthwyo, yr holl ffordd i Wadesbridge yng Nghernyw at feddyg esgyrn. Ond nid oedd y driniaeth hon, ychwaith, yn rhoi unrhyw wellhad parhaol. Yr oedd Rowland a'i dad-yng-nghyfraith yn gyfeillion mawr, ac yr oedd hefyd yn ymddiried yn drylwyr yn ei chwaer-yng-nghyfraith : dau gymorth gwerthfawr yn yr adfyd hwn.

Ceisio popeth er mwyn gwella, heb ddim yn tycio : dyna ydoedd yr hanes trist o hyd. Yr oedd yr afiechyd yn cryfhau ei afael ynddo yn barhaus, ac nid oedd ond tywyllwch ac anobaith o'i flaen. Digalon iawn, yn sicr, ydoedd y sefyllfa yn y tŷ yn Windermere Avenue, er mor ddewr y calonnau a gurai yno. A digalon hollol ydoedd Rowland Hughes. Ni ddychmygodd neb, ac yn sicr ni ddychmygodd ef ei hun yn y dyddiau hynny, fod blynyddoedd ei enwogrwydd mwyaf o'i flaen, blynyddoedd pan allodd—trwy ddygnwch a phenderfyniad digymar—orchfygu'r ffawd greulon a'i goddiweddodd a chyflwyno ei gyfraniad gwerthfawrocaf i'w genedl.

O ddechrau 1943, er bod enw T. Rowland Hughes wrth raglenni fel cynhyrchydd, neu'r rhaglen ' dan ofal T. Rowland Hughes ', eraill a wnâi'r gwaith yn y stiwdio, P. H. Burton yn bennaf gyda'r rhaglenni Saesneg, gan ymgynghori â Rowland Hughes yn y tŷ.

O'r tŷ cymerai Rowland Hughes ddiddordeb manwl yn y rhaglenni. Soniwyd eisoes y gallai ar achlysur fod yn flin ac yn biwis, ond yr oedd hefyd yn fawrfrydig, a dyna oedd ei duedd naturiol. Dywed Arthur Phillips—a oedd gyda'i frawd Philip Phillips ymysg actorion radio mwyaf blaenllaw a phrofiadol Caerdydd yn ystod y blynyddoedd hyn —sut y bu iddo yn 1944 actio rhan Dici Bach Dwl, cymeriad enwog J. O. Francis yn ' Y Potsiar ', a cheisio rhoi dehongliad newydd o'r

cymeriad—osgoi'r argraff o neidio o gwmpas yn wirion a'r ym-
ddygiad hanner pan, a chyflwyno Dici fel breuddwydiwr â rhyw
hiraeth pell yn ei enaid. Wedi'r darllediad aeth i ' Ger-y-llyn ' i weld
Rowland, gan ddisgwyl cael ei ganmol, ond y derbyniad a gafodd
oedd : ' Beth oedd y lol botes 'na o ddehongliad o Dici Bach Dwl ? '
Ond ymhen ychydig ddyddiau anfonodd Rowland ato, yn amgau
llythyr oddi wrth J. O. Francis, yn dweud mai dyma'r tro cyntaf
erioed iddo glywed rhan Dici yn cael ei actio fel y bwriadodd ef, a
nodyn oddi wrth Rowland, ' *You were right, and I was wrong* '. Cofier
fod Rowland Hughes yn wael iawn erbyn hyn ; ac nad peth mor
hawdd yw bod yn fawrfrydig mewn gwaeledd tost.

Er cyn lleied o'i waith fel cynhyrchydd a allai Rowland Hughes ei
wneud am fisoedd lawer cyn ymddeol, bu ar staff y B.B.C. hyd Ebrill
1945. Bu'r B.B.C. yn hynod garedig wrtho, ac Alun Oldfield-Davies,
a oedd yn bennaeth y B.B.C. yng Nghymru yn ystod blynyddoedd
olaf Rowland Hughes gyda'r Gorfforaeth, mor deyrngar iddo ag y bu
Rhys Hopkin Morris cyn hynny, ac yn gwneud popeth a allai drosto.
Pan ddaeth tymor Rowland Hughes gyda'r B.B.C. i ben, yr oedd
wedi cyhoeddi *O Law i Law* a *William Jones*, ac yr oedd yn awdur
llwyddiannus a galw mawr am bopeth a ysgrifennai.

VIII

Y NOFELYDD
1943—1949

I

FEL y dywedwyd, blwyddyn dywyll iawn yn hanes Rowland Hughes ydoedd 1942. Aeth i'r *Nature Clinic* yn swydd Bedford ym mis Tachwedd, ac wedi dod oddi yno y Chwefror dilynol, a'r driniaeth heb wneud dim lles, syrthiodd i bruddglwyf dwfn ; eisteddai yn pendwmpian yn hir wrth y tân, ac nid oedd dim a godai ei galon. I geisio gwella'r melancoli, awgrymodd Eirene, ei wraig, y dylai ysgrifennu nofel. ' Nefi bliw, am be' ? ' oedd yr ateb.

Cofiodd Eirene fel y bu mam Rowland farw yn 1939, a bu hithau ac Euronwy, chwaer Rowland, yn Llanberis yn ' clirio ', ac yn chwalu'r cartref. Cofiai mor dorcalonnus ydoedd gweld y celfi syml, y bu Mary Hughes mor ofalus ohonynt, yn mynd ' o law i law ', yn aml am y nesaf peth i ddim, ac am stori rhai ohonynt. O'r syniad hwn y tyfodd *O Law i Law*.

Y mae Arthur Phillips wedi disgrifio ei ymweliad â ' Ger-y-llyn ' oddeutu'r amser yma. Yr oedd ef nid yn unig yn gyfaill ac yn actor, ond hefyd yn gyfrifydd o ran ei swydd, a byddai'n cynghori'r teulu ar faterion busnes. Yr oedd y dyfodol ariannol, ar wahân i bopeth arall, yn amlwg yn dywyll : er holl garedigrwydd a chydymdeimlad penaethiaid y B.B.C. yr oedd y dydd yn agosáu pan fyddai'n rhaid i Rowland ymddeol o'i swydd. Cynghorodd Arthur Phillips ef i ysgrifennu sgriptiau ar gyfer y radio er mwyn dod â'r ddau ben-llinyn ynghyd, ac fe gofia hyd heddiw ei syndod anghrediniol pan atebodd Rowland Hughes, a'i gorff wedi ei grebachu dan ei siôl, hugan am ei liniau, prin yn gallu symud o'i gadair, a'r parlys eisoes yn dechrau cerdded o'i goesau i'w freichiau, ' Rydw i'n mynd i sgrifennu nofel '.

Wrth ysgrifennu daeth yn well o ran ei ysbryd, a gorffennwyd pum pennod gyntaf *O Law i Law*. Erbyn hyn âi ef a'i wraig bob wythnos i Lundain—buont yn mynd am ddeng wythnos—iddo gael triniaeth gan osteopath yn Wimpole Street, mynd ddydd Mercher ac yn ôl ddydd Iau. Ar un o'r teithiau hyn trefnodd Eirene iddynt fynd i weld William Griffiths, a oedd y pryd hwnnw yn oruchwyliwr adran Gymraeg Cwmni Foyle yn Charing Cross Road ; cyhoeddai'r cwmni hwn yr adeg hon nifer helaeth o lyfrau Cymraeg.

Cymerwyd tacsi i Foyle's, a phenodau cyntaf O *Law i Law* gyda hwy. Addawodd William Griffiths ddarllen y penodau a gadael iddynt wybod ei ddyfarniad. Ymhen deuddydd cyrhaeddodd telegram oddi wrtho yn dweud ei fod am gyhoeddi'r nofel, ac yn annog Rowland i'w gorffen yn ddi-oed.

O hyn ymlaen, nofelydd ydoedd Rowland Hughes, nofelydd a gyflawnodd ei waith dan amgylchiadau a oedd bron yn anhygoel o anodd a chaled, ac a enillodd glust a serch gwerin Cymru i fwy graddau nag y gwnaeth odid un o'i hawduron. Nid heb reswm y cymharwyd ef â Daniel Owen. Beiir ef weithiau oherwydd bod ei nofelau'n or-garedig a thyner, heb ond ychydig bwyslais ar y boen a'r loes sy'n rhan annatod o fywyd ; y wyrth yw iddo beidio ag ymollwng, fel y gallasai mor hawdd, i chwerwedd, a mynegi hynny yn ei waith llenyddol.

Dywedodd George Orwell unwaith nad oes gan bersonoliaeth lenyddol unrhyw awdur ryw lawer, os dim o gwbl, i'w wneud â'i gymeriad fel person unigol. Gall hyn fod yn wir am lawer nofelydd : gwelwyd rhai gwantan iawn o gorff a llwfr yn ysgrifennu storïau sy'n llawn o arwriaeth a rhyfyg gwrywol. Ond yr un ydoedd Rowland Hughes yn ei waith llenyddol ag yn ei gymeriad personol. Y mae'n ei ddatguddio ef ei hun yn barhaus. Rhinweddau cymeriadau ei nofelau yw'r rhinweddau y credai ef gryfaf ynddynt ; yn y gymdeithas a ddisgrifia, boed Lanberis ddechrau'r ganrif hon neu ynteu Balesteina yn nyddiau Crist, clodforir y nodweddion hynny y pwysleisiodd ef gymaint mai hwy yw'r unig bethau o werth parhaol.

O ddarllen nofelau Rowland Hughes, a heb wybod dim o'i hanes, gellid tynnu portread pur gywir o'i gymeriad—gan olygu wrth hynny ei gymeriad fel yr ymddangosai i'r rhai a'i hadwaenai'n dda, nid damcaniaethau'r seicolegwyr wrth geisio treiddio at gymhellion cudd personoliaeth dyn.

Ond prin y gellid darganfod o'i nofelau ei fod yn Gymro a oedd yn fwy cyfarwydd na'r mwyafrif o lenorion Cymru â llenyddiaeth Lloegr ac â gwaith cewri llenyddol y Cyfandir. Nid oedd yn anwybodus o'r tueddiadau newydd ym myd y nofel a'r stori fer : gwyddai lawer mwy amdanynt na fawr neb o lenorion Cymraeg ei gyfnod. Ysgrifennodd yn null Daniel Owen a Dickens oherwydd bod hynny yn naturiol iddo, ac nid oherwydd nad oedd wedi clywed am James Joyce, awdur *Ulyses*, Virginia Woolf ac eraill a arbrofodd gyda'r nofel ' fewnol '. Ychydig o amynedd a fyddai gan Rowland

Hughes â'r hyn a honnir yn aml gan rai beirniaid heddiw—heb ond y nesaf peth i ddim prawf o hynny—sef fod Joyce wedi agor pennod newydd, chwyldroadol yn hanes y nofel Saesneg. Disgrifio bywyd fel yr oedd ef yn ei weld, bywyd pobl gyffredin wrth eu gwaith ac yn eu cartrefi, a wnaeth Rowland Hughes, fel llu o nofelwyr mwyaf pob gwlad, a gwneud hynny'n hynod fyw a chrefftus.

Mynegodd yn eglur, ymhell cyn iddo ddechrau ysgrifennu ei nofelau, ei gredo lenyddol, yr egwyddorion y credai ef a ddylai ysgogi nofelydd o Gymro. Gellir dweud yn sicr ei fod wrth hyn—cyfeiriwyd at lawer enghraifft eisoes—yn meddwl amdano ei hun ryw ddydd yn ysgrifennu nofelau, breuddwyd a fu ganddo er dyddiau'r coleg. Dilyn ei gyfarwyddiadau ei hun a wnaeth, ysgrifennu'r math o nofelau y credodd ef ers blynyddoedd fod angen amdanynt yng Nghymru.

Yn ei ysgrif, ' Athro o Gymro yn Ail-Adnabod Pobl y Wlad ', a gyhoeddwyd yn y *Western Mail* yn 1939 yn fuan ar ôl dechrau'r rhyfel, y mae'n priodoli i gyfaill eiriau sy'n amlwg yn datgan ei syniadau ef ei hun : ' A gofi di'r nofel honno yr oeddwn i'n ei hysgrifennu am Gymro yn Llundain a'r Swisdir ? Llosgais y cwbl neithiwr, 'ngwas i, ac es ati i lunio un hollol newydd. Yn honno fe fydd pobl yn siarad yn naturiol —am mai pobl naturiol ydynt, pobl y lle yma a rhai cymeriadau yr wyt ti a minnau yn eu cofio yn yr hen fro. Mae hi'n ddigon hawdd sgrifennu'n glyfar, wyddost ti, llenwi tudalen ar ôl tudalen â sgwrsio cyflym, arwynebol. Ond nid gwaith hawdd yw sgrifennu'n araf, creu'r arafwch hwnnw sy'n perthyn i gymeriadau gwreiddiol sydd â gafael ynddynt. Yr unig gymeriadau arhosol yw'r rhai sy'n perthyn yn agos i'r pridd. Dyna iti gyfrinach Hardy. Mae John Jones yn fwy o ddyn, ac yn ganmil mwy diddorol, na ' Mr.' John Jones. Os wyt ti'n amau hynny, tyrd i fyny yma am sgwrs gyda'r hen frawd sy'n glan-hau'r ysgol. Pe bai hanner dwsin o rai fel ef yn y Senedd . . . Nid af yn ôl i Lundain eto ; mae Llan - - yn ganmil mwy diddorol '.

Hawdd yw dweud mai tipyn o ramantiaeth niwlog yw : ' Yr *unig* gymeriadau arhosol ydyw'r rheiny sy'n perthyn yn agos i'r pridd ', a syniadau tebyg. Yn wir, dyma'r math o ramantiaeth y gallai Rowland Hughes fod yn llawdrwm iawn ar rai agweddau arno : sylwasom eisoes arno'n dilorni'r syniad mai cwmni â phob un ohonynt yn ddynion neilltuol o ddarllengar a diwylliedig ydoedd chwarelwyr dechrau'r ganrif. Ond yr oedd yn credu hyd ddyfnder ei fodolaeth mai'r bobl syml, ddiymhonbar, garedig, wrol hyn ydoedd halen y ddaear, ac amdanynt hwy y dewisodd ysgrifennu ; cymdeithas syml a adwaenai'n dda ydoedd ei ddeunydd llenyddol, a'r bobl fwyaf cofiadwy yn y gymdeithas honno, fel y disgrifiodd ef hi, yw'r bobl a chanddynt fesur helaeth o'r rhinweddau tawel a edmygai ef.

Flynyddoedd ynghynt, yn ei erthygl yn 1932 yn *Yr Efrydydd* ar *Storïau Richard Hughes Williams*, dywedodd : ' Hoff gan rai yw egluro cynnyrch bychan ein dramâu a'n storïau trwy ddywedyd "nad ydym yn *byw* yng Nghymru". Yn Lloegr, neu ar y Cyfandir, meddent, y mae profiadau eithriadol a ddeffry ddychymyg yr artist, ond druan o'r bywyd Cymreig!'. Ond onid y syml a'r cyffredin, profiadau yr aethom heibio iddynt ein hunain ganwaith, a roddodd fod i ddramâu a nofelau mawr y byd ? Yn chwareli'r gogledd, yng nglofeydd Cwm Rhondda, ymhob pentref tawel a bwthyn unig y mae deunydd gorchestion llenyddol, ond i'r llygad ei ganfod, ac i'r dychymyg ddewis, cyfuno a dehongli.

' Ein tuedd yw chwilio am brofiadau allan o'r cyffredin, am gymeriadau eithriadol, syniadau newydd a gwreiddiol. "Mi hoffwn ysgrifennu stori, ond ni fedraf yn fy myw feddwl am blot go gyfrwys", yw geiriau llawer un, ac anobaith a dyhead yn gweu trwy'i gilydd yn ei lygaid. Gwn fod lle i stori neu nofel-plot, lle i'r cymeriad anghyffredin a'r datblygiad annisgwyl, ond yr hyn a'm synna fwyaf wrth ddarllen rhai storïau a nofelau diweddar â champ arnynt yw symlrwydd y digwyddiadau. Pe ceisiai'r nofelydd Cymreig ddehongli bywyd bob-dydd, yn ei fanion cynnes efallai y deuai'r ysbrydiaeth a chwennych. Ar y llwybr hwn y llwyddodd Daniel Owen, ac erys ergyd ei ragymadrodd i *Rhys Lewis* '.

Dyma ddisgrifiad, ddeng mlynedd cyn iddo ddechrau ysgrifennu ei nofel gyntaf, o'r hyn y ceisiodd Rowland Hughes ei wneud. Fe gofiwn am yr un syniad yn union yn *William Jones*, pan yw Arfon, y bachgen o Fryn Glo a oedd wedi gorfod mynd i weithio i Lundain, yn sôn am ' y ddrama yr oedd yn ei hysgrifennu yn ei oriau hamdden, y campwaith a ddygai fri a chyfoeth iddo '.

"Beth ych chi'n feddwl ohoni, Wncwl ?"

"Wel, wir, reit dda, fachgan, er na wn i ddim am ddrama, wel di. Ond—".

"Ond be', Wncl William ?"

"Meddwl yr ôn i fod y bywyd yn un go ddiarth iti, Arfon. 'Fydda hi ddim yn well iti sgwennu am le fel Bryn Glo 'ma, ac am bobol fel dy dad ac Eleri . . . a Mr. Rogers . . . a David Morgan ?"

" 'S dim drama yn y lle yma", oedd barn Arfon. "Ma' fa 'di marw, Wncl?"

"Falla mai yn hynny y mae'r ddrama, fachgan", meddai ei ewythr, gan sylwi ar ryw ddyn bach a syllai'n ddig tuag olwynion segur Pwll Bach ar draws y cwm, olwynion nad oedd ond i'w cysgodion un symud. "Falla' wir, wsti". Bu tawelwch rhyngddynt am amser, ac yna darluniodd William Jones ryw ŵr a gyfarfuasai yn y trên y diwrnod cynt, dyn a roddai ei ben allan ym mhob gorsaf i ddwrdio pob porter am fod y trên yn hwyr. Chwarddodd Arfon yn isel, ac yna safodd yn sydyn ar y llwybr.

"Chi sy'n reit, Wncl William", meddai.

"Y?"

"Obeutu'r ddrama 'na. Rhaid i'r bachan 'ma ddod 'nôl i Fryn Glo, ac i sgwennu barddoniaeth newydd am bobol fel Mr. Rogers a Dai Morgan a . . .

"A'th dad".

"Ie, a 'Mam. A Wili John".

"Ac Arfon Williams". A chwarddodd y ddau wrth droi'n ôl tua'r pentref.

Nid yn unig y mae deunydd nofelau Rowland Hughes fel pe wedi ei benderfynu ganddo ymhell cyn iddo ddechrau eu hysgrifennu, ond felly hefyd ei arddull. Sylwodd llawer beirniad fod ôl ei brofiad o waith radio i'w ganfod yn amlwg yn ei arddull gynnil, rwydd, yn y sgwrsio—a helaethrwydd ohono—mewn brawddegau cwta, mewn creu golygfeydd byrion, byw—yn y ' gwneud i'r glust weld ', a oedd yn hoff ddywediad ganddo am y gamp o sgrifennu ar gyfer y radio.

Ond, ymhell cyn iddo ddechrau ei yrfa gyda'r B.B.C., yr un oedd ei syniadau am arddull lenyddol. Yn nyddiau'r coleg, tueddai ei ysgrifennu, mewn rhyddiaith a barddoniaeth, i fod yn orflodeuog, a gallai ddefnyddio aml i gyffyrddiad pur ' borfforaidd ' yn syndod o anfeirniadol. Ond buan y crisialodd ei syniadau am ysgrifennu rhyddiaith i'r gred a amlygir yn ei holl waith am arddull lenyddol. Yn ei arddull gwelir adlewyrchiad ohono ef ei hun. Hoffai'r dywediad ' Yr arddull yw'r dyn ' ; yr oedd hyn yn neilltuol wir amdano ef.

Gellir mynd yn ôl eto at ei ysgrif ar *Storïau R. Hughes Williams* yn 1932, a sylwi fel y mae'n canmol yr union nodweddion yng ngwaith yr awdur hwnnw a welir wedyn yn ei waith ef ei hun. Meddai am R.

Hughes Williams : ' Siarad yn gartrefol a hollol naturiol a wna ei
chwarelwyr ef. Yn yr ymddiddan y gwelir grym arbennig yr awdur.
Pobl syml, ddiaddurn a diymffrost, yw ei bobl ; iaith seml, ddiaddurn
a diymffrost yw eu hiaith. Y mae noethni'r iaith yn llawer mwy
effeithiol i bwrpas y storïwr hwn na cheinder ymadrodd. Ni edy'r
awdur i chwarelwr â sach ar ei war siarad fel gwestai mewn cinio
Gŵyl Ddewi ; ni chwilia fyth am air cerddorol neu gymhariaeth
gywrain . . . Nid yn unig y mae'r siarad yn naturiol ond trwyddo y
mynegir cymeriad ac y datblygir y stori. Yn hyn y mae gwers bwys-
icaf R. Hughes Williams i Gymru. Gŵyr fod mynegiant cymeriad
mewn siarad yn gryfach na sylwadau mwyaf treiddgar yr awdur
amdano".

Gallai'r geiriau yna fod wedi eu hysgrifennu am nofelau Rowland
Hughes. Ond cyn iddo ymddiddori mewn ysgrifennu ar gyfer y
radio yr ysgrifennwyd hwy. Yr hyn a wnaeth ei waith gyda'r radio
ydoedd rhoddi cyfle iddo ymarfer ei ddawn, gweithredu ar yr eg-
wyddorion a gyfrifai eisoes yn hanfod ysgrifennu crefftus, a datblygu
techneg dweud stori fel ag i ddal diddordeb y gwrandawr neu'r
darllenydd.

Yn ei Ragymadrodd i *Storiau Radio* (1941), y mae'n cymharu crefft
ysgrifennu stori ar gyfer y radio ag eiddo'r hen ' gyfarwydd '.

' Collwyd ers canrifoedd, bellach ', meddai, ' gelfyddyd y
"cyfarwydd", y chwedleuwr medrus hwnnw a enillai fri a thamaid yn
neuaddau'r tywysogion neu *bazaars* y Dwyrain. Os am wrandawiad,
medd yr hen gyfarwydd, yna stori fyw, seml a naturiol ei hiaith, stori
i'r llais diffuant a'r lleferydd dirodres. Unwaith y dechreuwch chwi
fod yn bwysig, ebe ef, yn hirwyntog neu'n orgynnil, yn llafurus neu'n
glyfar, dyna golli'ch cynulleidfa—a'ch swper. Ac ymhell wedi ei
ddyddiau ef, yr un oedd celfyddyd y brodyr Grimm a Hans Anderson
a Lewis Carroll. Yn wir, onid rhythm a chynhesrwydd y frawddeg
lafar a glywir yn *Rhys Lewis* a *Cwm Eithin,* yn *Traed Mewn Cyffion* a
Hen Atgofion ? Ac yn y dyddiau diwethaf hyn, yr un yw rhybudd y
meicroffon ; y mae'n ddidrugaredd tuag at bwysigrwydd a ffuant-
rwydd ac ystumiau o bob math. Gwyn eu byd y rhai addfwyn, ebe ef,
canys hwy a etifeddant y ddaear '.

Ac yna y dull o ysgrifennu : ' Llithro'n rhwydd o frawddeg i
frawddeg, oedi a chyflymu'n ddeheuig, ymgomio heb boeni am
"ychwanegodd ef" ac "atebodd hithau" byth a hefyd, troi at y
gwrandawr weithiau ag ambell sylw go gyfrinachol, tynnu'r gadair

yn nes pan fo'r stori'n galw am hynny, ac yn bennaf oll, *mwynhau'r stori* a mwynhau ei ddweud—dyna rai o nodweddion y cyfarwydd a'r baledwr. A thrwy'r cwbl, ystwythder a symlrwydd y frawddeg lafar '.

Prin y bu'r un awdur erioed a ddilynodd yn llwyrach ei gynghorion ei hun, ac a fynegodd yn gliriach flynyddoedd ymlaen llaw y math o nofelau a ysgrifennai pan ddeuai'r amser.

Brwydr yn erbyn ei afiechyd a fu ysgrifennu ei holl nofelau i Rowland Hughes. Dygnwch dihafal, penderfyniad a gwroldeb yn unig, a'i galluogodd i'w cwblhau. ' Does neb yn gwybod fel yr ymlwybrodd i gyflawni ei waith ', meddai ei weddw. ' Ambell ddiwrnod nid oedd yn gallu rhoi gair ar bapur, dim ond yn adrodd ei waith '. Yn un o'i erthyglau ar Chekov yn *Yr Efrydydd* yn nechrau 1932, y mae Rowland Hughes yn sôn am yr afiechyd a oddiweddodd y dramawr athrylithgar hwnnw, a dyfynnodd eiriau Chekov, a ddaeth yn wir iawn amdano ei hun : ' Ysgrifennaf yn araf deg a chyda seibiau hir ', ac y mae tebygrwydd, hefyd, rhwng ei hanes ef ei hun, ar ôl llwyddiant *O Law i Law*, a hanes Chekov, pan gydnabuwyd o'r diwedd ei allu fel dramaydd wedi llwyddiant *Yr Wylan* ar ôl perfformio'r ddrama gan y *Moscow Arts Theatre* : ' Llonnwyd yr awdur, yn awr yn glaf yn nhawelwch y Crimea, ac ail-enillodd ei ffydd yn y ddrama. (Dyma ddyn na ddylasai farw yn 1904 yn ŵr pedair a deugain.) ' Tristwch y frawddeg olaf yw cofio i Rowland Hughes farw yn chwech a deugain.

Gwahaniaetha awduron yn fawr yn eu dull o gyfansoddi. Y mae llawer—ac yn eu mysg rai o'r awduron mwyaf toreithog a chreadigol —yn byrlymu eu syniadau ar bapur dan gymhelliad eirias, ac wedyn yn mynd yn ôl ac edrych ar yr hyn a ysgrifennwyd â llygaid mwy beirniadol, gan ei grynhoi a'i gaboli. Ceir awduron eraill a gymer ofal mawr gyda phob gair o'r dechrau, gan gyfansoddi'n fanwl, a'u cynnig cyntaf yn waith gweddol orffenedig. I'r ail ddosbarth y perthynai Rowland Hughes. Yr oedd hynny yn ffodus, oherwydd nid oedd ganddo, pan ddechreuodd ysgrifennu ei nofelau, yr ynni corfforol a fyddai'n angenrheidiol er mwyn dilyn dull mwy afradus y dosbarth cyntaf.

Byddai'n eistedd yn y gadair yn y gornel wrth y tân, ac yn ysgrifennu yn araf. Dechreuai ysgrifennu bob bore, hyd y gallai, oddeutu hanner awr wedi deg, a dal ati tan tuag un o'r gloch. Yn y prynhawn, bob dydd, haf a gaeaf, nes yr aeth yn rhy wael i fynd allan, âi yn ei gadair olwyn gyda'i briod i Barc y Rhath, a Mot y ci gyda hwy. Weithiau ysgrifennai ychwaneg gyda'r nos, neu byddai ei wraig yn ail-gopïo 'r hyn a ysgrifenasai yn y bore.

Ni fyddai angen diwygio llawer ar ôl yr ysgrifennu cyntaf, ond byddai'n aml yn darllen allan ddarnau o'i waith, a'i wraig yn gwrando, a byddai'n barod i dderbyn awgrym. Câi'r ddau lawer o hwyl gyda rhai o'r rhannau doniol, megis John Davies a'i dad yn ceisio berwi ŵy yn y bennod ' Bwrdd y Gegin ' yn *O Law i Law*—portread pur dda o letchwithdod Rowland ei hun pan fyddai galw arno i gyflawni unrhyw orchwyl fechan o waith tŷ; neu megis William Jones yn ymweld am y tro cyntaf â stiwdio'r B.B.C. yng Nghaerdydd.

Ni fyddai, fel rheol, yn paratoi cynllun manwl ymlaen llaw, ond yr oedd y stori, wrth gwrs, yn ei feddwl, a byddai'n myfyrio llawer drosti yn ei gadair yn yr ysbeidiau rhwng ysgrifennu. *Yr Ogof* ydoedd y nofel â mwyaf o gynllun a nodiadau ar ei chyfer, gan ei bod yn golygu llawer o waith ymchwil. Yr oedd llawer o ymchwil, hefyd, ar gyfer *Chwalfa*, ond nid cymaint ag wrth baratoi i ysgrifennu *Yr Ogof*.

Soniwyd am Mot, y ci, a âi yn ddieithriad gyda Rowland a'i wraig am dro. Yr oedd Mot yn llawenydd mawr i'r ddau. Mwngrel ydoedd, hanner ci defaid a hanner *retriever*. Gwelodd Rowland ef gyntaf yn 1935 yn yr oriel yn y Farchnad yng Nghaerdydd, ac yr oedd am ei berchenogi o'r foment honno. Gofynnai'r gwerthwr bymtheg swllt amdano, cynïgiodd Rowland chweugain, a thrawyd y fargen am ddeuddeg a chwech. Daeth Mot yn adnabyddus iawn, wrth gerdded allan gyda'r gadair bob dydd o gwmpas Parc y Rhath; yr oedd yn ' gymeriad ', ac yn gall iawn. Wedi ei farw, a'i gladdu dan y goeden afalau, aeth Eirene i lawr i'r dref y diwrnod dilynol, pen-blwydd Rowland, gan gymryd arni ei bod yn mynd i geisio llenni ar gyfer y ffenestri, a phrynodd sbaniel. Ond bu hwnnw farw'n fuan. Wedi hynny bu ci arall ganddynt, Siôn—corgi.

2

Ymddangosodd y copïau cyntaf o *O Law i Law* yn y siopau ychydig cyn y Nadolig, 1943. Hawdd yw dychmygu'r disgwyl a fu yn ' Ger-y-llyn ' am hyn, a'r disgwyl wedyn, nid heb bryder, am ymateb y cyhoedd. Yr oedd llwyddiant, neu aflwyddiant, y llyfr yn fwy pwysig i Rowland Hughes, yn yr argyfwng yr oedd ynddo, nag y bu ei nofel gyntaf i nemor un awdur erioed.

Gorffenasai bopeth a allai ef ei wneud ers rhai wythnosau. Cywirwyd y proflenni gan y Parch. D. Llewelyn Jones—cymwynas a gyflawnodd â phob un o nofelau Rowland Hughes. A chyn hynny yr oedd Rowland wedi trafod yn fanwl gyda Dewi Prys Thomas y darluniau yr oedd ef yn eu paratoi ar gyfer y llyfr. Y mae camp arbennig ar y lluniau hyn, o'r allwedd a'r clo ar ddechrau'r llyfr, hyd at yr allwedd a'r clo ar y diwedd. Gellir sylwi, er enghraifft, fel y gwnaeth 'Celt' yn y *Daily Post*, ar osgo'r dyn ar dudalen 28 lle maent yn symud yr harmoniym. Mae ei gefn tuag atom, ond eto gellir gweld ei fod yn mesur â'i lygad tua'r drws sut y gellir llywio'r harmoniym drwyddo.

Nid oedd ond aros a disgwyl bellach. Yna, tridiau wedi i'r llyfr ymddangos, dyma lythyr—y mae'n gofiadwy oherwydd mai hwn oedd y cyntaf—oddi wrth Mrs. Richards, Rhiwbina, mam Mr. Tom Richards y B.B.C., yn dweud i'w mab ddod â'r llyfr yn anrheg Nadolig iddi, ac nad oedd wedi mynd i'r gwely y noson honno nes gorffen ei ddarllen. Yna llythyrau yn gawodydd o bob man. Yng ngeiriau Eirene : "Nadolig hapus yn wir !"

Wedi'r Nadolig, daeth yr adolygiadau, a phob un ohonynt yn ganmoliaethus. Yn *Reynold's News*, un o bapurau'r Sul, yr ymddangosodd cyn diwedd y flwyddyn un o'r cyfeiriadau cyntaf, dan y pennawd, ' *Author Wrote Best Seller on Sick Bed* ', gyda phroffwydoliaeth hynod gywir : ' Fe ddargenfydd Cymru yn y Flwyddyn Newydd iddi feithrin nofelydd newydd disglair. Dim ond ychydig gannoedd sydd hyd yn hyn wedi darllen *O Law i Law*, nofel gyntaf Rowland Hughes, ond mentraf broffwydo ei bod yn debyg o fod y gwerthwr gorau yn Gymraeg er y dyddiau pan swynodd darluniau treiddgar Daniel Owen o'r bywyd Cymreig ddegau o filoedd o gartrefi Cymru tua diwedd y ganrif ddiwethaf '.

Ceir adolygiad pwysig gan Kate Roberts yn *Y Faner*, sy'n diweddu : ' Ar ôl gorffen y nofel, am gwilt y meddyliwn i, cwilt o glytiau sidan hardd wedi eu gwnïo wrth ei gilydd â phwythau cywrain '.

Meddai adolygiad yn *Y Goleuad* : ' Ni chefais i gymaint blas ar nofel Gymraeg ers tro byd ag a gefais wrth ddarllen *O Law i Law*. Y mae'r holl gynllun yn newydd ac yn gafael yn y darllenydd. Ceir yma ddoniolwch yn aml, ac eto y mae i'r cwbl ryw gefndir o brudd-der a gwres teimlad sy'n gwneud pob pennod yn real anghyffredin. Dyma lyfr i'w osod ar silff y llyfrgell ochr yn ochr â nofelau Daniel Owen '. Yn *Y Cymro*, dywedodd Iorwerth Peate : ' Anaml yn wir y byddaf yn teimlo'r awydd i ganmol yn eithafol, ond heddiw y mae'n demtasiwn.

Y cwbl a ddywedaf yw fod *O Law i Law* yn nofel sy'n haeddu ei lle mewn unrhyw gasgliad cyd-genedlaethol'. Barn Llewelyn Wyn Griffith oedd, ' Rhywbeth y gall Cymru ei gynnig i Ewrop '.

Dyna sampl deg o farn y beirniaid pan ymddangosodd *O Law i Law*. Yr oedd yn nofel a apeliodd ar unwaith at yr adolygwyr ac at y darllenydd cyffredin. Beth oedd yn cyfrif am y poblogrwydd eithriadol a enillodd ?

Un rheswm, yn sicr, ydoedd yr hyn y rhoddodd yr adolygydd yn *Y Goleuad* ei fys arno : ' Ceir yma ddoniolwch yn aml, ac eto y mae i'r cwbl ryw gefndir o brudd-der sy'n gwneud pob pennod yn real anghyffredin '. Fel y dywedodd Hugh Bevan yn ei erthygl werthfawr yn *Y Llenor* :[1] ' Y cymathu clos o'r trist a'r digrif yw un o'r pethau mwyaf cofiadwy ynglŷn â nofelau Rowland Hughes . . . Nid El Greco neu Robert ap Gwilym Ddu, yn canolbwyntio ar boen ac yn ei amlygu, mo'r nofelydd hwn, eithr un a deimlai gyda William Blake y gweir llawenydd a gwae yn glos, yn ddilledyn i'r enaid dwyfol. Ac yn rhyfedd iawn, ceir yr unrhyw gyfuno a chymathu drosodd a thro ym marddoniaeth R. Williams Parry, y bardd a edmygid gymaint gan y nofelydd '.

Syndod braidd inni erbyn heddiw yw sylwi fod cymaint o'r adolygwyr—ac yn eu mysg rai o'r llenorion blaenaf—er eu bod yn canmol *O Law i Law* yn frwd, yn codi'r cwestiwn—a oedd y llyfr yn nofel ?

Yr hyn a barai'r amheuaeth oedd na cheir olyniaeth amser yn nigwyddiadau'r hanes, na phlot yn yr ystyr o stori yn dilyn patrwm o achos ac effaith. Mae'n wir i'r adolygwyr a'r beirniaid, wedi trafod y pwnc, benderfynu'n bendant y gellid ei gyfri'n nofel ; yr hyn sy'n rhyfedd yw iddynt feddwl fod amheuaeth. Fel y dywedwyd yn aml gan feirniaid llenyddol, ni ellir rhagdybio pa beth y dylai nofel fod. Cynigiwyd llawer diffiniad, a chyn gynted ag y gwnaed hynny gydag unrhyw fanylrwydd, hawdd oedd dangos fod gweithiau pwysig sy'n ddi-ddadl *yn* nofelau yn gwrthod gorwedd yn esmwyth y tu mewn i derfynau'r diffiniad.

' Nofel ar ddull Ffrengig ', y galwodd Saunders Lewis *O Law i Law*. ' Darlun o gymdeithas, a'r cyfansoddiad yn gryf, ac yn dal yr holl fanylion ynghyd mewn unoliaeth a threfn '. Hollol gywir, wrth gwrs, yw dweud nad oes blot ynddi. Yn y cysylltiad hwn, diddorol yw

---

[1] Gwanwyn 1950.

cofio i Rowland Hughes, hyd yn oed yn nyddiau'r coleg, pan fyddai'n sôn yn frwdfrydig am ysgrifennu nofelau, fynnu'n aml wrthyf nad oedd plot yn hanfodol. Yn ei ysgrifau ar hyd y blynyddoedd ceir cyfeiriadau aml yn dweud nad ' plot cywrain ' sydd ar nofelydd o Gymro ei angen, ond yn hytrach lygad a chalon i ganfod holl ryfeddod a chyfoeth y bywyd sydd o'i gwmpas. Yn y tair nofel a ddilynodd *O Law i Law* bu galw am ryw fath o blot, ond hawdd yw teimlo nad yn hyn yr oedd gwir ddiddordeb Rowland Hughes. Yr oedd saer-nïaeth ei nofel bob amser yn bwysig ganddo fel crefftwr da, ond peth hollol wahanol oedd hyn i lunio plot gofalus a'i ddilyn yn fanwl.

Hunangofiannol i raddu helaeth yw *O Law i Law*. Fel Dickens, H. G. Wells, Arnold Bennett, John Buchan, Gide, D. H. Lawrence—i enwi rhai nofelwyr mawr a rhai llai—a llu mawr o awduron eraill, defnyddiodd Rowland Hughes lawer o ddigwyddiadau y gwyddai amdanynt fel deunydd crai ei nofel. Creodd ohonynt ddarluniau byw, golygfa ar ôl golygfa, y digrif a'r trist yn ymblethu drwy'i gilydd, i gyflwyno darlun o gymdeithas syml fel y gwelid hi gan John Davies, y chwarelwr sy'n adrodd y stori.

Cymeriad syml, arwynebol yw John Davies : nid un o'r adroddwyr mewn nofel-yn-y-person cyntaf sy'n ceisio plymio i ddyfnderoedd ei fodolaeth a datguddio ei holl gymhlethdodau. Penderfyna hyn i raddau pell sut y portrëedir cymeriadau yn y nofel. Yr oedd Rowland Hughes yn hollol ymwybodol o ganlyniad y cynllun a fabwysiadodd ar ffurf ei nofel. Fel y dywed Emrys Parry yn ei ysgrif ' T. Rowland Hughes ' yn *Ysgrifau Beirniadol* (1) ;[1] ' Nid ar greu a datblygu cymeriad unigol yn gyflawn, gan ddangos ei holl gymhlethdodau a'i anghyson-debau, y mae ei fryd. Yn hytrach, creu nifer helaeth o gymeriadau na cheisir treiddio i adnabyddiaeth ddwfn ohonynt a wna. Yn y modd yma mae'n darlunio bywyd cyffredin ond diddorol ac amrywiol ei gymdeithas '.

Arfer Rowland Hughes yn aml ydoedd sefydlu cymeriad ym meddwl y darllenydd trwy dynnu sylw at ryw nodwedd arbennig ynddo. Gellir meddwl am lygaid Joe Hopkins, dyn y darluniau byw :

Gan Joe Hopkins yr oedd y llygaid mwyaf a welais i erioed. Yr oeddynt mor fawr nes gwneud i chwi dybio y gwnâi un ohonynt y tro i bob diben ymarferol. Ar y llwyfan ac ar y stryd troai hwy'n

---

[1] Golygydd J. E. Caerwyn Williams.

araf ac urddasol, nes gwneud i ni, blant yr ysgol, gredu fod rhyw
rym rhyfedd ac ofnadwy yn y llygaid hynny. Pe safech wrth ei
ymyl, gwelech nad oedd fawr ddim bywyd na dyfnder yn y llygaid ;
yr oeddech fel pe'n edrych ar ddwy bêl o wydr lliwiedig. Ond o
bellter, aent â'ch sylw at unwaith, gan ennyn eich diddordeb yn y
dyn tew pioedd hwynt. A gwelech wrth agosáu ato, farciau
gleision y gwaith glo ar ei dalcen, ac ar ei drwyn mawr, coch.

Gellid dyfynnu llu o enghreifftiau tebyg, megis Ben Francis, ' fel
rhyw aderyn dieithr, lliwiog a syrthiasai i blith cwmni o frain go aflêr.
. . . Ond gwyddai pawb fod yr hen frawd, er gwaethaf ei dipyn
rhodres, yn dlawd ofnadwy ' ; neu'r paragraff[1] sy'n cyflwyno Ioan
Llwyd, ' yr Adroddwr ' (ag A fawr), i'r darllenydd.

Un o'r sylwadau gorau a wnaethpwyd ar brif gymeriadau Rowland
Hughes yw eiddo Hugh Bevan yn yr ysgrif y cyfeiriwyd ati eisoes,
sef mai *golygfa yw pob cymeriad*, ' nid casgliad o dueddiadau pwysfawr
na chronfa o egnïon cudd. Yn wir, yn ofer yr haerodd seicoleg mai
traean ohonom sydd yn y golwg : yn ofer y llafuriodd Pantycelyn ac
arloeswyr y nofel fewnol i ddyfeisio dulliau o gyflwyno'r gyfran
ddirgel. Ym myd Rowland Hughes y mae'r pethau a wna pobl i'w
gilydd mewn gair a gweithred yn bwysicach na'r pethau a ddichon eu
bod yn eu meddyliau fel personau unig. Diddordeb dynol a chym-
deithasol yn hytrach na diddordeb seicolegol sydd i'w gymeriadau '.
' Golygfa yw pob cymeriad ', a golygfa a ddatblygir yn raddol.
Cyflwynir ambell un gyda pharagraff disgrifiadol, fel yr enghreifftiau
a nodwyd, ond mewn gweithred yr amlygir y cymeriadau, ac yn
enwedig yn eu hymddiddan.

Yn *O Law i Law*, fel ym mhob un o nofelau Rowland Hughes,
ceir llawer o ymgomio, ac yn ei feistrolaeth ar ddeialog, a'r defnydd
celfydd a wna ohono y gwelir un o'i nodweddion pwysicaf. Yng
ngeiriau Emrys Parry :[2] ' Mae lle mor ganolog i ddialog ac ymddiddan
—dyma graidd dramatig nofelau gwrthrychol, beth bynnag—nes ei
bod yn holl bwysig i nofelydd feistroli'r agwedd hon ar ei grefft,
ac nid oes amheuaeth nad cyfraniad arbennig Rowland Hughes i'r
nofel Gymraeg ydyw sefydlu patrwm o ymddiddan bachog, byw,
seiliedig ar rythmau'r frawddeg lafar. Sylweddolodd mai cyfrinach

---

[1]Tud. 98.
[2]*Ysgrifau Llenyddol* (1), Tud. 142.

llwyddiant fel hyn mewn nofel realistig oedd bod y ddialog bob tro'n addas i'r cymeriadau a'u safle cymdeithasol '.

Fel y dywedodd John Gwilym Jones, mae Rowland Hughes fel petai wedi mynd â thâp recordio i'r chwarel, ond, wrth gwrs, y ffaith yw ei fod hefyd wedi dethol a thocio'n gywrain i greu'r argraff o siarad naturiol ; nid oes dim yn fwy annaturiol ac aneffeithiol ar y llwyfan neu mewn llyfr na cheisio atgynhyrchu ymddiddan yn hollol fel y digwyddodd. Ychydig eiriau cwta, dadlennol a geir fynychaf ar y tro gan y cymeriadau ; lle bo araith hirach, mae rheswm da am hynny yng nghymeriad y siaradwr neu yn y sefyllfa ar y foment. ' Ysgrifennu â'r gyllell ', a defnyddio ymadrodd yr oedd Rowland Hughes yn hoff iawn ohono, a wnaeth wrth lunio ei ddeialog.

A rhan bwysig o'r ' olygfa ' bob amser yw'r ddeialog, boed yr olygfa yn gymeriad neu'n ddigwyddiad. Sylwer fel un enghraifft ar y sgwrs fer rhwng Meri Ifans a Leusa Morgan ynglŷn â'r mangyl— gymaint mewn ychydig eiriau a ddatguddir am gymeriad y ddwy, ac am eu teimladau tuag at ei gilydd :

"Dim ond dŵad i weld sut 'rydach chi heddiw, John Davies . . . O, hylo, Meri Ifans ! . . . A rhywun yn sôn eich bod chi am werthu'r petha'. Finna'n deud wrth Now neithiwr, ' Siawns am gael mangyl, Now ', medda' fi. Ac 'rôn i'n meddwl . . ."

"Wedi'i werthu", ebe Meri Ifans.

"Diar annwyl ! Tewch, da chi !"

"Ydi. Ella'r ferch 'cw wedi'i brynu fo".

"O ? Ro'n i'n meddwl fod mangyl gan Ella. 'Ddaru hi ddim prynu un yn siop . . . ?"

"Do, ac un bach del ydi o hefyd".

"I be mae hi isio dau fangyl, Meri Ifans ?"

"Os medar hi fforddio dau fangyl . . . Ga i dorri chwaneg o fara-menyn i chi, John Davies ?"

Cymeriad mwyaf cofiadwy O Law i Law ydyw F'ewythr Huw. Soniwyd eisoes, yn y bennod ' Llanberis ', fod F'ewythr Huw i raddau wedi ei seilio ar yr Henadur R. E. Jones. Ond yr oedd F'ewythr Huw hefyd, o ran, yn bortread o Rowland Hughes ei hun, o leiaf yn bortread ohono fel y carai fod. Cadarnhawyd hyn ganddo ef ei hun. Nid yn unig y mae rhyngddynt y tebygrwydd amlwg eu bod ill dau mewn cadair olwyn, ond hefyd ymgorfforir yn F'ewythr Huw yr union rinweddau y rhoddai Rowland Hughes gymaint bri arnynt.

Hawdd yw clywed, dro ar ôl tro, lais yr awdur yn llefaru trwy enau F'ewythr Huw, megis pan sonnir am seboni :

"Dydw i ddim yn cofio be' oedd y saith pechod marwol y byddai'r hen William y Saer yn arfer traethu arnyn nhw yn y seiat, ond 'rydw i'n siwr y dylai seboni fod yn un ohonyn nhw. A'r mwya' marwol o'r cwbwl, am wn i. Cythral mewn croen ydi sebonwr, wel di".

Felly, hefyd, pan geir F'Ewythr Huw yn dysgu John Davies i beidio â bod yn rhy groendenau, a magu'r ddawn i chwerthin am ei ben ei hun :

"Honno ydi'r gamp, wel'di. A rhaid iti ddysgu chwerthin am dy ben dy hun yn y chwarel. Ne' mi fyddi'n siwr o gael dy lysenwi'n ' John Croendena' ' ne' ' Sion Piwis ' ne rwbath tebyg. Ac ond iti weld dy hun yn iawn, wsti, mi ddoi di i ddysgu dy fod ti'n llawn mor ddigri â neb arall".

Llais digamsyniol Rowland Hughes ei hun a geir mewn rhannau fel y rhain. A phan oedd yr awdur yn sôn am ' ryw gloffni araf yn andwyo cerddediad F'ewythr Huw ', amdano ef ei hun y meddyliai, ac felly hefyd wrth ddisgrifio F'Ewythr Huw yn siriol, annibynnol a dewr yn ei gadair olwyn. A ffaith hynod yw i Rowland Hughes farw yn chwech a deugain oed—union oed 'F'ewythr Huw yn y nofel pan fu farw.

Sylwodd Emrys Parry[1] fod llawer o'r nodweddion a geir yn F'ewythr Huw yn John Davies hefyd, a bod yr awdur fel pe bai'n ailadrodd cymeriad yn yr un nofel. Fe welir y rheswm. Portread o Rowland Hughes ei hun, i raddau, oedd y ddau.

Cyfieithwyd O Law i Law i'r Saesneg gan y Cyrnol Richard Ruck, mab i Brif Gwnstabl Sir Gaernarfon o 1886 hyd 1912—cyfnod sy'n cynnwys adeg Streic Fawr y Penrhyn, pwnc Chwalfa—a brawd Berta Ruck, y nofelydd. Dechreuodd ymddiddori mewn llenyddiaeth Gymraeg yn ystod gwasanaeth hir yn yr India. Pan ddaeth adref, swynwyd ef gan O Law i Law, a theimlai fod yma waith eithriadol y dylid ei gyfieithu i'r Saesneg. Ysgrifennodd at Rowland Hughes, a chafodd ganiatad i gyfieithu'r nofel. Cyhoeddwyd y llyfr yn Saesneg gan Methuen yn 1950.

---

[1]Ysgrifau Beirniadol (1), tt. 148—9.

3

Wedi llwyddiant mawr *O Law i Law*, naturiol oedd i'r syniad ddod i Rowland Hughes am nofel yn ymwneud â De Cymru. Yr oedd rhai o'r adolygwyr, wrth drafod *O Law i Law*, wedi gofidio na chafwyd hyd yn hyn nofel Gymraeg a wnaeth yr un gymwynas â glowyr y De ag a gyflawnodd y nofel honno â chwarelwyr y Gogledd. At hyn, yr oedd ei wraig o'r De, a'i theulu'n byw yn un o'r cymoedd. Yr oedd ganddo yntau, byth er pan fu'n athro yn Aberdâr, edmygedd mawr o ' Shoni ', a chrewyd argraff ddofn arno gan ei brofiad wrth baratoi rhaglenni radio am y meysydd diwydiannol, ac yn enwedig wrth deithio drwy'r cymoedd gyda Jack Jones i'r pwrpas hwn.

Tra oedd hyn i gyd yn ei feddwl, cafodd y syniad y tyfodd *William Jones* ohono wrth wrando Prysor Williams, actor cyson ar y radio yn y dyddiau hynny, ac am flynyddoedd lawer wedyn, yn dweud ei hanes yn ymweled â stiwdios y B.B.C. am y tro cyntaf.

Ganwyd Prysor Williams yn Nhrawsfynydd, ac ymfudodd gyda'i fam, a oedd yn weddw ers blynyddoedd, i'r De cyn bod yn bedair ar ddeg oed. Bu'n gweithio yn y pyllau, dechreuodd actio mewn dramâu ar y llwyfan, ac yna gwahoddwyd ef am brawf ar gyfer y radio.

Adroddodd Prysor Williams yr hanes mewn rhaglen radio, a John Griffiths yn ei holi, yn 1967, ychydig cyn ei farwolaeth :

' A dyma fi'n cael galwad o Gaerdydd i ofyn os byswn i'n mynd i lawr am *audition* gan y diweddar T. Rowland Hughes. Wel, rôn i braidd yn nyrfys o fynd lawr, ond mi es beth bynnag, a lot o stwff 'da fi, a phan welis i'r B.B.C. 'na mi fus i jest â thorri 'nghalon. Mi gerddis yn ôl ac ymlaen fan 'na lawr i'r museum ac yn ôl â fi. Wel mae'n un man imi fynd i mewn, ac mewn yr es i, ac roedd 'na grwtyn bach wrth y drws. Dyma fo'n agor y drws, a dyma fi i mewn at y *commissionaire*,. a dweud wrtho fe, ' *I'm down for an audition* ', medda fi wrtho fe ' *Name please* ', medda fe. ' Prysor Williams ', ddwedis i. ' *Take Professor Williams to the waiting room* ', medda fe wrth y crwtyn. Os ôn i'n nerfys cyn hynny, rôn i'n nerfys nawr !

' Ond dyma fi i mewn, ac mi ddoth Rowland Hughes i mewn, a mi ges i'r *audition* ac mi pasiais hi. A rydw i wedi bod yn mynd 'nôl a mlaen i'r B.B.C. 'na rŵan am ryw un mlynedd ar ddeg ar hugain, ac wedi gneud dipyn o bopeth 'na.

' Mi fuodd Mr. Hughes yn garedig dros ben wrtha i, ac mi aeth y wraig a mi i lawr i'w weld e un tro, amser oedd y salwch mawr arno fe, a dyma fe'n gofyn i mi sut dos i i lawr i'r B.B.C. 'na gyntaf a sut roeddwn i'n teimlo, a dyma fi'n dweud y stori wrtho fe, ac yn ôl pob tebyg mi sgwennodd nofel ar William Jones.

' Wyddwn i ddim wrth gwrs, ond mi es i i lawr 'na un diwrnod, a dyma fi'n cwrdd â Nan Davies, a dyma Nan yn dweud wrtha i, "Prysor", medda hi, "rydach chi wedi anfarwoli eich hunan heddiw. Ydach chi wedi gweld y nofel *William Jones* ?" "Nag ydw i ddim", medda fi. "Wel y chi *ydi* William Jones", meddai hi, a mi faswn i'n meddwl ma'r *idea* roedd o wedi'i gael i wneud *William Jones* oedd fy hanes i'n mynd i lawr i'r B.B.C. 'na '.

Nid oes amheuaeth nad Prysor Williams oedd cnewyllyn y syniad am *William Jones*, hanes y dyn bach cyffredin, diniwed, yn gadael ei gynefin yn y Gogledd, ac yn teithio i fyd newydd y De anhysbys, a chyflawni gwyrthiau yno, yn bennaf trwy ennill enwogrwydd ar y radio, a hefyd trwy ddatrys, yn ei ffordd garedig, ddiniwed ei hun, lawer o broblemau teulu ei chwaer—a'i fwynhau ei hun yn fawr wrth wneuthur hynny.

Y mae'r gyffelybiaeth y sonia Hugh Bevan amdani[1] rhwng saer-nïaeth nofelau Rowland Hughes ac eiddo'r hen nofelau *picaresque* gyda'u harwyr aflonydd, crwydrol yn neilltuol o wir am *William Jones*. ' Teithiwr yw William Jones. Fel y cyfryw daeth yn ffigur chwedlonol llywodraethol, yn enwedig o'i gofio fel y'i darlunnir gan Dewi Prys Thomas ar y clawr, yn wynebu anhysbys drafferthion y stryd hir a'r pwll glo gyda'i fowler a'i fag '. Yr un syniad a barodd i Saunders Lewis sôn am arwr chwedlonol Cervantes wrth drafod William Jones : ' Y mae Cymru gyfan wedi colli ei chalon i William Jones, ac yn wir i chwi mi dybiaf yr hoffai creawdwr Don Quixote ef yn fawr hefyd—er na fyddai lawn mor dyner ohono â Mr. Hughes '.[2]

Gwir yw y collodd Cymru ei chalon i William Jones pan gyhoedd-wyd y nofel yn Rhagfyr, 1944. Ni fu gwell hysbyseb i un llyfr yng Nghymru erioed na geiriau William Jones wrth ei wraig anniben, ' Cadw dy blydi *chips* '. Aeth y dywediad fel cipair trwy Gymru ; chwarddai'r werin am ei ben, clywid ef mewn gwahanol gysylltiadau y tu fewn i ddrysau urddasol aml i ystafell bwyllgor a chyngor, a

---

[1] *Y Llenor*, 1950, tud. 12.
[2] *Y Faner*, Chwefror 7, 1945.

defnyddiwyd ef gan o leiaf un Clerc Cyngor Sir wrth gynghori
aelodau'r Cyngor pa ateb i'w roi i'r Llywodraeth pan wnaed cynnig
ganddi a ystyriai ef yn sarhad ar Gymru. Flynyddoedd wedi hyn
dywedodd gohebydd radio y *South Wales Evening Post* i'r geiriau
ennill mwy o sylw yng Nghymru nag a wnaeth ' *Not bloody likely* '
Liza Doolittle yn *Pygmalion* Bernard Shaw yn Lloegr yn 1914.

Adlais o eiriau yr oedd Rowland Hughes yn gyfarwydd iawn â
hwy pan oedd yn fyfyriwr ym Mangor yw ateb William Jones. Yr
adeg honno cedwid siop sglodion-tatws ym Mangor Uchaf gan
Eidalwr a adwaenid wrth yr enw ' Valla '. Âi'r myfyrwyr yno'n un
haid, yn enwedig ar nos Wener ar ôl cyfarfod o'r ' Cymric ' neu ryw
gymdeithas arall yn y coleg, ac wrth aros am y *chips*, neu wrth eu
bwyta'r tu allan, byddent yn canu :

> ' O Valla, cadw dy *lydi chips* ',

ar diwn ' Ymdaith y Milwyr ' o *Faust* Gounod. (Fe sylwir na chenid
yn llawn y gair pum llythyren yn y dyddiau hynny. Y gair weithiau
fyddai ' *rotten* ').

Canmolwyd y llyfr yn fawr yn yr adolygiadau, ond beirniadwyd yr
awdur, hefyd, ar ddau bwynt. Meddai Saunders Lewis[1] cyn codi un
pwynt pwysig o feirniadaeth. ' Nid oes amheuaeth am ddawn y
nofelydd. Fy nheimlad i yw bod Mr. Hughes yn llwyrach nofelydd
na neb a ysgrifennodd yn Gymraeg wedi dyddiau Daniel Owen.
Ef yw etifedd Daniel Owen. Cymerth arno dasg gyffelyb—portreadu'r
gymdeithas Gymraeg oll . . . Bydd gan *William Jones* werth parhaol
fel dogfen i haneswyr cymdeithasol '. Ac meddai Iorwerth Peate yn
Y Cymro,[2] ac yntau'n nes ymlaen yn cyfeirio at nodwedd yr anghytun-
ai â hi yn y nofel : ' Y mae'r nofel hon yn llwyddiant hollol mewn
llawer cyfeiriad. Y mae'r ddeialog yn gwbl lwyddiannus, ac felly
hefyd y darlunio cymeriadau—gadewir y darllenydd gyda chystal
darlun o'r prif gymeriadau a phetasai wedi eu hadnabod yn y cnawd '.

Yn y Rhagair i *Storïau Radio*, awgryma Rowland Hughes ' droi at y
gwrandawr weithiau ag ambell sylw bach go gyfrinachol '. Gwnaeth
ef ei hun hyn yn helaeth yn *William Jones*, a dyma'r nodwedd a
flinai'r Dr. Peate a llawer iawn o'r adolygwyr eraill. Meddai'r Dr.
Peate : ' Ni fyn yr awdur adael llonydd i William Jones i ddweud ei

---

[2] *Y Faner*, Chwefror 7, 1945.
[1] Chwefror 12, 1945.

stori ei hun. Yn hyn defnyddia hen dric rhai o sgrifenwyr y ganrif
ddiwethaf . . . ' Gwn, ddarllenydd hynaws, dy fod yn methu â byw
yn dy groen ers chwarter awr ' (tud. 19) ; ' Ond rhaid inni symud
ymlaen yn gyflymach o lawer ' (tud. 102) ; ' Y mae'n hen bryd inni
sôn am Leusa Jones. A dweud y gwir, ddarllenydd hynaws, yr oeddwn
wedi llwyr anghofio am y ddynes ' (tud. 219). A cheir cyfeiriadau
cyson at William Jones fel ' arwr ' neu ' wron ' y nofel.

    ' Yn awr nid trwy ddamwain y gwnaeth llenor mor wych â
Rowland Hughes hyn oll. Mae'n sicr gennyf fod y peth yn fwriadol,
ac eto ni welaf amcan y peth . . . Ei effaith arnaf fi yw fy ngwylltio'n
lân ; pam gebyst, meddwn, na buasai'r dyn yn gadael llonydd i'w
gymeriadau, maent wedi'u creu yn wych ryfeddol, a gallent adrodd
eu stori'n dda heb iddo ef dorri ar eu traws fel hyn '.

    Un peth sy'n sicr, sef bod bwriad Rowland Hughes yn hyn yn hollol
wahanol i arferiad rhai o nofelwyr Saesneg y ganrif ddiwethaf : wrth
gyfarch y ' *dear reader* ' a sôn am ' *our hero* ', yr oeddynt hwy'n berffaith
ddifrifol, ond tipyn o hwyl ydoedd gan Rowland Hughes. Fel nofel
ysgafn, ddoniol, chwareus y bwriadodd ef *William Jones*, ac nid oedd
cyfarch y darllenydd yn ddim namyn direidi'r awdur, rhyw ymgais i
ychwanegu at y digrifwch, ac awgrym, hefyd, mai ar lefel ysgafn, er
bod llawer o loes a dioddef dan yr wyneb, y dymunai'r awdur i'r
hanes fod.

    Mae cyfarchion yr awdur yr union fath o ddigrifwch yr oedd
Rowland Hughes yn hoff iawn ohono. Er enghraifft, wrth ysgrifennu
at berchnogion Gwasg Gomer, mae'n gofyn iddynt gadw yn ôl am
ychydig yr arian a oedd yn ddyledus iddo (mewn gwirionedd am
resymau treth incwm) ' gan na wn yn iawn ymhle i adeiladu'r castell '.
Ceir yr un math o hiwmor yn y nodyn ar ddechrau *William Jones* :
' Gan na chredodd neb mohonof pan ddywedais mai dychmygol oedd
lle a chymeriadau fy nofel gyntaf, *O Law i Law*, efallai mai gwell imi
ddweud bod hon yn wir bob gair '.

    Gellid ychwanegu enghreifftiau lu o'i ymddiddan, o'i lythyrau, ac o
gorff ei nofelau. Teimlai ef fod y digrifwch hwn yn cydweddu â'r
nofel y ceisiai ef ei llunio yn *William Jones*, a rhoddodd ffrwyn i'r
elfen hon a oedd ynddo. Dyna, mi gredaf, yw'r holl eglurhad o'r
nodwedd hon yn *William Jones*, y gwnaed peth dirgelwch ohoni
weithiau. Cynddeiriogai rai, tra na châi eraill anhawster i'w derbyn.

    Yr olwg orlawen ar fywyd a geir yn *William Jones* ydoedd prif
feirniadaeth Saunders Lewis yn yr adolygiad y cyfeiriwyd ato eisoes,

ac ailadroddwyd y feirniadaeth gan feirniaid eraill wedi hynny. Dyma eiriau Mr. Lewis :

' Gwyddom oll, hefyd, am y dewrder moesol mawr sydd y tu ôl i waith Mr. Hughes ; ni soniaf ond hynny amdano. Ond y mae mynnu cadw'r "wylo" allan o'r nofel yn gwneud cam â'r darlun o fywyd cymoedd y di-waith. Y mae'r arwriaeth a bwysleisir gan Mr. Hughes yn wir mawr am ddioddefwyr y Deau yn y blynyddoedd blin. Nid dyna'r cwbl o'r gwir. Bu eu caredigrwydd i'w gilydd yn ddiarhebol, yn ddigymar. Ond nid hanes dewrder a chariad a duwioldeb yn gorchfygu pob adfyd yw llawn hanes blynyddoedd y diffyg gwaith. Na, bu drygau moesol, bu colledion moesol anadferadwy, bu dirywiad ar bob llaw, ac ar fywyd teuluol Cymraeg yn ogystal ag ar y rhai digapel. Y mae Mr. Hughes yn achub pob un o'i gymeriadau, y ferch Eleri a Shinc y Comiwnydd. Ond y gwir am y dirwasgiad yn Neheudir Cymru yw ei fod—hyd y meiddia *dyn* farnu—wedi dwyn damnedigaeth i ddegau o feibion a merched, ac wedi creu uffern a dibristod am bob dim da yn eneidiau llawer. Nid oes digon o bechod, nid oes digon o "wylo" yn narluniad Mr. Hughes o fywyd Shoni '.

Mae'r feirniadaeth nad yw'r nofel yn rhoddi darlun cymesur o fywyd y cymoedd, wrth gwrs, yn anatebadwy. ' Nid oes digon o bechod, nid oes digon o "wylo" '. Ateb Rowland Hughes yn ddiau fyddai nad amcanodd at bortreadu pob agwedd ar fywyd y gymdeithas. Anturiaethau a gorchestion William Jones, y dyn bach cyffredin, diniwed, caredig a geir yn y nofel : gwelai William Jones yr union bethau yr oedd Rowland Hughes yn fwyaf tueddol o'u gweld, yn enwedig y rhinweddau a'r nodweddion a brisiai fwyaf mewn bywyd.

Un haen o gymdeithas, ar y cyfan, ydoedd maes ei ddiddordeb yn ei nofelau ; ag un haen y byddai William Jones, hefyd, ble bynnag yr elai, yn debyg o ddod i gyfathrach agos. Byddai angen cymeriad hollol wahanol, a nofel wahanol, cyn y gallai'r pydredd, yr anfoesoldeb a'r surni a geir mewn cymdeithas ddirwasgedig, ochr yn ochr â'r dewrder a'r cymwynasgarwch, ddod yn rhan fyw o'i brofiad. Os mynnir, ' Ewythr hud a lledrith y Tylwyth Teg yw'r gŵr canol oed sobr o Arfon yn y De ', chwedl Saunders Lewis am William Jones. ' Collodd y nofelydd ei galon i'w greadur ei hunan ; rhoes ef yn galennig i deulu ei chwaer '. Rhyw fath o Don Quixote ar daith ydyw heb weld ond yr hyn a gâr ei weld ; yn datrys rhai problemau yn ei ffordd ddiniwed ei hun, ac yn esmwytháu peth ar fywyd eraill ; yn

ddoeth anhygoel ar brydiau, ond hefyd yn ei ddiniweidrwydd yn cael
ei hun mewn helyntion hollol gwixotaidd megis marchogaeth y
tandem gyda Wili John.

Cyhoeddwyd *William Jones* gan Wasg Aberystwyth, dan reolaeth
Prosser Rhys. Gwerthwyd yr argraffiad cyntaf yn llwyr cyn dechrau
Ionawr, ac aed ati ar unwaith i gyhoeddi'r ail-argraffiad. Erbyn
Mehefin gwerthwyd hwnnw hefyd. Ond cyn hynny bu Prosser Rhys
farw, a phrynwyd Gwasg Aberystwyth gan y Mri. J. D. Lewis a'i
Feibion, perchenogion Gwasg Gomer.

Ym mis Mehefin, mewn llythyr at Rowland Hughes yn egluro'r
trefniadau newydd, y mae'r Mri. J. D. Lewis yn holi, ' Beth yw'r
rhagolygon am gael nofel arall erbyn y Nadolig nesaf?' Daeth
Rowland Hughes i gytundeb â hwy, a Gwasg Aberystwyth a
gyhoeddodd ei dair nofel nesaf.

Yn niwedd 1945 darlledwyd *William Jones* ar y radio yn Saesneg fel
Drama Nos Sadwrn, y cyfieithiad a'r cyfaddasiad gan Tom Richards
a'r awdur. Symbylodd hyn werthiant y nofel o'r newydd, a'r mis
Chwefror dilynol ysgrifenna Rowland Hughes at y cyhoeddwyr :
' Da deall bod *Wm. J.* ar fin dod allan eto. Fe gollodd *O Law i Law*
a *Wm. J.* ymgyrch yr Urdd yn llwyr y llynedd. Prin, mi gredaf y bydd
angen i chwi hysbysebu *Wm. J.* gan fod y ddwy fil yn siŵr o werthu '.

Gan Wasg y Brython yn Lerpwl yr argreffid y tro hwn, ac yr oedd
Rowland Hughes yn barhaus yn annog y Mri. J. D. Lewis i bwyso
arnynt i brysuro gyda'r gwaith. Ym mis Mawrth, ysgrifenna : ' Da
deall nad aeth yr hen frawd ar goll yn Lerpwl 'na. Gwn am amryw
sy'n hiraethu am ei weld eto '.

Diddorol yw sylwi fel y cyfeirir mor aml at William Jones fel ' yr
hen gyfaill ', ' yr hen frawd ', ac amdano'n teithio'r byd : ' erbyn hyn
crwydrodd i bob rhan o Gymru, ac i Lybia a'r Aifft ac India a Ceylon :
yn wir i bellteroedd byd ', yw darn o un hysbyseb a awgrymodd i'r
cyhoeddwyr.

Peth arall a welir yn yr ohebiaeth â'r cyhoeddwyr yr adeg hon yw
mor llwyr y daeth Rowland Hughes yn awdur proffesiynol. An-
ymarferol iawn yr arferai fod gyda phethau cyffredin bywyd, yn
enwedig mewn materion busnes ; ond yn awr rhaid oedd rhoi sylw
manwl i'r rhain. ' Ynglŷn â'r arian ', meddai mewn un llythyr, ' nid
wyf yn greadur "cyfrifol" iawn, chwedl Daniel Owen, ond carwn yn
awr gael y cyfrif am 1945 '. Y mae'n dechrau llythyr ychydig yn
ddiweddarach, ' Y mae'n ddrwg gennyf eich poeni am beth mor

ddienaid â phres '. Yr oedd yn gorfod byw ar ei ysgrifennu, ac fel gyda phopeth yr ymgymerodd ag ef erioed, penderfynodd wneud hynny o ddifrif : nid oedd hanner gwneud unrhyw beth yn ei natur. A'r holl amser yr oedd mewn gwendid mawr, a thrwy gymorth ei wraig yn unig y llwyddodd i ymlwybro fel y gwnaeth.

Yn y misoedd cyn cyhoeddi *O Law i Law* bu'n pryderu a allai lwyddo fel awdur, ond daeth y derbyniad brwdfrydig a gwerthiant eang y llyfr hwnnw â boddhad mawr a hunan-hyder iddo yn ei wendid. Gwyddai erbyn hyn ei fod yn awdur llwyddiannus, y peth anghyffredin hwnnw, awdur a allai ennill bywoliaeth wrth ysgrifennu yn Gymraeg.

Ac fel awdur proffesiynol, rhan o'i waith ydoedd gofalu bod y cyhoedd yn cael pob cyfle i brynu ei nwyddau. ' Wele'r *blurb* ar gyfer y ddwy fil arall ', meddai mewn un llythyr. ' A dylai hwn werthu'r llyfr ! ' Mewn llythyr arall (ar ôl cyhoeddi *Yr Ogof*) ysgrifenna : ' Amgaeaf hysbysiad ar gyfer *Y Cymro* a lleoedd eraill os bernwch yn ddoeth ei ddefnyddio. Y mae'n rhaid inni chwythu tipyn ar ein hutgyrn ein hunain weithiau, ond yn wir y mae'r adolygiadau yn gwneud hynny trosom '.

<h2 style="text-align:center">4</h2>

Fel y dywedwyd, ym mis Mehefin 1945 gofynnodd y Mri. J. D. Lewis, Gwasg Gomer/Aberystwyth, i Rowland Hughes beth oedd y rhagolygon am nofel arall erbyn y Nadolig. Atebodd yntau ddechrau Gorffennaf :

' Yr wyf wrthi ar fy nhrydedd nofel. Gadewais Gymru y tro hwn, a mentro i dir y Testament Newydd. Hi, mi gredaf, fydd fy nofel orau. Cefais air oddi wrth dri chyhoeddwr arall yn gofyn amdani, ond nid addewais hi i neb eto. Pe bawn yn penderfynu ei chynnig i chwi, pa bryd y byddai'n rhaid i chwi gael yr MS ? Dyma'r manylion :

Teitl. YR OGOF.

Maes. Stori am Joseph o Arimathea, y Cynghorwr a roes y bedd i gladdu'r Iesu.

Hyd. Rhyw 70,000 neu 80,000.

Nofel grefyddol ei hanian, a chredaf y byddai diddordeb mawr ynddi. Tua'r hanner a ysgrifennais eisoes '.

Fe gofir bod gan Rowland Hughes ddiddordeb yn Joseph o Ari-mathea ers blynyddoedd, o leiaf er 1936, pan luniodd ei raglen radio

' Gwener y Grog '. Mae'n bosibl fod darllen *The Robe*, gan y nofelydd Americanaidd, Lloyd C. Douglas, wedi bod yn ddylanwad arall a'i tueddodd i ymgymryd ag ysgrifennu *Yr Ogof*. Nid oes sicrwydd am hyn. Yr oedd cymeriad Joseph o Arimathea eisoes yn ei feddwl, ac efallai i *The Robe* symbylu ei ddychymyg i ystyried nofel ar linellau *Yr Ogof*. Y mae'r ddwy nofel yn hollol wahanol i'w gilydd.

Yr Ogof, o holl nofelau Rowland Hughes, ydoedd yr un a olygodd fwyaf o ymchwil. Yr oedd ef yn gyfarwydd iawn â'i Feibl o ddyddiau ei ieuenctid, a gallai ddyfynnu'n helaeth ohono. Ond maes dieithr iddo ydoedd astudiaeth feiblaidd fanwl, ac nid oedd ganddo, ychwaith, brofiad fel hanesydd. Gellir dychmygu, felly, y fath antur ydoedd iddo ddechrau paratoi ar gyfer *Yr Ogof*, nofel grefyddol a hanesyddol, pan oedd yn ymdrech galed, yn aml, iddo roi pin ar bapur o gwbl. Rhaid oedd darllen cyfrolau lawer, ymgydnabyddu â manylion bywyd y cyfnod, ymdrwytho yn yr awyrgylch, a gwneud nodiadau di-ri. Amcanai gyhoeddi'r nofel erbyn y Nadolig, 1945. Byddai'n gryn gamp i unrhyw un wneuthur y gwaith mewn amser mor fyr. Iddo ef yn ei wendid mawr yr oedd yn ymgymeriad a alwai am arwriaeth a phenderfyniad eithriadol.

Yr oedd yn ymwybodol iawn o'i gyfrifoldeb, ac nid heb beth pryder ynglŷn â'r gwaith. Mewn llythyr at y cyhoeddwyr yn Ionawr 1946, pan oedd gwerthiant *Yr Ogof* yn sicr, dywed : ' Ofni'r gweinidogion yr oeddwn gan y gwyddant hwy am y maes mor dda, ond nid oes raid pryderu am hynny bellach. Yn wir, troes rhai ohonynt yn llyfr-werthwyr bron ! '

Trwy ymdrech arbennig ar ran yr awdur, a'r cyhoeddwyr hefyd, y llwyddwyd i gael y llyfr o'r Wasg erbyn y Nadolig. Mewn llythyr at y cyhoeddwyr, Awst 22, 1945, ysgrifenna Rowland Hughes :

' Yn lle ysgrifennu pennod 1, 2, 3, etc. y tro hwn, euthum ati i lunio'r penodau fel y dôi'r awen. A wna hynny ryw wahaniaeth i chwi ar gyfer cael *galleys* yn barod ymlaen llaw ? Nid wyf yn sicr a allaf ei gael yn barod at y Nadolig, ond byddai'r wybodaeth honno, efallai, yn rhoi hwb imi. Gwn fod disgwyl am nofel arall, a gorau'n byd os llwyddaf i ddal marchnad y Nadolig, onid e ? '

Yna, ar Medi 14, 1945, wrth amgau'r ddwy bennod gyntaf, dywed :

' Ychydig iawn a ysgrifennais yn ddiweddar—ymwelwyr yma am dair wythnos, a'r B.B.C. ar fy ôl am wahanol bethau. Ofnaf mai gobaith gwan sydd i'r *Ogof* weld golau dydd cyn y Dolig. Ond pydraf arni yn awr, gan weddïo am hamdden a thawelwch o hyn ymlaen '.

Y mae gohebiaeth bellach yn ystod mis Hydref, a'r awdur yn anfon penodau ychwanegol. Ar yr ugeinfed o'r mis, y mae'n ysgrifennu :

' Dyma'r bwletin diweddaraf—

I-XI gennych chwi (wedi i chwi gael IV a V yr wythnos nesaf).

XII—ar ei hanner.

XIII—y bennod olaf.

' Newidiais gynllun y diwedd, gan roi llai o waith i mi fy hun. Ond bydd yn llawn mor effeithiol os nad yn fwy felly.

' Bydd y nofel tua 80,000 o eiriau—dipyn llai na *William Jones*, ond gryn dipyn yn fwy nag *O Law i Law*.

' Ofnaf y cymer y bennod olaf lawer o amser imi, gan fod yn rhaid imi ddarllen llyfrau ar ei chyfer. Tybed a ellwch chwi wneud I—XII yn *page proofs* yn ystod yr wythnos nesaf er mwyn rhoi cymaint o amser ag sydd bosibl imi trosti ? Yna gall D. Llewelyn Jones gywiro proflenni XIII ar ei phen ei hun '.

Ar Ragfyr 5, 1945, yr oedd y cyhoeddwyr yn gallu anfon ato i ddweud bod y llyfr gyda'r rhwymwyr. Mwy na hyn, hysbysent ef bod archebion am bron 4,000 o gopïau wedi eu derbyn yn barod. Yr oedd yr archebion hyn, cyn i'r llyfr ymddangos, yn sicr yn record heb ei thebyg yn hanes cyhoeddi nofelau Cymraeg—arwydd o boblogrwydd dihafal Rowland Hughes fel nofelydd yr adeg hon.

Gwerthwyd yr argraffiad cyntaf, un mawr iawn i gyfarfod â galw'r Nadolig, yn llwyr mewn llai na thair wythnos. Aed ati ar unwaith i gyhoeddi ail argraffiad.

' Y mae'n amlwg fod *Yr Ogof* wedi deffro chwilfrydedd mawr ', meddai Rowland Hughes mewn llythyr at y cyhoeddwyr, gan gyfeirio at ohebiaeth yn *Y Goleuad*. ' Clywais am amryw o weinidogion sy'n sôn amdano ar bregeth, a deallaf fod o leiaf un dosbarth Ysgol Sul yn ei astudio '.

Yn sicr fe dynnodd y nofel sylw mawr, ond yr oedd croeso'r adolygwyr yn fwy cymysg nag i un o nofelau eraill Rowland Hughes. Ceid llawer yn canmol yn frwd, ond yr oedd eraill yn gwrthwynebu llunio nofel ar hanes y Croeshoeliad, ac yn enwedig yn erbyn dod â pherson yr Iesu ei hun i'r nofel. Yr oedd y gwrthdaro barn yn anochel oherwydd pwnc y nofel a'r dull yr ymdriniodd yr awdur ag ef.

Nodweddiadol o'r dadlau ar y pryd yw llith ' Sylwedydd ' (Y Parch. John Owen, Nefyn) yn *Y Goleuad*, lle mae'n sôn am ' ddau ŵr

dysgedig yn ymddiddan â'i gilydd ynghylch *Yr Ogof*, ac yn methu â
ffurfio barn derfynol pa un ai llyfr i'w gondemnio ynteu i'w gymer-
adwyo ydoedd ', ac yn penderfynu gofyn iddo ef ysgrifennu amdano.
Ond wedi trafod y pwnc, diwedd ei erthygl ydoedd : ' Methu'r wyf â
phenderfynu i'm bodlonrwydd fy hun pa ateb i'w roi i'r cwestiwn, er
nad yw'r peth yn gorwedd yn esmwyth hollol ar fy nheimlad '.

Ond yr oedd eraill yn llawer mwy parod i fynegi barn ar y naill
ochr neu'r llall. Y mae'r *Tyst* yn galw *Yr Ogof* yn nofel nodedig :
' lluniwyd hi ar gynfas llydan, cwmpasog, a gweithir bywyd cym-
deithas, crefydd, teulu, plaid a dyheadau'r cyfnod i mewn i'r patrwm
yn eithriadol o fedrus. Gwaith gŵr cyfarwydd â'i Feibl a'i Destament
Newydd yw'. Ac meddai *Seren Gomer* : ' Y mae yma feiddgarwch ac
antur newydd, oblegid y mae'r gwaith hwn wedi ei weu o gwmpas
dyddiau'r Grog, a hynny yn rhoi cyfle inni gael golwg glosiach ar rai o
gymeriadau'r Ddrama fawr honno. Dychymyg ! Ie, ond dychymyg
sy wedi ymgydnabod yn o lwyr â'r ffeithiau gwreiddiol, a'r canlyniad
yw fod gennym yma ddarlun cyflawnach, ond nid un llai sicr, o ddyn-
ion fel Caiaffas, Pilat, Jwdas ac eraill, ac yn arbennig o Joseph o
Arimathea, ac o grefydd a mudiadau gwleidyddol y dydd '.

Yr oedd gwahaniaeth barn ynglŷn â'r dehongliad o gymeriad
Jwdas. ' Y mae'r awdur yn gyfarwydd â'r esboniadaeth fwyaf diwedd-
ar, fel y dengys ei ddehongliad o gymhellion Jwdas a'r modd y
digonwyd y miloedd ', a ddywedodd *Seren Gomer*. Ond, yn *Y Drysorfa*
meddai'r Parch. G. Wynne Griffith : ' Darlunia'r awdur Jwdas
Iscariot fel cenedlaetholwr penboeth, yn credu'n angerddol ei bod yn
amser i'r genedl godi mewn gwrthryfel yn erbyn Rhufain. Ond yr
oedd Iesu'n rhy araf a rhy freuddwydiol o lawer ganddo . . . Damcan-
iaeth a luniwyd gan y llenor enwog de Quincey ydyw hon, ond y
mae'n gwbl anghyson â'r portread o Jwdas a geir yn yr Efengylau, ac
nid oes yr un esboniwr o bwys heddiw a'i derbyniai '.

Yn yr adolygiad hwn—er i'r Parch. Wynne Griffith ddweud fod
Yr Ogof ' yn ymyl bod yn nofel fawr ', ac yn rhagori ar *O Law i Law* a
William Jones—yr oedd hefyd feirniadaeth lawer mwy sylfaenol, a
adlewyrchai safbwynt rhai o'r gweinidogion a'r diwinyddion ar y
pryd. 'Fy nghwyn i yn erbyn yr awdur ydyw nid yn gymaint iddo
ddwyn yr Arglwydd Iesu Grist i mewn i'r nofel, ac nid chwaith iddo'i
ddwyn i ganol y llwyfan yn y stori, ond *nad ydyw ei bortread ohono'n
gyson â'r un a gawn yn yr Efengylau. Y mae Crist yr Efengylau—y pedwar
fel ei gilydd—yn Fab Duw* '.

Cynrychioli safbwynt un garfan yn unig a wnâi'r farn hon ; canmoliaeth frwd a geid gan y mwyafrif. Ysgrifennodd y Dr. Iorwerth Peate, er enghraifft, yn *Y Cymro* : ' Nid wyf yn ddigon cydnabyddus â hanes y cyfnod i wybod a yw holl ffeithiau'r hanes, na dull Mr. Hughes o'u trin, yn fanwl gywir . . . Ond i mi, fel darllenydd cyffredin, y mae'r stori fel y rhydd Mr. Hughes hɪ'n gwbl gredadwy. Y mae ei gymeriadau i gyd yn fyw. Eɪ iddo ei lyffetheirio ei hun trwy weithio ar destun y gweithiwyd arno gan gannoedd lawer o'i flaen, llwyddodd Mr. Hughes i greu darlun newydd a byw o'r prif ddigwyddiadau yn hanes y ddynoliaeth, ac nid bychan o gamp oedd hynny '.

Beirniadaeth lem, o safbwynt bendant a diamwys, a gafwyd yn *Y Faner* gan Mr. Saunders Lewis, ac ni all dim amlygu'n well y ddadl a achoswyd gan *Yr Ogof* na'i adolygiad ef :

' Troes Mr. Hughes i faes hanes am ddeunydd ei drydedd nofel, i faes yr hanes pwysicaf o bob hanes, wythnos dioddefaint ac angau Gwaredwr y byd. Rhoir hanes yr wythnos honno inni o safbwynt Joseph o Arimathea. Dychmygodd Mr. Hughes ei Joseph ef yn debyg odiaeth i William Jones—yn cael ei yrru a'i hel gan ei wraig y tro hwn. Ni ellir achwyn ar hynny. Ni wyddys fawr ddim am y Joseph hanes. Ond y mae'r darlun ohono ef a'r darlun o Gaiaffas yr Archoffeiriad yn y nofel hon yn tynnu oddi wrth ddwyster, ac yn gostwng llawer iawn ar yr ymdeimlad o bwysigrwydd enbyd, annioddefol, yr wythnos honno yn hanes y byd. Gwnaeth Mr. Hughes hɪ'n wythnos anffortunus. Fe ddisgrifia argyhoeddiad a throedigaeth Joseph i gredu mai Duw-ddyn a fradychwyd ac a groeshoeliwyd. Ond troedigaeth William Jones yw hi ; nid yw'n cydweddu ag epig tynged y ddaear . . .

' Y mae Mr. Hughes yn gwybod ei grefft. Ond blinais i ar ei ddisgrifiad o'r Croeshoeliad. Wedi'r cwbl, y mae hynny wedi ei ddisgrifio mewn llenyddiaeth. Ni all neb chwanegu ato. Dylem yn hytrach ymgroesi '.

Yr hyn a ddywedodd Rowland Hughes, mewn llythyr at y cyhoeddwyr, am adolygiad Saunders Lewis oedd : ' Ni welaf ddim bai ar Saunders Lewis—dyna yw ffydd y Pabyddion—ond beiaf *Y Faner* am roi llyfr o'r fath i Babydd i'w adolygu '.

Nid yw'r rhai a ysgrifennodd yn ddiweddarach am y nofel wedi teimlo'r un anawsterau ag a deimlai rhai o'r adolygwyr ar y pryd. Sylwodd Hugh Bevan[1] ar saernïaeth ofalus y nofel, gan nodi fel un

---

[1] *Y Llenor*, Gwanwyn 1950.

enghraifft y graddoli celfydd ynglŷn â'r ogof—breuddwyd Othniel
yw hi yn gyntaf, yna cymhariaeth ym meddwl Joseph yn neuadd
Caiaffas, yna ffaith ar y diwedd. Ac, yn hollol i'r gwrthwyneb i farn
rhai o'r beirniaid ar dir crefyddol, meddai : ' Hanfod crefftwaith y
nofel hon yw defnyddio cymdeithas weledig i ymgynnwys yr ang-
hyffwrdd '.

Trefnwyd i ddarlledu rhannau o'r nofel yn ystod wythnos y Pasg
yn 1946. ' Bu sôn am ei dramaeiddio ', meddai Rowland Hughes
mewn llythyr at y cyhoeddwyr, ' ond gwell efallai oedd trefnu'r
darllediadau syml hyn oherwydd bod y pwnc yn un mor gysegredig '.

Yr oedd y cyfnod hwn yn un hynod lwyddiannus yn hanes nofelau
Rowland Hughes—ymddangosodd argraffiadau newydd o'i dau
nofel, y cwbl yn chwarter cyntaf 1946. ' Wyddwn i ddim bod cymaint
o bobl yn medru darllen yng Nghymru ', meddai'n chwareus yn un
o'i lythyrau at Mr. Edward Lewis, Gwasg Gomer.

Ond gwaethygu yr oedd ei iechyd, y parlys yn graddol ymledu o'i
goesau i'w freichiau, ac yr oedd rhai dyddiau pan na allai ysgrifennu o
gwbl â'i law ei hun. Yng ngwanwyn 1946, bu am gyfnod am ym-
chwiliad yn Ysbyty Caerdydd, ond ychydig iawn a allai'r meddygon
ei wneud i'w gynorthwyo.

Un cysur mawr iddo ef a'i briod ydoedd ymweliadau cyfeillion.
Câi bleser arbennig yng nghwmni llenorion, ac yr oedd ' siarad siop '
gydag awduron eraill o ddiddordeb parhaol iddo, a mwynhâi bob
cyfle i gyfnewid syniadau am lenyddiaeth a bywyd. A'r cof sy'n aros
gyda'i ymwelwyr yw ei sirioldeb a'i ddewrder mawr yn ei adfyd.

5

Ar ben ei holl waith fel nofelydd, a heblaw llunio ambell raglen
radio, yr oedd Rowland Hughes erbyn hyn hefyd wedi ysgrifennu
drama, ac wedi cyfieithu drama arall i'r Gymraeg.

Y ddrama oedd Y Ffordd, sy'n seiliedig ar helyntion Beca. Perfform-
iwyd hi gyntaf gan Gymdeithas Ddrama Abertawe : dewiswyd hi gan
y Gymdeithas hon, a wnaeth gymaint o waith da dros y ddrama
rhwng 1919 a 1939, fel ei chynhyrchiad cyntaf wrth ail-gychwyn ar
ôl y bwlch yn ei hanes a achoswyd gan y rhyfel.

Prin y gellir dweud bod y ddrama hon yn dangos cymaint dawn fel dramodydd yn Rowland Hughes ag a geid ynddo fel nofelydd, ond barn y beirniaid oedd ei bod yn effeithiol ar y llwyfan. Perfformiwyd hi'n llwyddiannus wedi hynny gan lawer cwmni trwy Gymru.

Y ddrama a droswyd i'r Gymraeg, dan y teitl *Gwyliwch y Paent,* oedd *The Late Christopher Bean,* cyfaddasiad Emlyn Williams o'r ddrama Ffrangeg, *Prenez Garde à la Peinture.* Bu mynd mawr ar y ddrama hon, ac, yn wir, perfformir hi yn achlysurol heddiw.

Ond eilbeth i gyfansoddi ei nofelau ydoedd y gwaith hwn i Rowland Hughes. Wedi gorffen *Yr Ogof,* meddyliodd am gyfieithu *O Law i Law* i'r Saesneg, ond ym mis Mawrth 1946 cawn ef yn ysgrifennu at Mr. Edward Lewis, Gwasg Gomer : ' Gwthiais y cyfieithiad o'r neilltu ryw fis yn ôl, gan i syniad da am nofel arall ddod i'm corun. Bûm yn darllen llawer am streic fawr a fu yn Chwarel y Penrhyn yn 1896-7. Ni wn a ddaw rhywbeth o'r peth ai peidio, ond y mae'r deunydd yn wych '.

Ond yn fuan wedi hyn, gwaethygodd ei iechyd, ac y mae llythyr a ysgrifennwyd gan ei wraig ar ei ran at y cyhoeddwyr, dyddiedig Mai 31, 1946, yn dangos yr anawsterau y gweithiai danynt :

' Gair dros y gŵr i ddiolch am y llyfrau. Y mae'n ddrwg ganddo iddo fethu ysgrifennu atoch cyn hyn, ond bu i mewn yn y Royal Infirmary yng Nghaerdydd am dros wythnos o dan ymchwiliad.

' Y mae Mr. Hughes wedi dechrau ar nofel arall ynglŷn â Streic Fawr y Penrhyn (1900—1903), ond y mae'r cwbl yn dibynnu wrth gwrs ar ei iechyd, ac y mae'n bur wan ar hyn o bryd ar ôl wythnos yn y gwely. Cafodd hwyl ar y darnau a ysgrifennodd hyd yn hyn, ond y mae ganddo lawer o waith darllen ar y pwnc '.

Fe sylwir fod Rowland Hughes ei hun yn sôn am streic 1896-7, ond mae'r llythyr diweddarach yn cyfeirio at streic fawr 1900—1903. Bu dwy streic yn y cyfnod hwn yn Chwarel y Penrhyn, Bethesda. Seilir *Chwalfa* ar streic 1900—1903, ond y mae'r cyfeiriad a geir yma, sy'n dangos mai wrth ddarllen hanes streic 1896-7 y daeth y syniad am y nofel i Rowland Hughes, yn esbonio, o bosibl, yr hyn a ddywedwyd gan rai sy'n gyfarwydd iawn â'r hanes, sef fod ambell beth sy yn y llyfr yn perthyn yn fwy i hanes y streic gyntaf nag i'r ail, ac yn enwedig fod rhai o gymeriadau'r nofel fel pe baent wedi eu seilio ar ddynion a oedd yn amlwg yn y streic *gyntaf.*

Ceir gwybodaeth werthfawr am gefndir *Chwalfa* mewn tair erthygl

gan Emyr Hywel Owen yn *Lleufer*.[1] Dyfynnir y disgrifiad canlynol
o'r ail o'r erthyglau hyn :

'Cychwynwyd y "Streic Fawr" (1900—1903) â thair gorymdaith i
ddanfon "contractors" o'r chwarel. Gwŷr oedd y rhain a gymerai
gontract gan y goruchwyliwr ar nifer o bonciau yn y chwarel, ac a
weithiai'r ponciau hynny gan dalu ychydig iawn o gyflog i'r gweith-
wyr yno. Yr oedd teimlad cryf iawn ymhlith y gweithwyr yn eu
herbyn, a daeth yn amlwg iawn pan gymerodd un ohonynt gontract
ar "fargeinion" pymtheg o bennau teuluoedd a drowyd o'u gwaith
heb reswm. Pan aeth y contractor hwn a phedwar o'i weithwyr i'r
bargeinion i weithio, cododd y gwaith yn ei erbyn a danfonwyd ef
adref. Dywedodd contractor arall yr hanes wrth ohebydd papur
newydd, a galwodd y chwarelwyr yn *loafers* yn yr erthygl. Aed
amdano ef ddiwrnod neu ddau ar ôl i'r erthygl ymddangos, a hebryng-
wyd yntau adref a'i orfodi i ganu ' *Soldiers of the King* ' yn awr ac
eilwaith ar y ffordd. Cafodd contractor arall driniaeth gyffelyb.

'Gwysiwyd nifer o chwarelwyr am ymosod ar y contractors, ac
aed â'u hachos i Lys Ynadon Bangor. Ymadawodd pawb â'u gwaith
ddiwrnod yr achos, a gorymdeithiwyd i Fangor yn bedair mil bron
mewn nifer. Aed trwy ystrydoedd y ddinas mewn distawrwydd dwys.
"Yr oedd yr orymdaith yn olygfa i'w chofio am byth gan ddinaswyr
Bangor, a chan y dieithriaid o fewn ei phyrth", meddai gohebydd y
Liverpool Mercury.

'Dyma gychwyn y streic. Ymhen tri neu bedwar mis, ym Mawrth
ac Ebrill 1901, aeth personiaid plwyfi Llandygái a Llanllechid ac amryw
o fân swyddogion y chwarel o gwmpas Dyffryn Ogwen i geisio
perswadio'r gweithwyr i ddychwelyd at eu gwaith. Erbyn dechrau
Mehefin yr oeddynt wedi llwyddo i berswadio rhwng 500 a 550,
canys ar yr unfed ar ddeg o'r mis aeth y nifer hwnnw yn ôl i weithio i'r
chwarel. Disgrifiwyd hyn mewn mwy nag un ffordd—' ymgrymu
i'r ddelw ', ' gwerthu eu cydweithwyr ', ' aberthu egwyddorion ', a
' throi'n fradwyr ' . . . Am saith o'r gloch y bore hwnnw, marchogodd
Arglwydd Penrhyn i'r chwarel, ac anerchodd y bradwyr oddi ar ei
farch, a'u canmol am ddychwelyd i weithio iddo. Rhoes sofran aur i
bob un. Fe'i galwyd yn ' Bunt y Gynffon ', a chyfansoddwyd cân
iddi, i'w chanu ar fesur ' Y Mochyn Du ! '

---

[1] Gaeaf 1957, Hydref 1958, Haf 1963.

Dyma'r hanes sydd yn gefndir i *Chwalfa*. Nid bathu'r teitl 'Chwalfa' a wnaeth Rowland Hughes ; bu'r gair ar dafod leferydd ardal Bethesda o ddechrau'r ganrif hon hyd heddiw. Fel y dywedodd y Parch. John Owen—a oedd yn weinidog yn y Gerlan, Bethesda, yn ystod yr helynt—mewn adolygiad ar y nofel : ' Yr oedd yno fwy nag un chwalfa, chwalfa ardal a chwalfa teuluoedd. Aeth llu o wŷr a bechgyn i ardaloedd pell i chwilio am waith, llawer o rai na ddaethant byth yn ôl. Bu i deuluoedd fel teuluoedd ran yn y chwalfa hon. Ond bu chwalfa arall, dyfnach a chwerwach. Gwnaed rhieni a phlant, brodyr a chwiorydd, yn fwy na hanner gelynion i'w gilydd '.[1]

Er mwyn yr ymchwil ar gyfer y nofel, deuai men o Lyfrgell Caerdydd at y tŷ bob hyn a hyn gyda chopïau wedi eu rhwymo o'r *Faner* a'r *Herald*, a phapurau Cymraeg eraill, am flynyddoedd y streic. Byddai llawr yr ystafell-fyw yn ' Ger-y-llyn ' yn fôr o bapurau, a Rowland Hughes yn gweithio yn eu canol, yn methu symud cam ei hunan i gyrraedd yr un ohonynt. Dibynnai yn gyfangwbl ar Eirene, ei wraig.

Ond, er gwaethaf ei wendid, mynnai fod mor drylwyr ag erioed Enghraifft o hyn yw'r drafferth a gymerai i sicrhau fod yr holl fanylion yn ei nofelau yn hollol gywir. Ymgynghorai ag arbenigwyr pan fyddai angen gwybodaeth arno ar bwyntiau neilltuol, gan fanteisio ar bob cyfle i holi gwŷr mewn gwahanol swyddi a alwai i'w weld, a gohebu â phersonau eraill.

Ddechrau Awst, 1946, y mae'n ysgrifennu at O. R. Williams, Dinorwig—a fu, fel y cofir, yn fyfyriwr yng Ngholeg Harlech pan oedd Rowland Hughes yn ddarlithydd yno. Wedi cyhoeddi *O Law i Law* ysgrifennodd Mr. Williams i longyfarch yr awdur, gan nodi ar yr un pryd ambell derm technegol ynglŷn â gwaith chwarel nad oedd yn hollol gywir yn y llyfr. Teimlai'n rhyfygus, ond credai y carai Rowland Hughes wybod gan ei fod mor drwyadl gyda phopeth a wnâi. Cafodd air o ddiolch cynnes, a chanlyniad hyn ydoedd y gohebu a fu rhwng Rowland Hughes ac yntau cyn cyhoeddi *Chwalfa*, ac yn fwy fyth amser ysgrifennu *Y Cychwyn*. Dyma'r llythyr yn Awst 1946 :

' Gair i ofyn cymwynas.

' Yr wyf wrthi ar nofel arall—yn ymwneud â streic mewn chwarel. Bûm yn astudio hanes streic fawr Bethesda, a gwelaf mai un o'r prif

---

[1] *Y Goleuad*, Ionawr 29, 1947.

gwynion oedd defnyddio *Contractors* yn y Chwarel. Ni wn a ddigwyddai'r un peth yn Ninorwig, ond carwn yn fawr pe gyrrech imi ychydig nodiadau ar y ffordd y gweithiai'r contractors hyn. Dadl y dynion oedd bod chwarelwyr medrus a phrofiadol yn gorfod gweithio o dan ryw labrwr o gontractor diegwyddor, ac yn gorfod chwysu'n enbyd i wneud cyflog. Dadleuai'r awdurdodau wedyn fod yn rhaid i'r system aros gan fod cymaint o ' faw ' i'w glirio fel y gweithid yn ddyfnach. A ydych yn adnabod un o hogiau Bethesda a fedr daflu golau ar y pwnc ?

' A chyda llaw, gan fod y nofel yn tueddu i fod yn drymaidd oherwydd y pwnc, rhowch un neu ddwy o straeon digrif am y chwarel yn eich llythyr ! '

Yr oedd y cais am ' un neu ddwy o straeon digrif ' yn hollol nodweddiadol o Rowland Hughes. Ofnai fod yn drymaidd ac anniddorol. Er yr holl hiwmor a geir yn ei waith, credai mai ar yr ochr honno yr oedd perygl iddo fod yn ddiffygiol. Hyd yn oed yn nyddiau'r coleg, clywyd ef yn gofyn am gymorth gan gyfaill gydag ambell gyffyrddiad i ysgafnhau ei areithiau.

Cafodd O. R. Williams lawer o wybodaeth am y streic gan J. Price Williams, Bethesda, ac anfonodd hyn at Rowland Hughes. Atebodd yntau ar unwaith i ddiolch.

Un arall y bu'n gohebu ag ef ydoedd Henry Hughes, awdur y llyfrau diddorol *Through Mighty Seas* ac *Immortal Sails*, am borthladd Porthmadog a'r llongau bach a arferai hwylio oddi yno i bob cwr o'r byd. Ganddo ef y cafodd y manylion technegol i ddisgrifio'n gywir hanes Llew ar y môr. Sylwodd mwy nag un o'r adolygwyr wrth ysgrifennu am *Chwalfa* fod yr awdur mor gartrefol ar y môr ag ydoedd wrth ddisgrifio bywyd y chwarel. Ond ychydig, mewn gwirionedd, a wyddai Rowland Hughes am y môr ac am longau. Fel llenor proffesiynol medrus, aeth at ffynonellau lle câi'r wybodaeth a geisiai, ymdrafferthodd i ymgydnabyddu â'r manylion, a defnyddiodd y wybodaeth yn gelfydd.

Cymysg, i raddau, fel y dywedwyd, fu ymateb yr adolygwyr i *Yr Ogof*. Nid oedd dim ond croeso i *Chwalfa*. Yn awr, yr oedd y cymariaethau â Daniel Owen yn ymddangos yn gyson. ' Y mae pedwaredd nofel Mr. Rowland Hughes yn waith rhagorol ', meddai Iorwerth Peate yn *Y Cymro*. ' Yn hon eto profodd yn ddiamheuol mai ef yw nofelydd amlycaf Cymru er dyddiau Daniel Owen—ac nid wyf yn awgrymu bod Daniel Owen yn fwy nag ef '. A dyma eiriau

Caradog Pritchard yn *Y Ddinas* : ' Ac yn awr, yn goron ar y cwbl, dyma ei bedwaredd nofel, *Chwalfa*, ar silffoedd y siopau. Wedi cyhoeddi'r nofelau eraill, clywais amryw o bobl a'u darllenodd yn dywedyd am T. Rowland Hughes, "Dyma'r nofelydd Cymraeg gorau a gawsom ers Daniel Owen". Wel, wedi darllen ei nofel ddiweddaraf, gallaf ddweud wrthych yn ddibetrus, "Y mae hwn yn well na Daniel Owen" '. Ac mewn adolygiad ar y radio, dywedodd Myrddin Lloyd : ' Pleser digymysg yw canmol y nofel hon, sef y braffaf o nofelau T. Rowland Hughes. Nid oes bellach ond Daniel Owen i'w gymharu ag ef fel nofelydd Cymraeg. Trist yw meddwl ei bod fel petai'n ofynnol i Gymro orfod dioddef afiechyd er mwyn cael yr hamdden i fyw'n hir a chyson ddi-dor gyda'i gymeriadau ac iddynt allu tyfu i'w llawn faintioli yn ei ddychymyg '.

Yn *Y Llenor*[1] cafwyd adolygiad gan y Dr. T. J. Morgan a oedd yn ystyried *Chwalfa* mewn perthynas â gwaith blaenorol Rowland Hughes yn ei nofelau :

' Dyma'r orau o'r pedair nofel am fod rhiniau'r tair cyntaf wedi eu hidlo i hon ; y ddawn i lunio cymdeithas o chwarelwyr a dehongli eu ffordd o fyw o'r tu mewn, yn ofalus heb orfanylu, yn gyfarwydd â'r cwbl heb orliwio ; y cipolygon wedyn ar fywyd sydd tu allan i'r gymdeithas, hon, yn fwyaf arbennig yng nghymoedd Sir Forgannwg ; a'r trydydd peth yw'r syniad o greisis. Y mae'r elfen olaf i'w gweld yn dawel ymwthio tuag at yr wyneb yn *O Law i Law*, yn nifrifwch y penodau a ddengys yr ymdrech yn erbyn tlodi. Yn yr ail nofel y mae'r ymdrech yn ddigon amlwg, ac am fod nofelwyr salach wedi ystrydebu'r creisis hwn yn y cymoedd glofaol, dewisiwyd yn *William Jones* (yn fwriadol, ac nid heb ryw gymaint o ' gythreuldeb '), roi iddo wedd o gysur a doniolwch. Enw arall ar y drydedd nofel fyddai ' creisis '—yr ymdrech rhwng daioni a rhagfarn, rhwng purdeb amcanion a chymhellion hunanol, rhwng ymroddiad di-hunan a brad ; rhwng cymeriad a llyfrdra. Dyma elfennau creisis, ond ei hanfod yw fod dyn yn gorfod dewis ochr yn yr ymryson, neu fod yn gyson, efallai, yn dangos ar ba ochr y saif. Yr ymryson oesol yma wedi ei throsglwyddo i fyd chwarelwyr yw deunydd *Chwalfa*, canys nid stori am streic yn unig ydyw a'i heffaith ar ardal gyfan ac ar un teulu arbennig, ond am ymgodymu rhwng dwy egwyddor, rhwng aberth a'r gobaith am well byd ar y naill law ac awdurdod a brad ar y llall ;

---

[1] Cyfrol XXV, Tud. 96.

rhwng y Goleuni a'r Tywyllwch. Ac er i fethiant y streic, yn dymhorol, droi'r gobaith yn siom, a'r aberth yn ofer, nid yw'r arwriaeth ronyn llai, ac y mae rhywbeth tebyg i 'drydydd dydd' yn torri'n wawr egwan yn y galon'.

Heb ddim amheuaeth bu'r derbyniad a gafodd *Chwalfa*, a'r clod di-brin a roddid iddo fel llenor, yn foddhad o'r mwyaf i Rowland Hughes. Ac nid canmoliaeth oedd yr unig gydnabyddiaeth am ei waith ; yr oedd yn ennill bywoliaeth gysurus wrth ysgrifennu. Dyma adeg uchafbwynt gwerthiant ei lyfrau—*Chwalfa* yn gwerthu'n gyflym, a galw buan am ail argraffiad ; *O Law i Law, William Jones* a *Yr Ogof* yn dal i werthu yn gyson. Ni fu dim byd tebyg yn hanes yr un llenor a ysgrifenasai yn Gymraeg, ac fe gyflawnodd hyn oll mewn cyflwr o fusgrellni sy'n anodd i neb nad oedd mewn cysylltiad agos ag ef ei amgyffred.

Wrth sôn am ei wrhydri ef, ni ellir byth anghofio dewrder a sirioldeb ei briod yn yr amgylchiadau caled. Rhamantu a fyddai dweud i Rowland Hughes ddioddef ei gystudd mor dawel-ddirwgnach ac amyneddgar â'r cymeriadau cystuddiedig y ceir un neu ragor ohonynt ym mhob un o'i nofelau, megis F'ewythr Huw yn *O Law i Law*, Crad yn *William Jones* ac Othniel yn *Yr Ogof*. Nid ymdeimlir ag unrhyw surni neu chwerwedd yn ei waith, eithr darluniodd gymeriadau a oedd mewn nychdod yn gryf yn eu haddfwynder, a'u rhinweddau naturiol yn gorchfygu adfyd ac yn blodeuo dan ddioddefaint. Gwroldeb a nodweddai Rowland Hughes ei hun, hefyd, a phenderfyniad i gyflawni ei waith er ei holl lesgedd. Ni châi cyfaill wrth ymweled ag ef wybod ei fod yn dioddef ; byddai'n siarad am bopeth ond am ei afiechyd, a byddai'r hiwmor slei a oedd mor nodweddiadol ohono o hyd yn dod i'r wyneb. Dioddefodd gystudd hir yn ddewr. Ond yr oedd adegau pan âi'n isel iawn ei ysbryd oherwydd ei waeledd.

Bu ganddo ef erioed, fel y soniwyd eisoes, lawer o ffydd mewn crach feddyginiaethau. Pan glywai am unrhyw beth newydd ar gyfer ei gyflwr, nid oedd na byw na bod na châi roi cynnig arno, a byddai'r siomiant a ddilynai yn ei yrru'n ddyfnach i bruddglwyf. Bu adeg pan glywsai am driniaeth newydd yn America, ac er dweud wrtho, mor garedig ag oedd modd, gan y meddyg ac eraill, nad oedd ddiben cyrchu yno, yr oedd yn anfodlon iawn. Buasai'n barod, pe câi ei ffordd, i wario pob dimai a feddai, a llawer mwy pe gallai eu cael, i fynd i America i geisio'r driniaeth. Gwaith nid bychan ydoedd i'w wraig ei atal rhag ymollwng i ddigalondid llwyr. Trwy'r cyfan, ymlwybrai ymlaen gyda'i ysgrifennu, ac Eirene, ei briod, yn gofalu amdano ac yn ei gynorthwyo ym mhob modd. Hanes gwroldeb *dau* yw hanes ysgrifennu nofelau Rowland Hughes.

6

Dywed Rowland Hughes ar ddechrau *Y Cychwyn*, ei bumed nofel : ' Fel nofel hir iawn y gwelwn i stori'r Parch. Owen Ellis, ond yn y dyddiau hyn o anawsterau a chostau argraffu a phrinder papur, tybiais mai doeth oedd ei lunio'n rhannau, gan geisio rhoi unoliaeth a chyfanrwydd i bob rhan ar wahân. Ei ddyddiau cynnar yw thema'r nofel hon '.

Y rhan gyntaf, yn unig, o'r nofel hir y mae'r awdur yn sôn amdani a ysgrifennwyd, ac eithrio un tudalen o'r gyfrol a oedd i ddilyn. Argreffir cynnwys y tudalen, nas cyhoeddwyd cyn hyn, yn nes ymlaen yn y bennod hon.

Troi yn ôl at faes *O Law i Law*, ei nofel gyntaf, a wnaeth Rowland Hughes yn *Y Cychwyn* ; a phatrwm o atgofion a geir yn y ddwy nofel, gyda'r gwahaniaeth pwysig mai John Davies sy'n adrodd ei hanes ei hun yn *O Law i Law*, ond yn *Y Cychwyn* yr awdur sy'n mynegi atgofion Owen Ellis, ac y mae'r atgofion yn dilyn trefn amser.

Yn y nofel hon, eto, dewisodd Rowland Hughes thema a oedd yn gofyn cryn dipyn o ymchwil, ac o wybodaeth am gyfnod a goruchwylion a oedd yn gymharol ddieithr iddo. Bu'r darllen a wnaeth yn y cyfnodolion ar gyfer *Chwalfa*—hanes diwedd y ganrif ddiwethaf a dechrau'r ganrif hon—yn sicr yn gymorth iddo wrth ysgrifennu *Y Cychwyn*. Hefyd, ar ddechrau'r nofel y mae'n diolch ' yn arbennig i Ap Nathan am lawer ymgom ddiddorol, ac i'r chwarelwr diwylliedig, O. R. Williams, Dinorwig, am ei gyngor parod '.

Gan Ap Nathan (Y Parch. J. E. Rees—Nant-y-moel am flynyddoedd) y cafodd lawer o'r wybodaeth yr oedd ei hangen arno i ddisgrifio cwrs bywyd bachgen a oedd â'i wyneb ar y weinidogaeth ; ac y mae'r ohebiaeth rhwng Rowland Hughes ac O. R. Williams yn taflu golau neilltuol o ddiddorol ar ei drylwyredd a'i ddull o weithio :

Chwefror 24, 1947. ' A gaf fi yrru i chwi ddarn o stori am y chwarel i'w chywiro ? Buaswn yn ddiolchgar iawn am eich help '.

Chwefror 28. ' Diolch yn fawr am eich cerdyn. Wele'r MS. a hyderaf y sgriblwch yn ddidrugaredd trosto—fel y gwneuthum innau unwaith â'ch gwaith chwithau.

'Dibynnu ar frith gof ac ar ddychymyg y bûm wrth sgrifennu, ac y mae'n debyg fod y bennod yn llawn o bethau anghywir. Carwn yn fawr, hefyd, pe cawn nodiadau gennych ar gyfer Pennod II a III. Gwelwch oddi wrth y ddwy ddalen olaf yr hyn sydd gennyf mewn golwg.

'Cofion cynnes, a mawr ddiolch i chwi am eich cymorth parod'.

Sylwer ar : 'Dibynnu ar frith gof a dychymyg y bûm'. Buasai llawer un, mewn gwendid megis yr oedd ef, wedi bodloni ar waith y byddai hynny'n ddigon ar ei gyfer : nid felly Rowland Hughes.

Mawrth 3. 'Wel, wir, aethoch i drafferth mawr i'm helpu hefo'r stori, a theimlaf yn ddiolchgar iawn i chwi. Y mae'r peth yn glir yn fy meddwl bellach, a bydd pob chwarelwr yn barod i daeru imi dreulio dyddiau yn y rhaff o dro i dro a thrin bob math o fargen ! Diolch o galon am y nodiadau manwl a diddorol. Byddant o help mawr. Gwn mai annoeth yw i greadur fel fi fynd i fanylu ar waith y chwarel, ond wrth lunio'r bennod gyntaf y peth cyntaf a ddywedais wrthyf fy hun oedd, 'Mi yrraf y braslun at O.R. Mi fyddaf yn saff wedyn'. A da y gwneuthum. Gwyddwn eich bod yn ŵr trwyadl, ond y mae'r nodiadau hyn cystal â chyfrolau ar y pwnc. Unwaith eto, diolch o galon i chwi'.

Awst 28. 'Yr wyf yn eich poeni eto. Gwelais yn rhywle fod Gwanwyn cynnar 1895 yn felltigedig o oer, a'r rhew a'r eira'n eithriadol (fel eleni, am wn i). Tybed a yrrech chwi ychydig nodiadau imi am effeithiau tywydd felly ar waith yn y chwarel ? Dim gwaith ? Beth yw dylanwad *rhew* ar y graig ? Sut mae dynion yn y waliau yn medru byw yn eu croen yn y gaeaf ? A chydio mewn cŷn ? Ychydig o gof sydd gennyf am fy nhad yn y gaeaf, dim ond bod ei ddwylo'n torri'n arw ac yn ddarnau o blaster i gyd, a bod fy mam yn cael tipyn o waith sychu ei ddillad yn aml. Gresyn na sylwaswn fwy ar bethau felly, ond rhywfodd ni welai hogyn ond ei fyd bach ei hun.

'O, ia, a beth am y cyflog ? Os cadwai'r tywydd rywun rhag gweithio am wythnos neu wythnosau, a oedd ef wedyn heb geiniog ?

'Maddeuwch imi am eich poeni, ond yr wyf yn siŵr y byddwch mor garedig ag arfer. Rhowch rywbeth a ddaw i'ch meddwl ar bapur —dillad, menyg, ystwyrian i drio cynhesu, y caban-bwyta (toddi eira am ddŵr ?), y wal, y Twll (traed gwlybion ?), y powdwr, etc.'

Awst 29. 'O.N. brysiog yw hwn. Wrth ysgrifennu ddoe anghofiais un pwynt. Yr oedd haf 1895 yn un poeth a sych iawn, ac o'r herwydd, medd *Y Faner*, yr oedd llawer allan o waith yn y chwareli—pymtheg y cant yn Ffestiniog—a llongau heb lwythi o lechi. Sut oedd tywydd felly yn taflu dynion allan o waith ?

Hydref 1947. ' Y trydydd S.O.S.—a'r olaf.

' Y mae arnaf eisiau darlunio cyfarfod ymadawol mewn caban chwarel—i hen ŵr sy'n rhoi'r gorau iddi, ac i lanc sy'n mynd i'r Weinidogaeth. Buaswn yn dra diolchgar am eich help mewn nodyn neu ddau ar—

1. Y Caban a'i ddodrefn, etc. (1895).
2. Trefn y cyfarfod.
3. Y math o anrhegion a roddid i'r rhai a oedd yn gadael.
4. Os gwyddoch am stori ddigrif, i mewn â hi !

' S.O.S. brysiog yw hwn, a'r wraig yn aros i bostio ar ei ffordd i'r capel '.

Tachwedd 13. ' Maddeuwch imi am oedi cymaint cyn gyrru gair o ddiolch i chwi am eich nodiadau ar y caban. Oedais nes ysgrifennu'r darn, gan ofni y byddai raid imi eich poeni eilwaith ar rai manion. Ond credaf imi osgoi gwallau yn yr hanes, a chan fod yr argraffwyr yn aros am eu copi, gyrrais yr MSS. iddynt ddoe.

' Wel, diolch o galon O.R. . . . '

Fe sylwn o'r ohebiaeth, er bod y bennod gyntaf o'r wyth sydd yn y llyfr wedi ei hysgrifennu ym mis Chwefror, yr oedd yn ganol Tachwedd cyn ysgrifennu'r olaf. Y mae hyn yn arwyddocaol o'r ymdrech galed a olygodd cwblhau'r nofel hon iddo, gweithio'n ddygn trwy gydol y flwyddyn hyd y caniatâi ei iechyd. Arferai fod ganddo law-ysgrifen neilltuol o gain, ond yn awr yr oedd ei law wrth geisio rhoi pin ar bapur yn wan a chrynedig ; ac fel y dywedwyd, yr oedd dyddiau pan na allai ysgrifennu o gwbl. Wrth ohebu â'r cyhoeddwyr ac â chyfeillion, ei wraig a fyddai, yn ôl ei gyfarwyddyd, yn gyrru ' gair dros y gŵr '. Ond yn ei lythyrau ni welir byth yr awgrym lleiaf o gwyno na grwgnach, a daliai'r cyffyrddiadau chwareus i lithro i mewn.

Er ei hysgrifennu pan oedd yr awdur mor wan, y mae *Y Cychwyn* yn cynnwys peth o waith gorau T. Rowland Hughes. Yn sicr, pe cawsai'r nerth i orffen y nofel hir y bwriadodd ef *Y Cychwyn* i fod yn rhan ohoni, buasai honno yn waith nodedig. Y mae elfennau yn y nofel sy'n ein hatgofio am *Rhys Lewis*—Owen Ellis a Dafydd ei frawd yn cyfateb i Rhys Lewis a Bob, yr un cefndir Methodistaidd yn y ddwy nofel, a chaledi a gormes diwydiannol yn rhan o'r ddwy. Pe cawsai'r nofel hir ei chwblhau, buasai ei chymharu â *Rhys Lewis* yn astudiaeth ddiddorol.

Llawenydd, yn hytrach na doniolwch, a geir fynychaf yn *Y Cychwyn*
pan bortrëedir ochr ysgafn bywyd, ac yn y nofel hon y mae mwy o
ddwyster nag a gaed yn *O Law i Law* a *William Jones*. Cyfyd hyn o
natur y nofel gyflawn a fwriadodd yr awdur. Yr oedd y gwaith hwn,
yn sicr, i ymdrin â gwerthoedd ysbrydol, ffydd ac amheuaeth, a
gwewyr enaid mewn modd nad ymgeisiodd Rowland Hughes
mohono yn yr un o'i nofelau eraill. Bwriedid, yn ddiamau, ddisgrifio
Owen Ellis yng ngafael amheuon, y gwrthdaro rhwng y syniadau
newydd a gyffrowyd gan ddamcaniaeth Darwin a syniadau uniongred
y cyfnod, a hefyd, mae'n bur debyg, rhwng hunan-gyfiawnder rhai
capelwyr selog â chymwynasgarwch ddi-lol ambell un na phroffesai
fawr o grefydd. Mae arwyddion o'r datblygiad i'w canfod yn *Y
Cychwyn* ; a gellir teimlo bod adnabyddiaeth o Rowland Hughes,
ac o duedd ei feddwl, heblaw'r awgrymiadau a geir yn ei nofelau
blaenorol, yn cadarnhau'r farn hon.

Fe gofir am yr olygfa yn *Y Cychwyn* lle mae Rhiannon, merch y
Parchedig Ebenezer Morris, yn sôn wrth Owen am *The Origin of
Species, The Descent of Man*, ac am y syniadau a dderbyniodd hi yn
Llundain. Y mae Owen yn gofyn iddi a ŵyr ei thad am hyn :

"O, mae *Daddy'n hopeless, hopeless* ! *But he's a dear all the same*.
'Rydw i'n siarad am bob dim ond crefydd efo *Daddy*. Ac yn edrych
mor solemn ag y medra' i yn y capel . . . Mi ro' i fenthyg llyfra'
Darwin i chi, ac mae gin i un o rai Huxley ac un . . ."

"Dim diolch yn fawr, Rhiannon". Cododd Owen i gychwyn
ymaith.

"Oes arnoch chi'u hofn nhw, Owen ?"

Yr oedd y wên fingam ar ei hwyneb eto, yn watwar ac yn her.
Chwarddodd yntau, gan ddiystyru'r cwestiwn, a symud tua'r drws.

"Mi alwa' i cyn capal nos 'fory i weld eich tad".

"Oes arnoch chi'u hofn nhw, Owen ?"

Gwyddai ef mai'r ateb oedd "Oes". Yr oedd ef, fel ei thad, yn
credu'r Beibl i gyd—bron i gyd, beth bynnag, ac 'roedd ganddo
ddigon i boeni yn ei gylch heb ddechrau brwydro yn erbyn am-
heuon fel y rhai a oedd yn ei meddwl hi.

Ac mae'n nodweddiadol bod hyd yn oed Owen Gruffydd, y
pregethwr cynorthwyol tanllyd a'r areithiwr politicaidd llifeiriol, yn
ei henaint yn gweld bod newid i ddod.

"Paid â rhuo fel y gwnes i, Owen, 'machgen i . . . Mi fum i'n
taranu gormod yn erbyn pechodau'r hen fyd 'ma. 'Chydig o les a
wnaeth hynny, am wn i. Rho ddarlun o'r Gwaredwr a'r Apostol
iddyn nhw mor fyw ag y medri di, a gad i'r darlunia' siarad drostyn
nhw'u hunan".

Ceir hefyd y cyfeiriad at William Jones, yr Ymgeisydd Rhyddfrydol
(a fu wedi hynny, o 1895 hyd 1915, yn Aelod Seneddol dros Arfon) :

Clywsai Owen am ei huodledd a'i ynni a'i ddysg, ond cofiai hefyd
i'w wrthwynebwyr ei alw'n ' anffyddiwr ' ac yn ' bagan ' a phethau
tebyg, gan atgofio byd a betws iddo gael ei ddiarddel o gapel
Cymraeg yn Llundain am ei fod, meddent hwy, yn anuniongred fel
athro Ysgol Sul, yn beirniadu'r Beibl, yn gwenwyno meddwl yr
ifainc. A oedd gwir yn y cyhuddiad, tybed ? A oedd ef, fel Rhian-
non Morris, yn cael hwyl am ben yr Ysgrythur, ac am ben hen
grefyddwyr fel Elias Thomas ?

Awgrymiadau fel hyn, yn unig, sydd gennym—er eu bod yn
awgrymiadau pur glir—am gwrs gweddill y nofel y bwriadodd
Rowland Hughes ei llunio. Ond ni allodd wneud hynny. Ceisiodd
ddechrau ail ran y nofel, gan ddweud y stori wrth ei wraig, a hithau'n
ysgrifennu, ond nid aeth y gwaith yn ei flaen ddim pellach nag un
tudalen. Dyma'r dechrau hwnnw :

PENNOD I

Dai Bach a gychwynnodd y Diwygiad yng Nghwm Cul. Ni
chofnodwyd hynny yn llyfr Abaiah Jenkins ar hanes yr ardal, ond
rhydd i bawb—a hyd yn oed i ambell hanesydd—ei ragfarn, ac nid
oedd yr hen Abaiah yn hoff iawn o Dai.

Coliar oedd Dai, a ddaethai i Gwm Cul o Ogledd Penfro—
o'r ' wlad ', chwedl yntau—rai blynyddoedd ynghynt. Dyn
bychan, ysgwâr, pengoch, ydoedd, yn tynnu'i gap i lawr tros ei
lygad chwith ac yn poeri'n herfeiddiol i'r ffordd bob tro yr âi
heibio i gapel Bethlehem ac i dŷ'r gweinidog ifanc, y Parch. Owen
Ellis. Yr oedd ei lygaid bychain anesmwyth fel petaent yn drwg-
dybio pawb, ond y prif reswm am hynny oedd ei fod yn drwm iawn
ei glyw ar ôl anap yn y gwaith.

Prin yr adwaenai'r Parch. Owen Ellis Dai. Galwai'n gyson yn ei
gartref i ymweled â'i fam weddw, ond cyn gynted ag y dôi llais y

gweinidog i mewn drwy'r drws ffrynt, agorai a chaeai Dai y drws
cefn heb smic, a'r cwbl a welai'r pregethwr o'r dyn bach fyddai cip
arno'n diflannu drwy'r ddôr ym mhen yr ardd. Ond yr oedd ei
lun ar fur y gegin, a mawr oedd huodledd Ann James pan holai'r
bugail am hynt y ddafad golledig : ni fu mab tebyg iddo erioed,
mor dyner, mor weithgar, mor haelionus, mor ofalus o'i hen fam.
Yr oedd yn wir ei fod yn hoff o'i ddiferyn ac yn ŵr lled anhydrin
weithiau yn ei ddiod, ond dyna fe, un felly oedd ei dad—a'i dad
yntau, o ran hynny—ac oni sonia'r Hen Lyfr am Dduw yn ym-
weled ag anwiredd y tadau ar y plant ? Dai druan !

    Llifodd llanw'r Diwygiad i fyny'r Cwm Hir gerllaw yn niwedd y
flwyddyn 1904, ac uchel oedd ei sŵn. Nid oedd capel na orlifid
ganddo â ffrydiau o orfoledd drwy bob tref a phentref, bob annedd a
gweithdy, ac i lawr y pyllau glo i berfeddion y ddaear, gan ysgubo
ymaith eiriau amharchus a chaneuon maswedd a llawer stori
amheus. Canai haliar emyn wrth arwain ei geffyl i'r heding, ac yn y
talcen glo cadwai'r mandrelau amser i dôn ar ôl tôn. A phob hwyr
brysiai tyrfaoedd i'r capeli i ymhyfrydu mewn sain cân a moliant.

    Gwelir bod deng mlynedd wedi mynd heibio er diwedd *Y Cychwyn*,
ac y mae Owen Ellis erbyn hyn wedi mynd trwy'r coleg, ac yn wein-
idog yn un o gymoedd y De. Yr oedd y nofel gyflawn, fel *William
Jones*, i ddarlunio bywyd yng Ngogledd a De Cymru, ond mewn
cyfnod yn nechrau'r ganrif hon, ddeng mlynedd ar hugain yn gyn-
harach na chyfnod *William Jones*.

    Bwriadai'r awdur i'r gwaith ymdrin â Diwygiad 1904, a'i effaith ar
y gymdeithas yng Nghwm Cul. Gellir bod yn siŵr, hefyd, y byddai'r
awdur yn mynd yn ôl mewn amser i ddisgrifio bywyd Owen Ellis
yn y coleg ; ni fuasai Rowland Hughes fyth wedi gwrthod y cyfle i
ddisgrifio'r cyfnod hwnnw, a'i ddylanwad ar ddatblygiad Owen Ellis.

    Rhoesai digwyddiadau cyffrous y Diwygiad gyfle gwych, hefyd,
i'w ddawn ddisgrifiadol. Diddorol yw ceisio dyfalu pa ran a gymerai
Owen Ellis ym merw'r teimlad crefyddol. Ni ellir ond dyfalu, a
rhydd i bob dyn ei ddyfaliad. Yn fy marn i, byddai Owen Ellis yn
methu ag ymdaflu i lif yr ymdeimlad crefyddol a ysgubai drwy'r
cwm, byddai ei gydwybod yn ei orfodi i wrthsefyll effeithiau'r
gordeimladrwydd, ac am gyfnod byddai dan gwmwl. Fel y dywed-
wyd, dyfaliad yw hyn—ond dyfaliad wedi ei seilio ar adnabyddiaeth
o duedd meddwl Rowland Hughes.

7

Yr oedd Rowland Hughes erbyn hyn yn wan iawn, ac yn dioddef yn ddifrifol. Ond pan alwai cyfaill i'w weld, ni chlywid cwyno, ac nid oes yn ei lythyrau ddim awgrym o rwgnach na chwerwedd. ' Maddau air yn llaw fy ngwraig gan fod fy llaw braidd yn boenus heddiw ', ydoedd dechrau llu o'i lythyrau, ac yntau wedi methu â sgrifennu o gwbl ers llawer wythnos.

Rhoddodd David Bell, yr arlunydd, ddisgrifiad cofiadwy mewn rhaglen radio[1] o'i brofiad yn peintio'r darlun o Rowland Hughes y ceir copi ohono yn y llyfr hwn. Y Dr. Alun Oldfield-Davies a roes gomisiwn am y darlun ac a'i cyflwynodd i Amgueddfa Genedlaethol Cymru, lle y'i gwelir heddiw ymysg darluniau o enwogion eraill y genedl.

Nid oedd David Bell wedi cyfarfod Rowland Hughes cyn hyn, ond yr oedd yn edmygydd mawr ohono :

' A dyna lle'r oedd y bardd cadeiriol, awdur O Law i Law, yn eistedd yng nghornel ei ystafell a blanced wedi ei lapio am ei liniau. Ac roeddwn i yn agor fy mlwch paent ac yn gwasgu'r tiwbiau ar y palet i ddechrau'r eisteddiad cyntaf. Yr hyn a wnâi'r cyfarfyddiad yn un dwys inni ein dau, neu felly y tybiwn, ydoedd, i mi, y wybodaeth am y clefyd marwol a'i hamddifadodd o ddefnyddio ei goesau, ac a oedd yn gafael yn dynnach o hyd yn ei ddwylo ; ac iddo ef, ddeall arwyddocâd y darlun cyntaf a'r olaf hwn ohono. Gallai hyn fod wedi peri chwithdod a dieithrwch rhyngom. Ni wnaeth ddim o'r fath. Peintiais lawer darlun, ond nid erioed yr un lle bu cydymdeimlad llwyrach rhwng yr artist a'r gwrthrych . . .

' Y mae'r eisteddiad cyntaf bob amser o'r pwysigrwydd mwyaf i'r artist. Dyna pryd y penderfynir osgo'r eisteddwr a chynllun y darlun. Ni ellid y tro hwn newid safle'r eisteddwr, a'r unig ddewis oedd yn osgo ei ben. Roedd ganddo lyfr ar ei lin, a rhoesom gynnig arni fel pe bai yn ei ddarllen. Y foment honno agorodd Mrs. Hughes y drws i ddod â choffi i mewn. Anghofiodd Rowland ei fod i aros fel yr oedd, a chododd ei ben yn ymholgar, gan daflu cipolwg i'r ochr, ac yn ei drem awgrym o'i gyflwr diymadferth. Teimlais i fod yr edrychiad yna yn cyfleu'r dyn a'r sefyllfa i'r dim, a dyna'r edrychiad a geisiais ei beintio.

---

[1]Tachwedd 4, 1956. Cyfieithiad yw'r rhannau a roddir yma o'r sgwrs hon.

' Edrychaf yn ôl at y boreau Gwener a dreuliais yn gweithio ar y llun fel ymysg y rhai hapusaf a mwyaf bendithiol yn fy mywyd. Oni bai am ddewrder yr eisteddwr—ei arwriaeth yn wir, ac nid oedd amynedd a dewrder ei wraig ronyn llai—buasent yn wahanol iawn . . . Gwrandawn ar lif o ymddiddan difyr a byw ganddo. Nid dyn oedd yma wedi ymneilltuo oddi wrth fywyd, ond yn hytrach un yn byw ac adfyw bywyd hyd yr eithaf, ac yn edrych ar y byd yn mynd heibio gyda llawn mwy o weledigaeth oherwydd ei fod ychydig ar wahân i'w brysurdeb dyrys. Nid adwaenwn ef cyn ei daro'n wael, ond y mae'n anodd gennyf gredu fod mwy o hiwmor ynddo erioed nag a welais i y boreau Gwener hynny '.

Mynnodd Rowland Hughes gael ei gludo mewn modur i'r Eisteddfod Genedlaethol, a gynhaliwyd y flwyddyn honno ym Mhenybont-ar-Ogwr. Fe gofia llu hyd heddiw am ei weld yn eistedd yn y modur ar y maes, yn edrych yn ddifrifol o wael. Ond, serch hynny, siaradai'n siriol â chyfeillion, lawer ohonynt nad oedd wedi eu gweld ers blynyddoedd.

Dyma'r adeg y trefnwyd i Wasg Gee gyhoeddi ar gyfer y Nadolig gasgliad o'i farddoniaeth. Cyflwynwyd y gyfrol honno—*Cân Neu Ddwy*—

> ' I "Gwilym R."
> a gredodd fod y defaid colledig hyn
> yn werth eu corlannu '.

Y mae Gwilym R. Jones wedi disgrifio'r cyfarfyddiad :

' Ar gwr o faes Eisteddfod Genedlaethol Penybont y gwelais ef y tro diwethaf, a chawsom ymgom chwerw-felys. Yr oedd yn bur llesg erbyn hyn ; eisteddai yn ei gerbyd modur a chafodd gryn drafferth i gynnau sigaret : ni fynnai help llaw edmygydd. Y pryd hwnnw y medrais ei berswadio i gyhoeddi ei farddoniaeth, a ffrwyth yr ymgom oedd gosod *Cân Neu Ddwy*—ei lyfr olaf—ar y gweill '.

Cyfeiriwyd eisoes at achlysur cyhoeddi am y tro cyntaf amryw o'r cerddi sydd yn *Cân Neu Ddwy*—yn *Y Llenor*, y *Western Mail*, *Y Faner* a *Heddiw*. Yn y gyfrol ceir hefyd ' Y Ffin ', awdl fuddugol Eisteddfod Machynlleth, 1937, a dau ddarn, 'Penseiri' ac 'Ysgrin yn Nhyddewi' allan o ' Pererinion '—awdl fuddugol ' Eisteddfod yr Awyr ', 1940. O'r bryddest anfuddugol a anfonodd Rowland Hughes i Eisteddfod Bangor, 1943, y daw ' Y Llwyd Freuddwydiwr '.

Sylwodd yr adolygwyr yn arbennig ar ddiddordebau eang y bardd, yr amrywiaeth testunau a'r arbrofion mewn mesur a mydr. Meddai Alun Llywelyn-Williams yn *Y Faner* :

'Bydd pob bardd dan ddyled drom i Mr. Rowland Hughes am lawer gwers mewn crefft, am lawer o esiamplau da ac o awgrymiadau gwerthfawr yn y gyfrol hon. A bydd pawb ohonom, boed fardd neu beidio, yn ddiolchgar am lawer cerdd wych, yn enwedig efallai am swyn tyner ' O'r Gongl ' a ' Llan-y-dŵr ', ac am ambell olygfa syml, awgrymog fel ' Bethesda'r Fro '.''

Ceir yn y gyfrol amryw o enghreifftiau o'r dychanu cynnil yr oedd Rowland Hughes yn feistr arno, ac a ddefnyddiodd yn fynych i roddi ergyd i rodres ac ymffrost : megis y ddwy linell dan y teitl ' Areithiwr ' :

Llais Twm Penwaig a'i stumiau a'i floedd :
Ond 'roedd penwaig ffres gan Twm, on'd oedd ?

Gwelir llawer arwydd o'i annibyniaeth meddwl, a wrthodai adael iddo lyncu syniadau poblogaidd y foment. Gellir cymryd fel enghreifftiau ' Blychau '—protest yn erbyn y ffasiwn o ddilorni diffyg chwaeth adeiladwaith capeli ymneilltuol Cymru, gan anghofio'n llwyr mor annwyl a chysegredig oeddynt i'r rhai a'u cododd,—a ' Yr Hen Fyd ', a gyhoeddwyd ganddo yn *Y Faner* yn 1942—yng nghanol holl bropaganda'r rhyfel :

Bu farw'r byd a wyddem, meddant hwy,
Mae rhodres yn ei fedd,
ac ni bydd rhagrith mwy.

. . . .

Fe doddir trais a gormes a gwneud-pres
yn ffwrnais fawr y rhyfel, meddant hwy ;
fe dawdd pob llid, pob celwydd, yn y gwres,
ac ni bydd wylo mwy.

Bu farw'r byd a wyddem a'i holl naws,
a throes yr Wyddfa, meddant hwy, yn gaws.

Ar gyfer Dydd Gŵyl Dewi, 1949, lluniodd Rowland Hughes raglen radio, ' Bardd "Yr Haf" '. Dyma ei raglen olaf : y mae rhywbeth addas iawn yn y ffaith mai teyrnged i R. Williams Parry, ei arwr mawr, ydoedd ei waith llenyddol olaf.

Cyfarwyddwyd y rhaglen gan Aneirin Talfan Davies, ac ar ei dechrau clywyd llais Rowland Hughes ei hun yn ei chyflwyno :

' Pan ofynnodd y cyfarwyddwr imi a fuaswn i'n llunio rhaglen ar Fardd "Yr Haf"', yr oeddwn i'n betrus iawn fy meddwl. Nid oedd unrhyw destun dan haul yn nes at fy nghalon, ond gwyddwn na fedrwn i ddim sgrifennu'r rhaglen arferol arno—sefyll yn ôl oddi wrth y gwrthrych, darlunio a dadansoddi, gwerthfawrogi a beirniadu yn "llenyddol" yn ystyr gyffredin y gair. Mi wyddwn y byddai'n rhaid imi fod yn bersonol a sôn cryn dipyn amdanaf fy hun yn ogystal ag am y bardd a'i gerddi. "Pam lai ?" meddai'r cyfarwyddwr. "Da chi, ewch ati. Mi gewch bob rhyddid".

Er mor fusgrell ydoedd Rowland Hughes erbyn hyn, lluniasai'r rhaglen gyda'r un gofal a manylder ag a nodweddai ei holl waith, a bu gohebiaeth ddiddorol rhyngddo ag R. Williams Parry.

Yn ystod wythnosau cyntaf 1949, gorffennwyd sgript ' Bardd "Yr Haf" '—Rowland yn gwneud nodiadau yn wan a blêr iawn, ac yna'n darllen y gwaith i'w briod ei ysgrifennu mewn trefn.

Ar Chwefror 8, 1949, ysgrifenna R. Williams Parry :

' Wel, dyma gyfle o'r diwedd i ddiolch ichwi am gael gweld y sgript. Cefais fwynhad mawr wrth fynd drosti—yn gyflym y tro cyntaf, yn araf yr ail dro. A'r tro y mwynheais hi orau oedd y trydydd tro. Yr oedd hi'n tyfu ar ddyn. Cawsoch goblyn o waith gyda hi—a Mrs. Hughes hefyd, a gobeithiaf y bydd yn ' roaring success" ar yr awyr, petai ddim ond er eich mwyn chwi eich dau '.

Yna, mae'n trafod cân y cyfeirid ati yn y sgript, ' Wedi Angladd Silyn ', a gyhoeddwyd ganddo yn y *Western Mail*, gan ychwanegu rhwng cromfachau, ' Mae hi'n reit wir nad ymddangosodd *dim un* gân gan W. J. Gruffydd yn y *Western Mail*. Wedi ffraeo hefo nhw sbo ! ' Ac wedi gofyn i Rowland Hughes adael allan sylw fod R. Williams Parry wedi glân flino ar glywed canu'r Englynion Coffa i Hedd Wyn ar yr awyr—er ei fod yn cyfaddef fod hynny'n wir—y mae'n diweddu : ' Os bydd y rhaglen yn rhy *fyr*, rhowch "Y Band Un-dyn" neu'r "Hen Lyfr Darllen" iddynt '.

Yr adeg hon, hefyd, bu gohebiaeth rhwng Rowland Hughes a'r Cyrnol Richard Ruck ynglŷn â chyfieithu'r nofelau i'r Saesneg. Wedi gorffen cyfieithu O *Law i Law*, ysgrifennodd Cyrnol Ruck i ofyn a gâi ganiatâd i gyfieithu un o'r nofelau eraill. Yr ateb a gafodd gan Rowland Hughes ydoedd : ' Ni fuasai dim yn fy mhlesio'n well nag ichwi roi cynnig ar *Chwalfa*, fy nofel orau '. Derbyniodd Rowland Hughes gopi o'r cyfieithiad o'r nofel hon mewn teipysgrif, dan y teitl, *Out of Their Night*, ond yr oedd erbyn hyn yn rhy lesg i'w ddarllen. Cyhoeddwyd y cyfieithiad hwn gan Wasg Aberystwyth yn 1954. Cyn hynny, yn 1953, ymddangosodd cyfieithiad Cyrnol Ruck o *William Jones*, gan yr un Wasg. Cyhoeddwyd *Joseph of Arimathea*, cyfieithiad o *Yr Ogof*, yn 1961.

Ym mis Mai, 1949, derbyniodd Rowland Hughes bensiwn gan y Llywodraeth o £200 y flwyddyn yn rhestr y pensiynau sifil, a chroesawyd hyn yn gynnes iawn ym mhapurau'r wlad. Ceid llawer cyfeiriad at y modd yr oedd ei ymdrech ddewr, a'i waith, wedi gafael yn nychymyg y genedl, ac at y llawenydd cyffredinol a deimlid oherwydd bod yr anrhydedd yn datgan gwerthfawrogiad Cymru gyfan o'i wasanaeth i lenyddiaeth Gymraeg.

Llywodraeth Lafur, gyda C. R. Attlee yn Brif Weinidog, oedd mewn grym ar y pryd, a gwelir enghraifft dda o hiwmor Rowland Hughes, a'i sirioldeb mewn adfyd, mewn llythyr a anfonodd at O. R. Williams i gydnabod llongyfarchion ar y pensiwn :

Mai 11, 1949. ' Dim ond nodyn trosom ein dau i ddiolch yn gynnes iawn i chwi am eich llythyr caredig. Nid oeddwn yn disgwyl yr anrhydedd hon o gwbl, ond yr wyf yn siarsio O.R.W. a phob copa gwalltog a moel yn chwarel Dinorwig i roi'r "vote" i'r Blaid Lafur ! Hen hogia iawn ydi'r rhain, mae'n amlwg '.

Bu cydnabod ei waith trwy bensiwn arbennig yn bleser mawr iddo. Yn fuan wedyn, cafodd hyd yn oed fwy o foddhad o glywed am fwriad Prifysgol Cymru i gyflwyno iddo'r Radd Anrhydeddus o D.Litt. Y mae'n llawen meddwl i'w Brifysgol ef ei hun, y meddyliai gymaint ohoni, ei anrhydeddu fel hyn cyn ei farw.

Ni chaniatâi ei iechyd iddo, serch hynny, fod yn bresennol yn y Seremoni yn Neuadd y Ddinas, Caerdydd, lle cyflwynwyd y Graddau Anrhydeddus, ar y pedwerydd ar bymtheg o Orffennaf, 1949. Eisteddai ei wraig gyda'r chwech arall a oedd i dderbyn Graddau Anrhydeddus, a Chyfarwyddwr Adran Cymru o'r B.B.C., Mr. Alun Oldfield-Davies, wrth ei hochr, i glywed yr Athro G. J. Williams, a gyflwynai Rowland Hughes am y radd, yn ei ddisgrifio fel un ' a ysgrifennodd yn flynyddol, er gwaethaf afiechyd hir, nofelau a gyfrifid ymysg y digwyddiadau pwysicaf yng Nghymru ; ni welwyd dim byd tebyg er dyddiau Daniel Owen. Ni welsom yng Nghymru ddewrach awdur na Rowland Hughes, ac nid yn aml y caiff Prifysgol Cymru gyfle i anrhydeddu nofelydd sydd y fath feistr ar y ffurf lenyddol hon '.

Gwaethygu'n gyflym a wnâi cyflwr iechyd Rowland Hughes yn awr, er ei fod o hyd yn benderfynol o geisio gwella. Soniwyd eisoes iddo glywed am driniaeth newydd ar gyfer ei afiechyd a geid mewn clinig yn America, ac mor anodd oedd ei ddarbwyllo na fyddai iddo fynd yno yn tycio dim. Yn ôl adroddiad a gaed gan gyfaill, yr oedd ymarferiadau corfforol yn rhan bwysig o'r driniaeth, ac ymddangosai mai i'r rheini y gellid priodoli unrhyw wellhad a gâi'r cleifion. Canlyniad hyn—a chefnogid y bwriad gan un o'r gweinyddesau proffesiynol a ddeuai i'w weld—ydoedd i Rowland Hughes gael gwely gymnastig ; yr oedd nifer o bwysau yn rhwym wrth gortynau a âi dros bwlis, a gallai yntau eu defnyddio i ymarfer ei freichiau a'i goesau tra gorweddai ar ei gefn. Gyda'i ddygnwch arferol, byddai'n ymarfer â'r cyfarpar hwn am awr yn y bore ac awr yn y prynhawn, ond mae'n ofnus i'r ymdrech wneud mwy o ddrwg nag o les iddo.

Trawyd ef â thrombosis ar ben ei afiechyd arall, ac aethpwyd ag ef i Ysbyty Caerdydd. Nid oedd gwella i fod : yr oedd o'r diwedd wedi colli'r dydd ar ôl ymladd yn ddewr yn erbyn afiechyd creulon am dros ddeng mlynedd. Bu farw Hydref 24, 1949, yn chwech a deugain oed.

Dyma ran o deyrnged Alun Oldfield-Davies iddo yn y Newyddion Cymraeg ar y radio y noson honno :

' "Sut mae hi, Rowland ?" "Dal i gredu, fachgen". Sawl gwaith yn ystod y chwe blynedd diwethaf y bu'r holi a'r ateb yna rhwng Rowland Hughes a minnau. Dal i gredu. Credu ym mha beth, tybed ? Yn ei allu i wella—i adennill ei iechyd ? Digon prin. Gwyddai Rowland Hughes yn sicrach na neb mai ofer oedd gobeithio am hynny. Ac eto daliai i gredu. Er bod ei fywyd beunyddiol ef ers blynyddoedd yn gyfyng a brau, er na fedrai symud cam o'i gadair, er mai yn ei gornel y treuliai bob awr o'r dydd, daliai i gredu, nid yn ei fywyd ei hun, ond mewn bywyd. Diymadferth a llesg ei gorff, eto treiddiai ynni creadigol trwy ei lygaid byw, a chafodd hwyl a blas ar genhedlu cymeriadau a fydd byw tra pery'r iaith Gymraeg. Trwy ei ing a'i gystudd brwydrodd a llafuriodd yn ddiwyd a chyson i gyfoethogi ein llenyddiaeth. Nid dyma'r achlysur i fesur a phwyso ei safle fel bardd a nofelydd, ond y mae ei le fel un o lenorion Cymraeg blaenaf y ganrif hon yn sicr, a da fod y Brifysgol a'r Llywodraeth wedi cydnabod hynny'n sylweddol a theilwng pan oedd ef ei hun yn gallu gwerthfawrogi hynny '.

Yn y gwasanaeth yng nghapel Mynwent Cathays, Caerdydd, canwyd i ddechrau emyn Ieuan Glan Geirionydd : ' Mor ddedwydd yw y rhai trwy ffydd ', ac yna darllenwyd rhan o'r Ysgrythur gan y Parch. R. M. Rosser. Galwodd y Parch. D. Myrddin Davies ar y Parch. A. J. George, cyn-weinidog hoff Rowland Hughes, i arwain mewn gweddi.

Yna siaradodd Alun Oldfield-Davies a Wil Ifan. ' Dyma un ', meddai Wil Ifan, ' a droes ei salwch yn hamdden. Troes i Frynrefail a'r Brifysgol yn hytrach nag i'r bonc a'r caban 'mochel, a chafodd yrfa ddisglair. Anrhydeddwyd ef gan ei Brifysgol ei hun, a chydnabu'r wladwriaeth fod llaw eiddil a phin ysgrifennu yn anhepgor i ffyniant gwlad. Bu ei salwch yn gyfle iddo fynd yn ôl i'r chwarel wedi'r cwbl, i ddehongli'r bywyd y bu'n gynefin ag ef, ac yna i fudo i'r De a chydnabod cymeriad gwŷr y creithiau glas '.

Cyffelybodd Wil Ifan ef i wr ifanc arall a ddaeth i lawr i Gaerdydd— Ieuan Gwynedd. ' Yn ddiweddar darganfuwyd darlun ohono, ond yr oedd brwsh y peintiwr wedi newid llawer ar y cymeriad gwreiddiol— dilewyd y llaw a oedd ar ysgwydd Ieuan Gwynedd, llaw ei wraig. Ond yn y darlun o'r Dr. T. Rowland Hughes, nid anghofiwn fyth law dyner ei briod, a'r nerth a'r ysbrydiaeth a roes hi iddo i gyflawni ei orchestion llenyddol '.

Yr emyn olaf a ganwyd yn y capel oedd emyn Rowland Hughes ei hun, ' Tydi a roddaist ', ac offrymwyd y fendith gan y Dr. H. Elfed Lewis.

Ar garreg fedd T. Rowland Hughes ym Mynwent Cathays, Caerdydd, ceir y geiriau : ' Y Dewraf o'n Hawduron ', allan o englyn adnabyddus R. Williams Parry—englyn a dderbyniodd Rowland Hughes oddi wrth y bardd drwy'r post fel Cyfarchion Blwyddyn Newydd ar ddechrau 1948—

> Pwy y gŵr piau goron—ei henwlad
> Wedi anlwc greulon ?
> A phwy o Fynwy i Fôn
> Yw'r dewra' o'i hawduron ?

Iawn yw terfynu ar y nodyn hwn o wroldeb. Fe gofir am hanes ysgrifennu nofelau T. Rowland Hughes fel epig o ddewrder heb ei thebyg yn hanes llenyddiaeth Gymraeg, ac fe gofir hefyd am ddewrder ei briod a'i cynorthwyodd i gyflawni ei waith er gwaethaf ei ddioddef caled. Y dyfodol yn unig a all fesur ei ddylanwad parhaol, ond eisoes rhoddodd ei waith bleser dwfn i filoedd lawer. Creodd ddiddordeb newydd mewn darllen nofelau Cymraeg, darluniodd agweddau ar fywyd Cymru yn fyw a diddorol, a mawrygodd y rhinweddau syml sy'n hanfodol i gadernid unrhyw gymdeithas. Troes ei adfyd yn foddion i gyfrannu yn odidog i'w genedl, ac erys ei goffadwriaeth yn wyrdd yn rhestr arwyr Cymru.

Cyngor Sir
Caerfyrddin
Carmarthenshire
County Council

LLYFRGELLOEDD CYHOEDDUS / PUBLIC LIBRARIES

Dyddiad dychwelyd		Date due back	
12. MAY 00	18. APR 05		
10. APR 03	10. APR 06.		
14. APR 04.			
15. OCT 04			
19. NOV 04.			

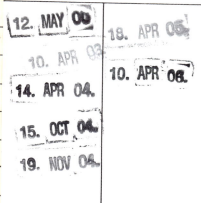

Awdur
Author

Enw
Title

Dosbarth	Rhif
Class No.	Acc. No.